Personalmanagement in Non-Profit-Organisationen

Cornelia Jensen

Personalmanagement in Non-Profit-Organisationen

Besonderheiten, Rahmenbedingungen und Herausforderungen

Cornelia Jensen
Hochschule Kempten
Kempten (Allgäu), Deutschland

ISBN 978-3-658-37303-0   ISBN 978-3-658-37304-7 (eBook)
https://doi.org/10.1007/978-3-658-37304-7

Die Deutsche Nationalbibliothek verzeichnet diese Publikation in der Deutschen Nationalbibliografie; detaillierte bibliografische Daten sind im Internet über http://dnb.d-nb.de abrufbar.

Springer Gabler
© Springer Fachmedien Wiesbaden GmbH, ein Teil von Springer Nature 2022
Das Werk einschließlich aller seiner Teile ist urheberrechtlich geschützt. Jede Verwertung, die nicht ausdrücklich vom Urheberrechtsgesetz zugelassen ist, bedarf der vorherigen Zustimmung des Verlags. Das gilt insbesondere für Vervielfältigungen, Bearbeitungen, Übersetzungen, Mikroverfilmungen und die Einspeicherung und Verarbeitung in elektronischen Systemen.
Die Wiedergabe von allgemein beschreibenden Bezeichnungen, Marken, Unternehmensnamen etc. in diesem Werk bedeutet nicht, dass diese frei durch jedermann benutzt werden dürfen. Die Berechtigung zur Benutzung unterliegt, auch ohne gesonderten Hinweis hierzu, den Regeln des Markenrechts. Die Rechte des jeweiligen Zeicheninhabers sind zu beachten.
Der Verlag, die Autoren und die Herausgeber gehen davon aus, dass die Angaben und Informationen in diesem Werk zum Zeitpunkt der Veröffentlichung vollständig und korrekt sind. Weder der Verlag, noch die Autoren oder die Herausgeber übernehmen, ausdrücklich oder implizit, Gewähr für den Inhalt des Werkes, etwaige Fehler oder Äußerungen. Der Verlag bleibt im Hinblick auf geografische Zuordnungen und Gebietsbezeichnungen in veröffentlichten Karten und Institutionsadressen neutral.

Lektorat/Planung: Ann-Kristin Wiegmann
Springer Gabler ist ein Imprint der eingetragenen Gesellschaft Springer Fachmedien Wiesbaden GmbH und ist ein Teil von Springer Nature.
Die Anschrift der Gesellschaft ist: Abraham-Lincoln-Str. 46, 65189 Wiesbaden, Germany

Vorwort

Non-Profit-Organisationen sind ein fester Bestandteil unserer Gesellschaft. Sie erbringen unverzichtbare Leistungen für die unterschiedlichsten Zielgruppen. Sei es für Menschen in Notsituationen, für Kinder und Jugendliche, für pflegebedürftige Menschen, für Menschen mit Behinderung oder für sport- oder kulturliebende Menschen. Ein gesellschaftliches Miteinander und soziales Leben ohne Non-Profit-Organisationen ist kaum vorstellbar. Dies gilt sowohl für große und bekannte Organisationen als Träger von Krankenhäusern oder Kindertagesstätten, als auch für kleine Organisationen in Form von Nachbarschaftshilfen oder Sportvereinen. Auch wenn die den einzelnen Non-Profit-Organisationen zugrundeliegenden Werte und Überzeugungen sehr unterschiedlich sein mögen, so eint diese Organisationen doch das Ziel, ihre Leistungen für das Gemeinwohl zu erbringen.

Die wertvollste Ressource von Non-Profit-Organisationen stellen dabei die Menschen dar, welche diese Leistungen in den Non-Profit-Organisationen erbringen. Sei es als fest angestellte Mitarbeiter oder im Rahmen von freiwilligem Engagement. Deshalb kommt dem Personalmanagement in Non-Profit-Organisationen eine große Bedeutung zu. Ohne qualifizierte und motivierte Mitarbeiter sowie freiwillig Engagierte wäre es den Non-Profit-Organisationen nicht möglich, ihre Beiträge für die Gesellschaft zu leisten.

Das vorliegende Lehrbuch greift zentrale Aspekte des Personalmanagements in Non-Profit-Organisationen auf und beleuchtet sie vor dem Hintergrund der Besonderheiten und Herausforderungen des Non-Profit-Sektors. Es richtet sich an Studierende, Lehrende und Praktiker, die sich mit Fragestellungen des Personalmanagements in Non-Profit-Organisationen auseinandersetzen.

Das Buch gibt zunächst einen Überblick über die Spezifika des Non-Profit-Sektors, welche bei der Ausgestaltung des Personalmanagements zu beachten sind. Dazu gehören unter anderem arbeitsrechtliche Elemente, gesellschaftliche Entwicklungen und die besondere Personalstruktur von Non-Profit-Organisationen. Diese sektorspezifischen Besonderheiten werden in den darauffolgenden Kapiteln aufgegriffen, um die einzelnen Teilbereiche und Teilfunktionen des Personalmanagements in Non-Profit-Organisationen zu erläutern.

Dieses Buch entstand während der Corona-Pandemie. Diese Pandemie blieb auch für Non-Profit-Organisationen nicht folgenlos. Auf der einen Seite verdeutlichte die Pandemie die Bedeutung des Sozial- und Gesundheitssektors, dem ein großer Anteil der Non-Profit-Organisationen zuzuordnen ist. Auf der anderen Seite brachte die Corona-Pandemie auch starke Einschränkungen für zahlreiche Non-Profit-Organisationen mit sich. Beispielsweise konnten Sportvereine und kulturelle Einrichtungen ihre Arbeit nicht oder nur sehr eingeschränkt fortführen und mussten um ihre Mitglieder und teilweise auch um ihr Fortbestehen kämpfen.

Bei der Erstellung dieses Buches durfte ich von vielen Seiten Unterstützung erfahren. Danken möchte ich zunächst dem Springer Gabler Verlag, insbesondere Ann-Kristin Wiegmann und Walburga Himmel für ihr Feedback während des gesamten Erstellungsprozesses. Mein herzlicher Dank geht auch an die Hochschule Kempten, insbesondere an die Fakultät Soziales und Gesundheit, für ihre Unterstützung.

Die Corona-Pandemie stellte nicht nur Non-Profit-Organisationen vor große Herausforderungen. Auch für mich persönlich und meine Familie waren diese beiden Jahre eine fordernde und auch anstrengende Zeit. Unzählige Stunden, die eigentlich meinem Mann und unseren beiden kleinen Kindern gehört hätten, habe ich in dieses Buchprojekt investiert. Mein allergrößter Dank geht deshalb an meinen Mann für seine Unterstützung und sein Vertrauen in mich. Ihm und unseren Kindern ist dieses Buch gewidmet.

Kempten, Deutschland
Sommer 2022

Cornelia Jensen

Inhaltsverzeichnis

1 Besonderheiten von Non-Profit-Organisationen für das Personalmanagement 1
   1.1 Überblick und Einführung 1
   1.2 Besonderheiten und aktuelle Einflüsse – ein erster Überblick 10
   Literatur 12

2 Der arbeitsrechtliche Regelungsrahmen 15
   2.1 Die Ebenen des arbeitsrechtlichen Regelungsrahmens 15
   2.2 Mitbestimmung durch Arbeitnehmer 17
      2.2.1 Die betriebliche und überbetriebliche Ebene der Arbeitnehmermitbestimmung und deren Zusammenspiel 17
      2.2.2 Mitbestimmung auf Unternehmensebene 20
   2.3 Besonderheiten für NPOs 20
      2.3.1 Der besondere Fall des Tendenzbetriebes 21
      2.3.2 Besonderheiten des kirchlichen Arbeitsrechtes 24
         2.3.2.1 Kirchliches Selbstbestimmungsrecht als Grundlage 24
         2.3.2.2 Besonderheiten im Bereich Individualarbeitsrecht 25
         2.3.2.3 Besonderheiten im Bereich Kollektivarbeitsrecht 25
         2.3.2.4 Unternehmensmitbestimmung 29
   Literatur 29

3 Grundlegende theoretische und konzeptionelle Ansätze für das Personalmanagement in Non-Profit-Organisationen 31
   3.1 Überblick 31
   3.2 Verhaltenswissenschaftliche Sichtweise 32
   3.3 Personalökonomik 34
      3.3.1 Ansätze der Neuen Institutionenökonomie 35
         3.3.1.1 Theorie der Verfügungsrechte 36
         3.3.1.2 Prinzipal-Agenten-Theorie 38
         3.3.1.3 Transaktionskostentheorie 44
      3.3.2 Humankapitaltheorie 46
   3.4 Ansätze des Non-Profit-SHRM 46
   Literatur 52

4	**Personalbedarfsplanung**...		55
	4.1	Personalbedarfsplanung..	55
		4.1.1 Grundlagen der Personalbedarfsplanung.................	55
		4.1.2 Rechte der Mitarbeitervertretung im Rahmen der Personalplanung............................	60
	4.2	Ausgewählte Bereiche mit Besonderheiten in NPOs.................	61
		4.2.1 Personalbemessung in der Pflege........................	61
		4.2.2 Personalbedarfsermittlung im Krankenhaus................	63
		4.2.3 Personelle Anforderungen in der Kindertagesbetreuung........	64
	Literatur..		66
5	**Personalbeschaffung und -auswahl**...................................		69
	5.1	Employer Branding und Personalmarketing.......................	69
	5.2	Personalauswahl...	77
	5.3	Rechtliche Rahmenbedingungen der Personalauswahl..............	83
		5.3.1 Beachtung besonderer Loyalitätspflichten bei der Personalauswahl in der evangelischen und katholischen Kirche...	83
		5.3.2 Mitbestimmung bei der Personalbeschaffung...............	87
	5.4	Gewinnung, Motivation und Bindung von Ehrenamtlichen und Freiwilligen...	88
	Literatur..		93
6	**Motivation und Bindung von Mitarbeitern**............................		97
	6.1	Überblick..	97
	6.2	Unterscheidung und Zusammenspiel von intrinsischer und extrinsischer Motivation.......................................	98
	6.3	Die Bedeutung der inhaltlichen Ausgestaltung der Arbeitstätigkeit für die Motivation und Bindung von Mitarbeitern...................	103
	6.4	Mitarbeiterbindung in Non-Profit-Organisationen...................	105
	Literatur..		108
7	**Leitungsstrukturen und Führung in Non-Profit-Organisationen**.........		111
	7.1	Rechtsformen und Leitungsstrukturen in Non-Profit-Organisationen.....	111
		7.1.1 Verein..	116
		7.1.2 GmbH..	118
		7.1.3 Stiftung...	119
		7.1.4 Genossenschaft..	121
		7.1.5 Aktiengesellschaft......................................	123
		7.1.6 Überblick und Zusammenfassung.........................	124
	7.2	Kodizes im Non-Profit-Sektor und deren Anforderungen an Governance und Leitungsstrukturen..........................	124
	7.3	Führung in Non-Profit-Organisationen............................	128
		7.3.1 Überblick Führungstheorien.............................	128

		7.3.2 Empirische Erkenntnisse der NPO-Forschung 132

Literatur. 133

8 Entgeltgestaltung 137
   8.1 Systematik der Entgeltgestaltung 137
       8.1.1 Anforderungsorientierte Grundentgeltfindung 138
       8.1.2 Qualifikationsorientierte Verfahren 140
       8.1.3 Marktorientierte Grundentgeltfindung 141
   8.2 Sozialrechtliches Dreieck und Entgeltfindung in NPOs 141
   8.3 Die Bedeutung von Tarifverträgen für die Entgeltgestaltung in NPOs 142
       8.3.1 Grundlegendes zur tarifvertraglichen Regelungsebene 142
       8.3.2 Tarifbindung in Deutschland 144
       8.3.3 Arbeitskampfmaßnahmen und der kirchliche Sonderweg 149
   8.4 Anreizgestaltung durch leistungsorientierte Vergütung 151
   8.5 Mitbestimmungsrechte im Rahmen der Entgeltgestaltung 153
   8.6 Die Bedeutung des Mindestlohngesetzes für den Non-Profit-Sektor 154
   Literatur 156

9 Personalentwicklung in Non-Profit-Organisationen 159
   9.1 Einführung in die Personalentwicklung von Non-Profit-Organisationen 159
   9.2 Theoretische Ansätze der Personalentwicklung 163
       9.2.1 Humankapitaltheorie 163
       9.2.2 Ressourcenorientierte Ansätze des strategischen Managements . . . 165
       9.2.3 Motivationstheoretische Ansätze 166
   9.3 Ermittlung des Personalentwicklungsbedarfs 166
       9.3.1 Leistungsbeurteilung 167
       9.3.2 Mitarbeitergespräch 168
       9.3.3 Mitarbeiterbefragung 170
   9.4 Ausbildung 172
   9.5 Weiterbildung 174
   9.6 Beteiligungsrechte des Betriebsrates und der Mitarbeitervertretungen 177
   9.7 Personalentwicklung im freiwilligen Engagement 178
   9.8 Organisationsentwicklung und Change Management 180
   9.9 Erfolgskontrolle der Personalentwicklung 184
   Literatur 186

10 Personalkostenrechnung und Personalcontrolling 189
   10.1 Personalkostenrechnung und Personalcontrolling 189
   10.2 Einsatz von Kennzahlen im Rahmen des Personalcontrollings 191
   10.3 Flexibilisierung von Personalkosten 192
   Literatur 196

Abbildungsverzeichnis

Abb. 1.1 Das Drei-Sektoren-Modell nach Salamon und Anheier. (Quelle: Eigene Darstellung)........................ 3
Abb. 1.2 Verteilung der sozialversicherungspflichtig Beschäftigten des Dritten Sektors. (Quelle: Hohendanner et al., 2019, S. 98).............. 7
Abb. 2.1 Duales System der industriellen Beziehungen. (Quelle: Eigene Darstellung)........................ 18
Abb. 2.2 Implikationen des kirchlichen Selbstbestimmungsrechts für das Kollektiv- und Individualarbeitsrecht. (Quelle: Eigene Darstellung)...... 24
Abb. 3.1 Unterscheidung von theoretischen und konzeptionellen Ansätzen des Personalmanagements in Non-Profit-Organisationen. (Quelle: Eigene Darstellung)........................ 33
Abb. 3.2 Ansätze der Neuen Insitutionenökonomie. (Quelle: Eigene Darstellung)... 35
Abb. 3.3 Prinzipal-Agenten-Beziehung. (Quelle: Eigene Darstellung)............ 39
Abb. 3.4 Analytischer Rahmen von Human Resource Management in Non-Profit-Organisationen. (Quelle: Ridder & McCandless, 2010, S. 134)........................ 50
Abb. 4.1 Zusammensetzung des Bruttopersonalbedarfs. (Quelle: Eigene Darstellung)........................ 57
Abb. 4.2 Berechnung des Nettopersonalbedarfs. (Quelle: Eigene Darstellung)..... 58
Abb. 5.1 Problematischer Kreislauf des Fachkräftemangels. (Quelle: Eigene Darstellung)........................ 70
Abb. 5.2 Interne und externe Perspekive des Employer Brandings. (Quelle: Eigene Darstellung)........................ 74
Abb. 5.3 Vorgehensweisen in der Personalauswahl nach Schuler, 2000. (Quelle: Eigene Darstellung)........................ 80
Abb. 6.1 Hygienefaktoren und Kontextfaktoren nach Herzberg (1968). (Quelle: Eigene Darstellung)........................ 99

Abb. 6.2	Das Job Characteristic Modell. (Quelle: Hackman & Oldham, 1976, S. 256)	104
Abb. 6.3	Gleichgewicht von Anreizen und Beiträgen. (Quelle: Eigene Darstellung)	106
Abb. 6.4	Die drei Komponenten des Commitments nach Meyer & Allen, 1991. (Quelle: Eigene Darstellung)	107
Abb. 7.1	Personalstruktur in Non-Profit-Organisationen. (Quelle: Eigene Darstellung)	112
Abb. 7.2	Dimensionen des Führungserfolg nach Berthel & Becker, 2017, S. 172 ff. (Quelle: Eigene Darstellung)	129
Abb. 7.3	Komponenten der transformationalen Führung nach Bass & Avolio, 1990. (Quelle: Eigene Darstellung)	132
Abb. 8.1	Zusammensetzung des Entgelts. (Quelle: Eigene Darstellung)	138
Abb. 8.2	Das sozialrechtliche Dreieck. (Quelle: Kostorz, 2019, S. 762)	142
Abb. 8.3	Der schuldrechtliche und normative Teil eines Verbandtarifvertrages. (Quelle: Hromadka & Maschmann, 2020, § 13, Rz. 21)	144
Abb. 9.1	Kreislauf der Personalentwicklung in Non-Profit-Organisationen. (Quelle: Eigene Darstellung)	162
Abb. 9.2	Ziele der Personalentwicklung aus Organisations- und Mitarbeiterperspektive. (Quelle: Eigene Darstellung)	163
Abb. 9.3	Ausbildungsberufe in Berufen des Gesundheitswesens und in sozialen Berufen. (Quelle: Eigene Darstellung in Anlehnung an Bundesministerium für Bildung und Forschung, 2020, S. 51 ff.)	173
Abb. 9.4	Anteile der Engagierten, für deren freiwillige Tätigkeit eine spezifische Aus- oder Weiterbildung erforderlich ist, 2014, nach gesellschaftlichen Bereichen. (Quelle: Simonson & Gordo, 2017, S. 361 (FWS 2014, gewichtet, Berechnungen DZA. Basis: Alle Engagierten (n = 12.315)))	179
Abb. 9.5	Auslöser für Veränderungen. (Quelle: Eigene Darstellung)	181
Abb. 10.1	Personalkosten	190
Abb. 10.2	Unterscheidung von Rand- und Stammbelegschaft (Quelle: Jensen, 2019, S. 65)	193
Abb. 10.3	Dreiecksverhältnis der Arbeitnehmerüberlassung	194
Abb. 10.4	Kritische Betrachtung der Arbeitnehmerüberlassung. (Quelle: Eigene Darstellung)	195

Tabellenverzeichnis

Tab. 1.1 Gegenüberstellung des Non-Profit-Sektors und des Profit-Sektors. (Quelle: Eigene Darstellung) 4
Tab. 1.2 Arbeitsbereiche von Non-Profit-Organisationen und Beispiel-Organisationen in Deutschland. (Quelle: Deutsches Zentralinstitut für soziale Fragen, 2022) 9
Tab. 2.1 Die Ebenen des arbeitsrechtlichen Regelungsrahmens. (Quelle: Eigene Darstellung) 17
Tab. 2.2 Drei Bereiche der Mitbestimmung durch Arbeitnehmer in Deutschland. (Quelle: Eigene Darstellung) 18
Tab. 2.3 Beteiligungsarten des Betriebsrates. (Quelle: Hromadka & Maschmann, 2020b, § 16, Rz. 345) 19
Tab. 2.4 Tendenzbetriebe im NPO-Sektor. (Quelle: Eigene Darstellung in Anlehnung an Hromadka & Maschmann, 2020b, § 16 Rz. 22) 21
Tab. 2.5 Besonderheiten hinsichtlich der Beteiligungsrechte des Betriebsrates in Tendenzbetrieben 23
Tab. 2.6 Beteiligungsrechte der Mitarbeitervertretung nach der MAVO. (Quelle: Eigene Darstellung) 27
Tab. 2.7 Beteiligungsformen der Mitarbeitervertretung in der evangelischen Kirche nach MVG-EKD 28
Tab. 3.1 Mögliche Fragestellungen im Rahmen der theoretischen Ansätze. (Quelle: Eigene Darstellung) 35
Tab. 3.2 Gegenüberstellung der Prinzipal-Agenten-Beziehung im Rahmen von Corporate Governance und Non-Profit-Governance. (Quelle: Eigene Darstellung) 42
Tab. 3.3 Beispielhafte Prinzipal-Agenten-Beziehungen im Non-Profit-Bereich 43
Tab. 4.1 Zentrale Fragestellungen der personellen Teilplanungen 59
Tab. 4.2 Mitbestimmungsrechte des Betriebsrates bei der Personalplanung 60

Tab. 4.3	Rechte der Mitarbeitervertretung in der evangelischen und katholischen Kirche.	61
Tab. 4.4	Bayernweiter Referenzpersonalschlüssel für die allgemeine Pflege und die gerontopsychiatrische Pflege. (Quelle: Bayerischer Landtag, 2018)	62
Tab. 4.5	Personalschlüsseln nach Gruppentypen. (Quelle: Bertelsmann Stiftung, 2021, S. 34).	65
Tab. 5.1	Die 6 Bereiche des Personalmarketings. (Quelle: Eigene Darstellung in Anlehnung an Kirchgeorg & Miller, 2013, S. 85 f; Simon et al., 1995)	75
Tab. 5.2	Beispielhafte Verfahren der Personalauswahl in Non-Profit-Organisationen. (Quelle: Eigene Darstellung)	79
Tab. 5.3	Beteiligungsrechte des Betriebsrates bei der Personalbeschaffung.	87
Tab. 5.4	Beteiligungsrechte der Mitarbeitervertretungen in der katholischen und evangelischen Kirche	88
Tab. 7.1	Mögliche Rechtsformen im Non-Profit-Sektor in Deutschland	113
Tab. 8.1	AVR-Bayern, Eingruppierungsordnung. (Quelle: Diakonisches Werk Bayern, 2021, S. 44–55).	139
Tab. 8.2	Tarifbindung nach Arbeitnehmern und Wirtschaftszweigen in Deutschland (ohne geringfügig Beschäftigte). (Quelle: Statistisches Bundesamt, 2021, S. 22)	146
Tab. 8.3	Arbeits- und sozialpolitische Verhandlungs- und Entscheidungsarenen in der Sozialwirtschaft in Deutschland. (Quelle: Eigene Darstellung in Anlehnung an Evans et al., 2012, S. 33)	147
Tab. 8.4	Tarifsituation (Anteil Beschäftigte) in nicht ärztlichen Berufsgruppen nach Krankenhausträger. (Quelle: Blum et al., 2007, S. 62)	148
Tab. 8.5	Gegenüberstellung der Arbeitsvertragsrichtlinien von Caritas und Diakonie.	151
Tab. 9.1	Beteiligungsrechte des Betriebsrates im Rahmen der Personalentwicklung. (Quelle: Eigene Darstellung)	177
Tab. 9.2	Beteiligungsrechte der Mitarbeitervertretungen nach MAVO und MVG-EKD.	178
Tab. 9.3	Beispiel Template Stakeholder Analyse.	183
Tab. 9.4	4 Stufen der Evaluation nach Kirkpatrick. (Quelle: Eigene Darstellung nach Kirkpatrick & Kirkpatrick, 2006)	185
Tab. 10.1	Kennzahlen des Personalcontrollings in einer Non-Profit-Organisation	192

Besonderheiten von Non-Profit-Organisationen für das Personalmanagement

1

> **Zusammenfassung**
>
> Kapitel 1 gibt eine Einführung zum Thema Non-Profit-Organisationen im Allgemeinen und beschreibt die Tätigkeitsbereiche und die Vielfalt von Non-Profit-Organisationen in Deutschland. Es findet zunächst eine kurze Abgrenzung des Non-Profit-Sektors zum Profit- und Public-Sektor statt. Die gesellschaftliche Relevanz von Non-Profit-Organisationen wird dargestellt und die Bedeutung von Non-Profit-Organisationen als Arbeitgeber und als Empfänger von freiwilligem Engagement wird verdeutlicht. Der Stellenwert des Faktors Personal und des Personalmanagements wird herausgearbeitet. Das Kapitel beinhaltet einen ersten Überblick über Besonderheiten des Personalmanagements in Non-Profit-Organisationen und einen Einblick in aktuelle Herausforderungen, die sich an Non-Profit-Organisationen hinsichtlich des Personalmanagements stellen.

1.1 Überblick und Einführung

Non-Profit-Organisationen sind ein unverzichtbarer Teil unserer Gesellschaft. Die einzelnen Tätigkeitsbereiche und Zielsetzungen von Non-Profit-Organisationen zeichnen sich dabei durch eine sehr hohe Diversität aus. Non-Profit-Organisationen spielen in vielerlei Hinsicht eine zentrale Rolle für die Gesamtgesellschaft. Sie erfassen die unterschiedlichsten Gesellschaftsbereiche und Bereiche des alltäglichen Lebens. Dazu gehören die Bereiche Soziales und Gesundheit, Sport und Kultur, sowie die Bereiche der Interessensvertretung und der religiösen Vereinigungen.

Non-Profit-Organisationen leisten medizinische und humanitäre Notfallhilfe, erbringen Entwicklungshilfe, unterstützen Menschen in besonderen und herausfordernden

Lebenssituationen, vertreten die Interessen von Bürgern[1] oder engagieren sich für Umwelt- und Nachhaltigkeitsthemen. Sie erbringen Dienstleistungen im Bereich des Gesundheits- und Sozialwesens, sei es als Träger von Kinderbetreuungseinrichtungen, Pflegeheimen, Hospizen, Krankenhäusern oder als Träger von Betreuungseinrichtungen für Menschen mit Behinderung.

Neben den großen und bekannten Non-Profit-Organisationen wie dem Deutschen Roten Kreuz, Greenpeace oder der Diakonie gibt es auch zahlreiche kleinere Organisationen. Dazu gehören zum Beispiel Organisationen im Bereich der Nachbarschaftshilfe, kulturelle Vereinigungen oder Sportvereine. Diese spielen für einzelne Regionen oder Personengruppen eine ebenso wichtige Rolle für das gesellschaftliche Leben wie große und namhafte Non-Profit-Organisationen.

Im Mittelpunkt einer jeden Non-Profit-Organisation steht die **soziale Mission** (Drucker, 1992). Dabei beschreibt diese soziale Mission die zentrale Aufgabenstellung und die Zielsetzung einer Non-Profit-Organisation. Sie macht klar, für was die Non-Profit-Organisation steht und welche Überzeugungen sie vertritt:

- So gibt der Deutsche Alpenverein seinem Leitbild die Überschrift *„Wir lieben die Berge!"* (Deutscher Alpenverein, 2021).
- Die Aktion Deutschland hilft e. V. definiert ihre Mission wie folgt: *„Menschen, die von Naturkatastrophen oder humanitären Krisen betroffen sind, haben das Recht auf Solidarität und Hilfe! Gemeinsam retten wir Leben und geben notleidenden Menschen wieder eine Perspektive für ein selbstbestimmtes und freies Leben."* (Aktion Deutschland hilft e. V., 2021).
- Der World Wide Fund for Nature (WWF Deutschland e. V.) macht seine soziale Mission mit der folgenden Aussage klar: *„Wir wollen die weltweite Zerstörung der Natur und Umwelt stoppen und eine Zukunft gestalten, in der Mensch und Natur in Einklang miteinander leben."* (WWF Deutschland e. V., 2021)

Die soziale Mission ist dabei viel mehr als eine Aussage oder ein Symbol. Sie ist ein starkes Instrument, welches eine klare Botschaft sendet. Diese Botschaft beinhaltet die Werte und die Vision der Organisation. Die soziale Mission ist auch ein wichtiges Instrument, wenn es um die Gewinnung von Kunden und Klienten, die Generierung von Spenden, die Aufmerksamkeit der Öffentlichkeit und Politik sowie um die Gewinnung und Bindung von Mitarbeitern geht (Brown & Yoshioka, 2003, S. 5).

So unterschiedlich und vielfältig ihre Ausrichtungen, Leitbilder, Wertvorstellungen und Überzeugungen sind, so verbindet Non-Profit-Organisationen doch der Anspruch, Dienstleistungen zum Wohle der Gesellschaft und der Gemeinschaft zu erbringen (Gemeinwohlorientierung) und diese Leistungen und Dienstleistungen nicht aus einer reinen Erwerbsorientierung heraus anzubieten. Non-Profit-Organisationen erbringen jedoch nicht nur

---

[1] Aus Gründen der besseren Lesbarkeit wird ausschließlich die männliche Form verwendet. Sie bezieht sich ausdrücklich auf Personen jeden Geschlechts (m/w/d).

1.1 Überblick und Einführung

gesellschaftlich relevante Dienstleistungen, sie stellen auch ein Forum für den Aufbau und die Pflege von sozialen Beziehungen dar und spielen deshalb für das soziale Leben und den Zusammenhalt der Gesellschaft eine wichtige Rolle.

Volkswirtschaftlich gesehen, bildet der Non-Profit-Sektor neben dem öffentlichen und dem privaten Sektor den Dritten Sektor der Wirtschaft (Abb. 1.1). Um dem Dritten Sektor zugeordnet zu werden, muss eine Organisation nach dem international anerkannten Drei-Sektoren-Modell folgende Kriterien erfüllen (Salamon & Anheier, 1992a, S. 135 f.):

- *Formal*: Die Organisation muss zu einem gewissen Grad institutionalisiert sein. Das bedeutet, sie muss eine Struktur aufweisen. Dies kann erfolgen durch eine Unternehmensverfassung oder aber auch durch regelmäßige Veranstaltungen und festgelegte Regelungen.
- *Private*: Die Organisation ist privat, das heißt institutionell getrennt vom Staat. Das bedeutet nicht, dass sie keine staatliche Förderung erhalten darf.
- *Non-profit distributing*: Die Organisation arbeitet nicht primär gewinnorientiert. Das bedeutet insbesondere keine Gewinnausschüttung an Mitglieder oder Eigentümer. Erzielte Gewinne werden reinvestiert oder zur Rücklagenbildung genutzt.
- *Self-governing*: Die Organisation kontrolliert und leitet sich selbst.
- *Voluntary:* Die Organisation ist Empfänger von freiwilligem Engagement, sei es durch freiwilliges Engagement bei den Tätigkeiten der Organisation oder durch ehrenamtliches Engagement.

Abb. 1.1 Das Drei-Sektoren-Modell nach Salamon und Anheier. (Quelle: Eigene Darstellung)

Vereinfacht kann eine Abgrenzung des Non-Profit-Sektors auch über das Ausschlussverfahren erfolgen; hier wird der Non-Profit-Sektor als nicht profit-orientierter (nicht gewinnorientierter) Sektor beschrieben. Dies spiegelt die bereits beschriebene Gemeinwohlorientierung wieder. Eine Non-Profit-Organisation existiert, um einen Dienst für die Gemeinschaft zu erbringen. Dabei geht es eben gerade nicht um eine Gewinnmaximierung.

Eine weitere Möglichkeit des Zugangs zum Dritten Sektor kann über Rechtsformen erfolgen. Rechtsformen, die hier auf eine Zugehörigkeit zum Non-Profit-Sektor hinweisen, sind zum Beispiel Vereine, Stiftungen, gGmbHs, gemeinnützige Genossenschaften, gemeinnützige Aktiengesellschaften oder gemeinnützige Unternehmergesellschaften (Priemer et al., 2019, S. 9). Insbesondere der Status der Gemeinnützigkeit, welcher im Rahmen der Abgabenordnung zu einer Steuererleichterung führt, rechtfertigt über das Argument der Nicht-Gewinn-Orientierung eine Zuordnung zum Non-Profit-Sektor (Rosenski, 2012, S. 210).

Fasst man die zentralen Aspekte dieser drei Abgrenzungsansätze zusammen, lassen sich folgende Kriterien für eine Zuordnung zum Non-Profit-Sektor festhalten:

- Keine Gewinnorientierung
- Keine Zuordnung zum öffentlichen oder privatwirtschaftlichen Sektor
- Rechtsform: gGmbH, gemeinnützige Aktiengesellschaft, Stiftung, Verein, Genossenschaft

Tab. 1.1 stellt anhand ausgewählter Kriterien den Non-Profit-Sektor und den Profit-Sektor gegenüber.

Das „Comparative Nonprofit Sector Project" der John Hopkins Universität startete 1991. Es ist das bislang größte Forschungsvorhaben, den Non-Profit-Sektor in seiner Größe und Struktur sowie seiner Finanzierung weltweit zu erfassen und zu klassifizieren.

Tab. 1.1 Gegenüberstellung des Non-Profit-Sektors und des Profit-Sektors. (Quelle: Eigene Darstellung)

	Non-Profit-Sektor	**Profit-Sektor**
Ziel	Dienstleistungen werden zum Wohle der Gemeinschaft erbracht	Dienstleistungen und Produkte dienen der Erzielung von Gewinn
Zentrale Anspruchsgruppen	Klienten, Kunden, Patienten	Kunden, Mitarbeiter, Anteilseigner, Lieferanten
Typische Rechtsformen	gGmbH, Stiftung, Verein, Genossenschaft	Einzelunternehmer, Personengesellschaften, Kapitalgesellschaften
Mitarbeiterstruktur	Angestellte Mitarbeiter, Ehrenamtliche und freiwillig Engagierte	Angestellte Mitarbeiter
Besetzung der Leitungsfunktion	Hauptamt oder Ehrenamt	Hauptamt

Ziel der Studie war es, den Non-Profit-Sektor besser zu verstehen. Dafür wurden in 13 verschiedenen Ländern, darunter auch in Deutschland, systematisch Daten erhoben. Heute ist das Projekt in 45 Ländern aktiv (Center for Civil Society Studies, John Hopkins University, 2021).

Für eine Abgrenzung und inhaltliche Klassifikation der verschiedenen Teilbereiche des Non-Profit-Sektors kann auf die internationale Klassifikation der Hopkins Studie zurückgegriffen werden (Salamon & Anheier, 1992b, S. 283):

- Gruppe 1: Kultur und Erholung
- Gruppe 2: Bildung und Forschung
- Gruppe 3: Gesundheitswesen
- Gruppe 4: Soziale Dienste
- Gruppe 5: Umwelt- und Naturschutz
- Gruppe 6: Entwicklung, Wohnungswesen und Beschäftigung
- Gruppe 7: Recht, Interessensvertretungsarbeit und Politik
- Gruppe 8: Stiftungs- und Spendenwesen, ehrenamtliche Arbeit
- Gruppe 9: Internationale Aktivitäten
- Gruppe 10: Religion
- Gruppe 11: Wirtschafts- und Berufsverbände, Gewerkschaften
- Gruppe 12: Sonstige

Fortgeführt wurde diese Studie in Deutschland durch den Datenreport Zivilgesellschaft (Hallmann, 2016, S. 19).[2]

In Deutschland wird der Non-Profit-Sektor durch zwei übergeordnete Prinzipien beeinflusst: dem **Subsidiaritätsprinzip** und dem **Selbstverwaltungsprinzip** (Salamon & Anheier, 1992a, S. 144).

Das **Subsidiaritätsprinzip** besagt, dass der Staat nur dann tätig werden soll, wenn andere Institutionen von nicht staatlicher Seite diese Aufgaben (z. B. soziale Aufgaben) nicht übernehmen können (Rittershofer, 2009, S. 874). Dieses gesellschaftspolitische Prinzip räumt Non-Profit-Organisationen Vorrang gegenüber staatlichen Institutionen bei der Leistung von sozialen Aufgaben ein (Salamon & Anheier, 1992a, S. 144). Das **Prinzip der Selbstverwaltung** gesteht Körperschaften des öffentlichen Rechts eine große Unabhängigkeit zu (Salamon & Anheier, 1992a, S. 144).

Für Non-Profit-Organisationen spielt freiwilliges Engagement eine zentrale Rolle. Dabei kann unterschieden werden zwischen Freiwilligenarbeit und Ehrenamt. Unter Freiwilligenarbeit kann die Übernahme von Arbeit und Tätigkeiten beschrieben werden, die ohne finanzielle Vergütung erfolgt. Dies kann einmalig, nur für einen begrenzten Zeitraum oder dauerhaft erfolgen. Im Rahmen eines Ehrenamts erfolgt die unentgeltliche Übernahme eines Amtes oder einer offiziellen Position in einer Organisation für eine bestimmte Amtsperiode.

---

[2] Hinweise zur methodischen Vorgehensweise finden sich in Rosenski (2012).

Auch wenn Non-Profit-Organisationen stark von freiwilligem Engagement leben, so hat doch auch ein Viertel der Non-Profit-Organisationen bezahlte Beschäftigte (Krimmer, 2019, S. 2).

Neben den eingangs beschriebenen unerlässlichen Leistungen, die Non-Profit-Organisationen für die Gesellschaft erbringen, sind Non-Profit-Organisationen auch ein wichtiger Arbeitgeber auf dem deutschen Arbeitsmarkt. Im Jahr 2014 arbeiteten knapp 10 Prozent aller sozialversicherungspflichtigen und geringfügig Beschäftigten im Dritten Sektor. Das sind nach Angaben des IAB Betriebspanels 3,7 Millionen Menschen. Somit arbeitet knapp jeder zehnte sozialversicherungspflichtig oder geringfügig Beschäftigte in Deutschland in einer Organisation oder Einrichtung des Dritten Sektors (Hohendanner et al., 2019, S. 93 f.). Damit ist der Dritte Sektor in Deutschland ein größerer Arbeitgeber als die Automobilindustrie (Hohendanner et al., 2019, S. 111).

Diese hohe Bedeutung als Arbeitgeber kommt dem Non-Profit-Sektor nicht nur in Deutschland zu. In den USA zeichnet sich beispielsweise ein ähnliches Bild ab. Hier stellt der Non-Profit-Sektor die drittgrößte Branche dar, welche jeden zehnten Arbeitnehmer des privaten Sektors beschäftigt (Salamon & Newhouse, 2020).

Die größten Arbeitgeber des Non-Profit-Sektors in Deutschland sind dabei die Träger der Freien Wohlfahrtspflege:

- Arbeiterwohlfahrt
- Deutscher Caritasverband
- Diakonie Deutschland
- Paritätischer Gesamtverband
- Deutsches Rotes Kreuz
- Zentralwohlfahrtsstelle der Juden in Deutschland

Die Bedeutung des Dritten Sektors als Arbeitgeber wird auch deutlich bei einer Betrachtung des Beschäftigungswachstums des Dritten Sektors in Deutschland. Dieses übersteigt das allgemeine Beschäftigungswachstum in Deutschland (Hohendanner et al., 2019, S. 93 f.).

Die sozialversicherungspflichtig Beschäftigten des Dritten Sektors verteilen sich dabei wie in Abb. 1.2 dargestellt. Es wird deutlich, dass der größte Anteil der sozialversicherungspflichtig Beschäftigten des Dritten Sektors (61%) im Gesundheits- und Sozialwesen arbeitet. Die Berechnungen von Hohendanner et al. (S. 98) basieren auf dem statistischen Unternehmensregister des Statistischen Bundesamtes.[3]

Einen konkreten Einblick in die Aufgaben- und Arbeitsbereiche liefert die Statistik der Freien Wohlfahrtspflege aus dem Jahr 2016. Die Beschäftigten der Einrichtungen und Dienste der Freien Wohlfahrtspflege verteilen sich dabei wie folgt (Bundesarbeitsgemeinschaft der freien Wohlfahrtspflege, 2018, S. 8):

---

[3] Die Angaben sind ohne sozialversicherungspflichtig beschäftigte Menschen mit Behinderungen in Werkstätten und ohne geringfügig Beschäftigte. Menschen mit Behinderungen in Werkstätten wurden modellhaft herausgerechnet (Hohendanner et al., 2019, S. 98).

1.1 Überblick und Einführung

Abb. 1.2 Verteilung der sozialversicherungspflichtig Beschäftigten des Dritten Sektors. (Quelle: Hohendanner et al., 2019, S. 98)

- Altenhilfe: 27 Prozent
- Jugendhilfe: 22 Prozent
- Gesundheitshilfe: 22 Prozent
- Behindertenhilfe: 20 Prozent
- Familienhilfe: 1 Prozent
- Aus-, Fort- und Weiterbildungsstätten für soziale und pflegerische Berufe: 1 Prozent
- Hilfe für Personen in besonderen sozialen Situationen: 2 Prozent
- Weitere Hilfen: 5 Prozent

Ein großer Teil der Krankenhäuser und Pflegeheime, Jugendhilfeeinrichtungen und Kinderbetreuungseinrichtungen in Deutschland wird von den Freien Wohlfahrtsverbänden als Träger betrieben (Hallmann, 2016, S. 15). Deutschlandweit werden über 60 Prozent aller Kindertageseinrichtungen von privat-gemeinnützigen Trägern betrieben (Statistisches Bundesamt, 2020a, S. 11 f.).

Im Jahr 2018, befanden sich 34 Prozent der Krankenhäuser in Deutschland in freigemeinnütziger Trägerschaft.[4] Auch bei der Verteilung der Bettenanzahl deutscher Krankenhäuser ergibt sich mit 33 Prozent ein ähnliches Bild (Statistisches Bundesamt, 2020b, S. 8). Insgesamt waren im Jahr 2018 in deutschen Krankenhäusern 910.366 Vollzeitkräfte beschäftigt, davon 267.100 in freigemeinnützigen Krankenhäusern, dies entspricht einem Anteil von knapp 30 Prozent (Statistisches Bundesamt, 2020b, S. 11, 25).

Begriffliche Abgrenzung: Soziale Dienstleistungen, Sozialwirtschaft und Non-Profit-Organisationen
In den letzten Jahren hat in Deutschland der Begriff der „Sozialwirtschaft" an Bedeutung gewonnen. Unter diesem Begriff wird die Erbringung von sozialen Dienstleistungen (in den Bereichen Pflege, Gesundheit, Behindertenhilfe, Jugendhilfe, Bildung und Erziehung) nicht mehr nur als gesellschaftlicher Kostenfaktor gesehen. Vielmehr findet eine Betonung der Bedeutung dieser sozialen Dienstleistungen für die Gesellschaft und die Gesamtwirtschaft statt. Zudem wird auch die Entlastungsfunktion dieser sozialen Dienstleistungen für die Erwerbsarbeit in anderen Wirtschaftsbereichen betrachtet. Durch die Erbringung von professionellen Dienstleistungen im sozialen Bereich (Pflege, Kinderbetreuung) findet eine Entlastung von Erwerbstätigen statt (Evans et al., 2013, S. 210 f.).

Im internationalen Vergleich ist die Sozialwirtschaft in Deutschland durch eine heterogene Trägerlandschaft gekennzeichnet. Es besteht ein sogenannter „Trägerpluralismus" der aus drei Arten von Trägern besteht:

- Öffentliche Träger
- Private Träger
- Freigemeinnützige Träger

In Deutschland nehmen die freigemeinnützigen Träger eine sehr bedeutende Rolle ein, was den Anteil der durch sie erbrachten sozialen Dienstleistungen angeht (Evans et al., 2013, S. 211). Zusammenfassend lässt sich sagen, dass Sozialwirtschaft nicht mit dem Non-Profit-Sektor gleichgesetzt werden kann. Non-Profit-Organisationen spielen aber eine zentrale und bedeutende Rolle bei der Erbringung von sozialen Dienstleistungen in Deutschland.

Auch wenn die freien Wohlfahrtsverbände eine große Rolle als Arbeitgeber spielen, so gibt es doch viele weitere Non-Profit-Organisationen in Deutschland in den unterschiedlichsten Arbeitsbereichen. Tab. 1.2 zeigt Beispiele von Non-Profit-Organisationen in Deutschland gegliedert nach Einsatzbereichen.

Die starke Relevanz des Faktors Personal für Non-Profit-Organisationen ergibt sich im Wesentlichen durch drei Aspekte.

Erstens durch die hohe Bedeutung von **Personalkosten** an den Gesamtkosten der Organisationen. Dies trifft insbesondere für den Bereich des Sozial- und Gesundheitswesens zu. Es wird geschätzt, dass hier der Anteil der Personalkosten an den Gesamtkosten bei

---

[4] Bei unterschiedlichen Trägern wird in der Statistik der Träger angegeben, der überwiegend beteiligt ist oder überwiegend die Geldlasten trägt. Bei den Trägerarten wird unterschieden zwischen öffentlichen Trägern, freigemeinnützigen Trägern und privaten Trägern (Statistisches Bundesamt 2020b, S.3).

Tab. 1.2 Arbeitsbereiche von Non-Profit-Organisationen und Beispiel-Organisationen in Deutschland. (Quelle: Deutsches Zentralinstitut für soziale Fragen, 2022)

Arbeitsbereich	Beispiele für Non-Profit-Organisationen in Deutschland
Behindertenhilfe	Aktion Mensch e. V., Bundesvereinigung Lebenshilfe e. V., Deutsches Blindenhilfswerk e. V.
Kinder- und Jugendhilfe	Children for a better World e. V., Deutsche Kinderkrebsstiftung
Entwicklungszusammenarbeit	Plan International Deutschland e. V., World Vision Deutschland e. V.,
Sport	Bayrische Sportstiftung
Kultur	Deutsche Stiftung Denkmalschutz
Politik	Stiftung Münchner Sicherheitskonferenz gGmbH
Umwelt	Deutsche Umwelthilfe e. V.

60–70 Prozent liegt. Beispielsweise liegt laut statistischem Bundesamt dieser Anteil für die Krankenhäuser in Deutschland bei knapp über 60 Prozent[5] (Statistisches Bundesamt, 2021). Diese Werte unterstreichen die Personalkostenintensität des Sektors und damit die Bedeutung des Faktors Personal für Non-Profit-Organisationen.

Zweitens stellen Mitarbeiter die **wichtigste Ressource** von Non-Profit-Organisationen dar. Non-Profit-Organisationen erbringen unterschiedliche Dienstleistungen, welche nur durch qualifizierte Mitarbeiter erbracht werden können. Die Zufriedenheit von Kunden, Klienten und Patienten hängt stark von den Kompetenzen und Fähigkeiten der Mitarbeiter und der freiwillig Engagierten ab.

Drittens sind Non-Profit-Organisationen, wie auch Unternehmen und Organisation des privaten und öffentlichen Sektors, mit einem **Fachkräftemangel** konfrontiert. Dies gilt insbesondere für die Bereiche Soziales und Gesundheit. Hier konkurrieren Non-Profit-Organisationen mit Unternehmen des ersten und zweiten Sektors. Die Ausgestaltung des Personalmanagements kann einen Beitrag zur Steigerung der Arbeitgeberattraktivität leisten.

Die Personalkostenintensität, die Personalintensität und der Fachkräftemangel verdeutlichen die Bedeutung des Personalmanagements für Non-Profit-Organisationen. NPOs stehen somit vor der Herausforderung, geeignetes Personal zu finden, zu binden und weiter zu entwickeln.

Dem Personalmanagement in Non-Profit-Organisationen wird eine sehr hohe und zunehmende Bedeutung zugesprochen (z. B. Akingbola, 2006, S. 1708; Ridder & McCandless, 2010, S. 125). Diese steigende Relevanz zeigt sich auch in einem Anstieg an wissenschaftlichen Publikationen zum strategischen Personalmanagement in Non-Profit-Organisationen (Baluch & Ridder, 2020, S. 6).

---

[5] Berechnet wird hier der Anteil der Personalkosten an den Bruttokosten der Krankenhäuser. Die Bruttokosten setzen sich zusammen aus Krankenhauskosten (Personal- und Sachkosten, Zinsen und ähnlichen Aufwendungen, Steuern) und Kosten der Ausbildungsstätten (Stat. Bundesamt, 2021).

▶ **Personalmanagement in Non-Profit-Organisationen** umfasst alle Aktivitäten und Maßnahmen, welche der Beschaffung, Entwicklung, Bindung, Vergütung und Freisetzung von festangestellten Mitarbeitern und freiwillig Engagierten dienen sowie eine Erfolgskontrolle dieser ergriffenen Maßnahmen des Personalmanagements.

Das vorliegende Buch gibt einen Überblick über die Personalthemen, die für Non-Profit-Organisationen relevant sind und zeigt NPO-spezifische Besonderheiten auf. Dabei werden insbesondere die folgenden Fragen adressiert:

- In welchem Kontext bewegt sich das Personalmanagement von Non-Profit-Organisationen? Welche Besonderheiten, aktuelle Herausforderungen und rechtliche Rahmenbedingungen sind zu beachten?
- Welche theoretischen und konzeptionellen Ansätze des Human Resource Managements können dem Personalmanagement in NPOs zugrunde gelegt werden? Welche Erkenntnisse können aus der Anwendung von verhaltenswissenschaftlichen und ökonomischen Theorieansätzen gewonnen werden?
- Wie können die einzelnen Teilfunktionen des Personalmanagements gestaltet werden? Welche Besonderheiten bestehen für Non-Profit-Organisationen zum Beispiel bei der Planung, Beschaffung und Entwicklung von Personal?
- Welche Herausforderungen ergeben sich bei der Motivation und Führung von Personal und wie können diese bewältigt werden?
- Wie kann sich das Personalmanagement in einer Non-Profit-Organisation einer Erfolgskontrolle unterziehen?

Das vorliegende Buch erhebt keinen Anspruch auf eine vollständige Darstellung aller einzelnen Teilfunktionen des Personalmanagements. Es verfolgt vielmehr das Ziel, die für Non-Profit-Organisationen relevanten Themenbereiche des Personalmanagements darzustellen und auf die Besonderheiten, Rahmenbedingungen und Herausforderungen im Kontext von Non-Profit-Organisationen einzugehen.

1.2 Besonderheiten und aktuelle Einflüsse – ein erster Überblick

Der Non-Profit-Sektor zeichnet sich durch Besonderheiten aus, die für das Personalmanagement im Allgemeinen von großer Relevanz sind und entsprechende Herausforderungen mit sich bringen.

Diese Besonderheiten werden kurz dargestellt und in den nachfolgenden Kapiteln aufgegriffen und für die einzelnen Teilbereiche des Personalmanagements gegebenenfalls vertieft:

- Non-Profit-Organisationen sehen sich mit steigenden Anforderungen hinsichtlich der Effizienz konfrontiert. Hier wird dem Personalmanagement eine wichtige Rolle zugesprochen (z. B. Ridder et al., 2012, S. 607). Non-Profit-Organisationen sind mit einer **Knappheit an finanziellen Mitteln** und damit verbunden mit einem **hohen Kostendruck** konfrontiert. Aufgrund des hohen Anteils an den Personalkosten steht somit auch der Faktor Mitarbeiter und damit verbunden auch das Personalmanagement im Mittelpunkt des Effizienzdenkens.

- Der Non-Profit-Sektor steht einem **Trend der Professionalisierung** gegenüber (z. B. dazu Weisbrod, 2000).
- Non-Profit-Organisationen zeichnen sich durch eine **starke Finanzierung durch die öffentliche Hand** aus und sind zudem auf die **Generierung von Spenden** angewiesen. Dies resultiert in einem vergleichsweise geringen finanziellen Spielraum für die Gestaltung der Personalarbeit und in hohen Anforderungen hinsichtlich der Transparenz von Ausgaben für das Personalmanagement.
- Viele Tätigkeiten des Non-Profit-Sektors sind durch **politische und gesetzliche Rahmenbedingungen** reglementiert und werden durch Veränderungen in diesen Rahmenbedingungen stark tangiert; dies trifft insbesondere für den Bereich des Sozial- und Gesundheitswesens zu. Veränderte Regierungskonstellationen und politische Entscheidungen führen zu veränderten oder neuen Herausforderungen oder geben den Gestaltungsspielraum für Personalthemen vor. So hat die Einführung des Rechtsanspruchs auf Kinderbetreuung die Betreuungseinrichtungen vor große personelle Herausforderungen gestellt. Oder die Abschaffung der Wehrpflicht führte zu großen personellen Lücken in vielen Organisationen, die sich bis dato auf Zivildienstleistende verlassen hatten.
- Für die Beschäftigten in Non-Profit-Organisationen spielt die **intrinsische Motivation** eine größere Rolle als dies bei Beschäftigten anderer Organisationen und Unternehmen der Fall ist. Diese Besonderheit muss bei der Anreizgestaltung, der Führung, der Bindung und der Gewinnung von Personal Beachtung finden.
- Die **Personalstruktur** des Non-Profit-Sektors ist durch einen hohen Anteil an Frauen, Teilzeitbeschäftigten, befristet Beschäftigten, freien Mitarbeitern sowie freiwillig Engagierten und Ehrenamtlichen gekennzeichnet. Diese besondere Personalstruktur stellt für die Gestaltung der personalwirtschaftlichen Teilfunktionen eine Herausforderung dar.
- Die **Arbeitsorganisation** (z. B. Schichtdienste) und das **Arbeitsumfeld** (Umgang mit schwerkranken Menschen, Arbeiten in einer Krisenregion) können zu einer Gefährdung der psychischen und physischen Gesundheit der Mitarbeiter führen.

Diese beschriebenen Besonderheiten des Non-Profit-Sektors werden von aktuellen Entwicklungen flankiert:

- Der Non-Profit-Sektor erfährt durch den **demografischen Wandel** eine doppelte Belastung. Insbesondere der Bereich der Pflege ist stark betroffen. Hier wird der Fachkräftemangel durch den Nachwuchsmangel verschärft und gleichzeitig steigt

der Bedarf an Pflegekräften, da es immer mehr ältere Menschen gibt, die pflegebedürftig sind.
- In vielen Bereichen des Non-Profit-Sektors, insbesondere im Sozial- und Gesundheitswesen, herrscht ein **extremer Fachkräftemangel**, welcher nicht nur durch den demografischen Wandel alleine bedingt ist.
- Der Non-Profit-Sektor verzeichnet in vielen Bereichen ein **starkes bzw. überdurchschnittliches Mitarbeiterwachstum**.
- **Personalbindung** stellt in Zeiten von Fachkräftemangel und hoher Wechselbereitschaft eine zentrale Aufgabe für das Personalmanagement dar.
- Manche Non-Profit-Organisationen haben **Imageprobleme als Arbeitgeber**, dies begründet sich auch vor dem Hintergrund des sich vollziehenden Wertewandels in der Gesellschaft. So wird zum Beispiel das Wertebild der Kirche (und die von Arbeitnehmern geforderten Loyalitätspflichten) in der Gesellschaft, und damit von potenziellen Bewerbern, kritisch hinterfragt. Zudem besteht unter Arbeitnehmern eine steigende Forderung nach Möglichkeiten der Vereinbarkeit von Beruf und Familie. Dies kann in vielen Berufen des Sozial- und Gesundheitswesens nur schwer geboten werden.

Insgesamt betrachtet, lässt sich die hohe Bedeutung des Faktors Personal für den Non-Profit-Sektor festhalten. Dies unterstreicht den Stellenwert des Personalmanagements. Gleichzeitig ist das Personalmanagement mit einigen Besonderheiten in Non-Profit-Organisationen konfrontiert, welche bei der Ausgestaltung der einzelnen Teilfunktionen des Personalmanagements zu beachten sind.

Wiederholungs- und Anwendungsfragen Kap. 1:

1. Welche Non-Profit-Organisationen kennen Sie? Welche soziale Mission kennzeichnet diese Non-Profit-Organisation und welche Rolle spielt sie für die Arbeit dieser Organisation?
2. Anhand welcher Kriterien kann eine Abgrenzung des Non-Profit-Sektors vom Profit-Sektor und Public-Sektor erfolgen? Welche Unternehmen und Organisationen sind Ihnen aus den drei Sektoren bekannt?
3. Welche Rolle spielen die Träger der Freien Wohlfahrtsverbände für die Erbringung von sozialen Dienstleistungen in Deutschland?
4. Was kennzeichnet die Personalstruktur einer Non-Profit-Organisation?
5. Beschreiben Sie eine aktuelle Herausforderung für Non-Profit-Organisationen und zeigen Sie mögliche Implikationen für die Gestaltung der Personalarbeit auf.

Literatur

Akingbola, K. (2006). Strategy and HRM in nonprofit organizations: Evidence from Canada. *The International Journal of Human Resource Management, 17*(10), 1707–1725.

Literatur

Aktion Deutschland hilft. (2021). *Mission & Leitlinien unseres Handelns*. https://www.aktion-deutschland-hilft.de/de/wir-ueber-uns/missionleitlinien-unseres-handelns/. Zugegriffen am 07.10.2021

Baluch, A. M., & Ridder, H.-G. (2020). Mapping the research landscape of strategic human resource management in nonprofit organizations: A systematic review and avenues for future research. *Nonprofit and Voluntary Sector Quarterly, 50*(3), 1–28.

Brown, W. A., & Yoshioka, C. F. (2003). Mission attachment and satisfaction as factors in employee retention. *Nonprofit Mangement & Leadership, 14*(1), 5–18.

Bundesarbeitsgemeinschaft der Freien Wohlfahrtspflege e. V. (2018). *Gesamtstatistik 2016. Einrichtungen und Dienste der Freien Wohlfahrtspflege*. https://www.bagfw.de/fileadmin/user_upload/Veroeffentlichungen/Publikationen/Statistik/BAGFW_Gesamtstatistik_2016.pdf. Zugegriffen am 05.03.2020.

Center for Civil Society Studies, Johns Hopkins University. (2021). *Comparative Nonprofit Sector Project (CNP)*. https://ccss.jhu.edu/research-projects/comparative-nonprofit-sector-project/. Zugegriffen am 18.03.2021.

Deutscher Alpenverein. (2021). *Leitbild des DAV*. https://www.alpenverein.de/der-dav/leitbild-des-dav_aid:12051.html. Zugegriffen am 07.10.2021.

Deutsches Zentralinstitut für soziale Fragen. (2022). *Liste aller Spenden-Siegel-Organisationen*. https://www.dzi.de/spenderberatung/spenden-siegel/liste-aller-spenden-siegel-organisationen-a-z/. Zugegriffen am 03.03.2022.

Drucker, P. F. (1992). *Managing the Nonprofit Organization*. Harper.

Evans, M., Galchenko, V., & Hilbert, J. (2013). Befund Sociosclerose – Sozialwirtschaft in der Interessensblockade? *Sozialer Fortschritt, 62*(8–9), 209–216.

Hallmann, T. (2016). Der Non-Profit-Sektor in Deutschland. Historische, empirische und theoretische Perspektiven. In A. Zimmer & T. Hallmann (Hrsg.), *NPOs vor neuen Herausforderungen* (S. 13–29). Springer Fachmedien.

Hohendanner, C., Priemer, J., Rump, B., & Schmitt, W. (2019). Zivilgesellschaft als Arbeitsmarkt. In H. Krimmer (Hrsg.), *Datenreport Zivilgesellschaft* (S. 93–112). Springer VS.

Krimmer, H. (2019). Einleitung. In H. Krimmer (Hrsg.), *Datenreport Zivilgesellschaft* (S. 1–3). Springer VS.

Priemer, J., Bischoff, A., Hohendanner, C., Krebstakies, R., Rump, B., & Schmitt, W. (2019). Organisierte Zivilgesellschaft. In H. Krimmer (Hrsg.), *Datenreport Zivilgesellschaft* (S. 7–53). Springer VS.

Ridder, H.-G., & McCandless, A. (2010). Influences on the architecture of human resource management in nonprofit organizations: An analytical framework. *Nonprofit and Voluntary Sector Quarterly, 39*(1), 124–141.

Ridder, H.-G., Piening, E. P., & McCandless Baluch, A. (2012). The third way reconfigured: How and why nonprofit organizations are shifting their human resource management. *VOLUNTAS: International Journal of Voluntary and Nonprofit Organizations, 23*, 605–635. https://doi.org/10.1007/s11266-011-9219-z.

Rittershofer, W. (2009). *Wirtschaftslexikon*. Deutscher Taschenbuchverlag.

Rosenski, N. (2012). Die wirtschaftliche Bedeutung des Dritten Sektors. In: Statistisches Bundesamt, Wirtschaft und Statistik (S. 209–217).

Salamon, L. M., & Anheier, H. K. (1992a). In search of the nonprofit sector. I: The question of definitions. *VOLUNTAS: International Journal of Voluntary and Nonprofit Organizations, 3*(2), 125–151.

Salamon, L. M., & Anheier, H. K. (1992b). In search of the nonprofit sector. II: The problem of classification. *VOLUNTAS: International Journal of Voluntary and Nonprofit Organizations, 3*(3), 267–309.

Salamon, L. M., & Newhouse, C. L. (June 2020). *The 2020 nonprofit employment report*. Nonprofit Economic Data Bulletin no. 48. Johns Hopkins Center for Civil Society Studies. https://ccss.jhu.edu/wp-content/uploads/downloads/2020/06/2020-Nonprofit-Employment-Report_FINAL_6.2020.pdf. Zugegriffen am 07.10.2021.

Statistisches Bundesamt. (2020a). Statistiken der Kinder- und Jugendhilfe. Kinder und tätige Personen in Tageseinrichtungen und in öffentlich geförderter Kindertagespflege am 01.03.2020. https://www.destatis.de/DE/Themen/Gesellschaft-Umwelt/Soziales/Kindertagesbetreuung/Publikationen/Downloads-Kindertagesbetreuung/tageseinrichtungen-kindertagespflege-5225402207004.pdf?__blob=publicationFile. Zugegriffen am 18.03.2021.

Statistisches Bundesamt. (2020b). *Gesundheit. Grunddaten der Krankenhäuser.* https://www.destatis.de/DE/Themen/Gesellschaft-Umwelt/Gesundheit/Krankenhaeuser/Publikationen/Downloads-Krankenhaeuser/grunddaten-krankenhaeuser-2120611187004.pdf?__blob=publicationFile. Zugegriffen am 18. 03.2021.

Statistisches Bundesamt. (2021). *Kosten der Krankenhäusern nach Bundesländern*. https://www.destatis.de/DE/Themen/Gesellschaft-Umwelt/Gesundheit/Krankenhaeuser/Tabellen/kosten-krankenhaeuser-bl.html. Zugegriffen am 22.03.2021.

Weisbrod, B. A. (2000). *To profit or not to profit: The commercial transformation of the nonprofit sector*. Cambridge University Press.

World Wide Fund for Nature. (2021). *Unser Leitbild*. https://www.wwf.de/ueber-uns/unser-leitbild. Zugegriffen am 07.10.2021.

Der arbeitsrechtliche Regelungsrahmen

2

Zusammenfassung

Kapitel 2 stellt den arbeitsrechtlichen Regelungsrahmen des Personalmanagements dar. Darauf aufbauend werden zwei mögliche Besonderheiten im Bereich des Arbeitsrechts bei Non-Profit-Organisationen näher beschrieben. Zum einen wird auf den Fall des Tendenzbetriebs eingegangen, in welchem es zu einer Einschränkung und partiellen Aufhebung des Betriebsverfassungsgesetzes kommen kann. Zum anderen wird das kirchliche Arbeitsrecht dargestellt, welches sowohl in Bezug auf das Individualarbeitsrecht als auch auf das Kollektivarbeitsrecht Spezifika aufweist. Im Individualarbeitsrecht geht es um Loyalitätspflichten, im Kollektivarbeitsrecht ergeben sich Besonderheiten hinsichtlich der betrieblichen und überbetrieblichen Mitbestimmung.

2.1 Die Ebenen des arbeitsrechtlichen Regelungsrahmens

Für die Gestaltung des Personalmanagements ist ein arbeitsrechtlicher Regelungsrahmen zu beachten. Dieser Rahmen soll im Folgenden beschrieben werden und als Grundlage für detailliertere Erläuterungen in den einzelnen Kapiteln herangezogen werden.

Unter Arbeitsrecht kann „die Gesamtheit der Normen über Arbeitsverhältnisse und ähnliche Rechtsverhältnisse" (Hromadka & Maschmann, 2020a, § 2 Rz. 1) verstanden werden.

Dabei kann zwischen drei Bereichen des Arbeitsrechtes unterschieden werden (Hromadka & Maschmann, 2020a, § 2 Rz. 1–3):

- **Individualarbeitsrecht**
  - Arbeitsvertragsrecht
  - Arbeitsschutzrecht (technischer und sozialer Arbeitsschutz)

- **Kollektivarbeitsrecht**
  - Tarifrecht
  - Mitbestimmungsrecht
- **Arbeitsgerichtsbarkeit: Recht der Entscheidung von Arbeitsstreitigkeiten**
  - Arbeitsgerichte
  - Landesarbeitsgerichte
  - Bundesarbeitsgerichte

Es existiert eine Vielzahl an unkoordiniert nebeneinanderstehenden Gesetze. Bislang ist es nicht gelungen, ein einzelnes Arbeitsgesetzbuch zu erlassen (Hromadka & Maschmann, 2020a, § 2 Rz. 9).

Beim arbeitsrechtlichen Regelungsrahmen sind mehrere Rechtsquellen und Gestaltungsfaktoren zu beachten (Hromadka & Maschmann, 2020a, § 2 Rz. 9–10; Linck, in: Schaub, 2021, § 2 Rz. 1–5.).

Finden auf ein Arbeitsverhältnis zwei oder mehr Rechtsquellen Anwendung, dann gelten zwei Grundregeln: Das Rangprinzip und die Zeitkollisionsregel (Hromadka & Maschmann, 2020a, § 2 Rz. 64–70.)

Nach dem **Rangprinzip** gehen ranghöhere Rechtsquellen rangniederen Rechtsquellen vor. Es gilt dabei die folgende Rangordnung (Hromadka & Maschmann, 2020a, § 2 Rz. 64):

1. Europäisches Unionsrecht
2. Grundgesetz
3. Bundesgesetze
4. Bundesverordnungen
5. Landesverfassungen
6. Landesgesetze und -verordnungen
7. Tarifverträge
8. Betriebs- und Sprechervereinbarungen
9. Arbeitsvertrag

Da die Rechtsquellen dem Schutz des Arbeitnehmers dienen, kann die rangniedrigere Rechtsquelle zugunsten des Arbeitnehmers von einer ranghöheren Rechtsquelle abweichen. Dies wird als **Günstigkeitsprinzip** bezeichnet (Hromadka & Maschmann, 2020a, § 2 Rz. 68).

Das **Günstigkeitsprinzip** kann am Beispiel der Urlaubsregelung erläutert werden. Laut einer Konvention der Internationalen Arbeitsorganisation (ILO) sollten einem Arbeitnehmer nicht weniger als 3 Wochen bezahlter Urlaub pro Jahr zustehen. Gemäß Bundesurlaubsgesetz stehen einem Arbeitnehmer mindestens 24 Werktage Urlaub jährlich zu (§ 3 BurlG). Wenn per Arbeitsvertrag mehr Urlaubstage geregelt sind, ist das zulässig (Günstigkeitsprinzip). Würden im Arbeitsvertrag weniger als 24 Arbeitstage festgelegt sein,

Tab. 2.1 Die Ebenen des arbeitsrechtlichen Regelungsrahmens. (Quelle: Eigene Darstellung)

Ebene	Beispiele für Rechtsquellen
Internationale Ebene	Europäisches Unionsrecht, ILO Konventionen
Landes- und Bundesebene	Grundgesetz, Arbeitszeitgesetz, Allgemeines Gleichbehandlungsgesetz, Bundesurlaubsgesetz
Branchenebene	Branchentarifverträge
Unternehmensebene	Betriebsvereinbarungen, Haustarifvertrag
Individuelle Ebene	Arbeitsvertrag

dann wäre dies rechtlich nicht möglich, da mit der arbeitsvertraglichen Regelung gegen ein höheres Recht verstoßen werden würde (**Rangprinzip**).

Zudem ist die **Zeitkollisionsregel** zu beachten: Wenn mehrere gleichartige Rechtsquellen zeitlich aufeinander folgen, so ist durch Auslegung zu prüfen, ob sie nebeneinander gelten sollen oder ob die Rechtsquellen einander ablösen sollen. Meist ist letzteres der Fall (Hromadka & Maschmann, 2020a, § 2 Rz. 70).

Die einzelnen Rechtsquellen lassen sich zu verschiedenen Regelungsebenen zusammenfassen, welche in Tab. 2.1 veranschaulicht sind.

2.2 Mitbestimmung durch Arbeitnehmer

Im europäischen Vergleich hat Deutschland sehr ausgeprägte und weitreichende Mitbestimmungsrechte der Arbeitnehmer (Niedenhoff, 2005). Dabei kann unter Mitbestimmung „[…] die gesetzliche Teilhabe der Arbeitnehmer oder ihrer Vertretungen am Willensbildungsprozess im Unternehmen" verstanden werden (Niedenhoff, 2005, S. 2). Die Mitbestimmung durch Arbeitnehmer findet in Deutschland klassischerweise in drei Bereichen bzw. auf drei Ebenen statt. Zum einen auf der betrieblichen Ebene durch Betriebsräte oder andere Formen der Mitarbeitervertretung. Zum anderen auf der Unternehmensebene durch gewählte Arbeitnehmervertreter in Aufsichtsräten. Und drittens auf der überbetrieblichen Ebene, der tarifvertraglichen Regelungsebene. Auf dieser Ebene können die Tarifvertragspartner Tarifverträge abschließen (s. Tab. 2.2).

2.2.1 Die betriebliche und überbetriebliche Ebene der Arbeitnehmermitbestimmung und deren Zusammenspiel

Der arbeitsrechtliche Regelungsrahmen in Deutschland resultiert in einem dualen System der industriellen Beziehungen in Deutschland (Müller-Jentsch 1995) (Abb. 2.1). Auf der betrieblichen Regelungsebene werden die Partizipationsrechte des Betriebsrates im Betriebsverfassungsrecht geregelt. Zudem können Arbeitgeber und Betriebsrat auf dieser Ebene Betriebsvereinbarungen abschließen. Auf der überbetrieblichen bzw. tariflichen Regelungsebene können die Tarifvertragsparteien (Gewerkschaften mit Arbeitgebern oder

Tab. 2.2 Drei Bereiche der Mitbestimmung durch Arbeitnehmer in Deutschland. (Quelle: Eigene Darstellung)

	Akteure	Mitbestimmung bei
Betriebliche Ebene	Betriebsräte Mitarbeitervertretungen	Fragen, die im BetrVG oder Mitarbeitervertretungsordnungen geregelt sind
Überbetriebliche Ebene	Tarifvertragspartner: Arbeitgeber(-verbände) und Gewerkschaften	Entgelt Arbeitszeit Urlaub
Unternehmensebene	Arbeitnehmervertreter in Aufsichtsgremien	Strategischen Fragestellungen zur Unternehmensentwicklung Kontrolle des Leitungsgremiums

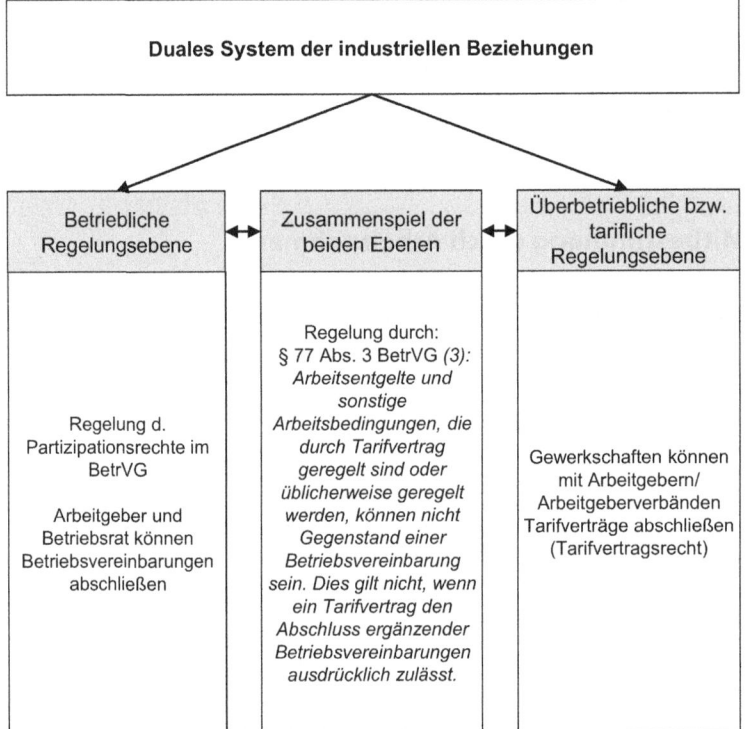

Abb. 2.1 Duales System der industriellen Beziehungen. (Quelle: Eigene Darstellung)

Arbeitgeberverbänden) Tarifverträge abschließen. Das Tarifvertragsrecht bildet hier die rechtliche Grundlage. Das Zusammenspiel der beiden Ebenen wird durch § 77 Abs. 3 BetrVG geregelt: *Arbeitsentgelte und sonstige Arbeitsbedingungen, die durch Tarifvertrag geregelt sind oder üblicherweise geregelt werden, können nicht Gegenstand einer*

Tab. 2.3 Beteiligungsarten des Betriebsrates. (Quelle: Hromadka & Maschmann, 2020b, § 16, Rz. 345)

Beteiligungsarten		Wichtigste Fälle	Entscheidung bei Nicht-Einigung
Mitbestimmung	Mitbestimmung i. e. S.	§§ 87, 91, 98, 112	Einigungsstelle
	Eingeschränktes Zustimmungsverweigerungsrecht	§ 99	Arbeitsgericht
Mitwirkung	Beratung mit dem Arbeitgeber	§§ 90, 96, 106, 111 und SprAuG	
	Anhörung	§ 102	
	Unterrichtung	§§ 80 Abs. 2, 105	

Betriebsvereinbarung sein. Dies gilt nicht, wenn ein Tarifvertrag den Abschluss ergänzender Betriebsvereinbarungen ausdrücklich zulässt.

Bei den Beteiligungsarten des Betriebsrates kann zwischen zwei Beteiligungsarten unterschieden werden: Mitwirkung und Mitbestimmung (Hromadka & Maschmann, 2020b, § 16, Rz. 345). Einen Überblick hierzu gibt Tab. 2.3.

Unter Mitwirkung versteht man die Beratungs-, Anhörungs-, Informations- und Vorschlagsrechte des Betriebsrates. Kommt es bei einem durch Mitwirkungsrechte geregelten Sachverhalt zu keiner Einigung, so entscheidet trotz der Mitwirkung durch den Betriebsrat der Arbeitgeber. So muss beispielsweise der Arbeitgeber den Betriebsrat über die Planung von Arbeitsverfahren und Arbeitsabläufen rechtzeitig unterrichten und sich mit dem Betriebsrat hinsichtlich der vorgesehenen Maßnahmen und Auswirkungen auf den Arbeitnehmer beraten (§ 90 BetrVG).

Eine stärkere Möglichkeit der Einflussnahme bietet sich dem Betriebsrat durch die Beteiligungsart der Mitbestimmung. Hier braucht der Arbeitgeber für sein Handeln die Zustimmung des Betriebsrates. Kommt es hier zu keiner Einigung, liegt die Entscheidung bei der Einigungsstelle (z. B. §§ 87, 91, 98, 112 BetrVG), beim Arbeitsgericht (z. B. § 99) oder der Betriebsrat hat sogar ein erzwingbares Initiativrecht (§ 93 BetrVG). Beispielsweise hat der Betriebsrat, sofern keine gesetzliche oder tarifvertragliche Regelung besteht, mitzubestimmen bei einer vorübergehenden Verkürzung oder Verlängerung der betriebsüblichen Arbeitszeit (§ 87 Abs. 1 Satz 3 BetrVG). Im Rahmen der Mitbestimmung kann der Betriebsrat seine Zustimmung bei personellen Einzelmaßnahmen (Einstellung, Eingruppierung, Umgruppierung, Versetzung) aus bestimmten Gründen verweigern (§ 99 BetrVG). Im Rahmen seines erzwingbaren Initiativrechts kann der Betriebsrat verlangen, dass eine Stelle zunächst intern ausgeschrieben wird, bevor diese extern ausgeschrieben wird (§ 93 BetrVG). Kommt der Arbeitgeber dem Verlangen des Betriebsrates nicht nach, eine Stelle zunächst intern auszuschreiben, so kann der Betriebsrat seine Zustimmung zu der Einstellung verweigern.

Die Bildung einer Einigungsstelle wird in § 76 Abs. 1 BetrVG geregelt: *Zur Beilegung von Meinungsverschiedenheiten zwischen Arbeitgeber und Betriebsrat, Gesamtbetriebsrat oder Konzernbetriebsrat ist bei Bedarf eine Einigungsstelle zu bilden. Durch*

Betriebsvereinbarung kann eine ständige Einigungsstelle errichtet werden. Die Einigungsstelle ist paritätisch aus Arbeitgeber- und Arbeitnehmervertretern besetzt, plus einem unparteiischen Vorsitzenden, auf den sich Arbeitgeber- und Arbeitnehmerseite einigen müssen (§ 76 Abs. 2 BetrVG).

Insgesamt werden dem Betriebsrat durch das Betriebsverfassungsgesetz weitreichende Einflussmöglichkeiten bei personellen Maßnahmen zugestanden.

2.2.2 Mitbestimmung auf Unternehmensebene

Arbeitnehmern wird nicht nur auf der betrieblichen Ebene durch gewählte Arbeitnehmervertreter ein Mitspracherecht zugestanden, sondern – je nach Unternehmensform und -größe – auch auf der Unternehmensebene.

Geregelt wird dies durch das Mitbestimmungsgesetz sowie das Drittelbeteiligungsgesetz.[1] (vgl. dazu auch Kap. 7).

Das **Drittelbeteiligungsgesetz** regelt die Mitbestimmung von Arbeitnehmern im Aufsichtsrat in Aktiengesellschaften, Kommanditgesellschaften auf Aktien, GmbHs, Versicherungsvereinen auf Gegenseitigkeit und Genossenschaften, wenn diese Unternehmen in der Regel mehr als 500 Arbeitnehmer beschäftigten. Das Drittelbeteiligungsgesetz legt fest, dass der Aufsichtsrat zu einem Drittel aus Arbeitnehmern bestehen muss.

Vom **Mitbestimmungsgesetz** erfasst sind Unternehmen, welche in der Regel mehr als 2000 Arbeitnehmer beschäftigen und in der Rechtsform einer Aktiengesellschaft, einer Kommanditgesellschaft auf Aktien, einer GmbH oder einer Genossenschaft betrieben werden. Für den Fall der Non-Profit-Organisation sind insbesondere die beiden letzten genannten Rechtsformen von Relevanz (vgl. zu den Rechtsformen der NPOs auch Kap. 7). Das Mitbestimmungsgesetz schreibt zunächst die Bildung eines Aufsichtsrates vor, wenn sich dies nicht schon durch andere gesetzliche Vorschriften ergibt (§ 6 Abs. 1 Mitbestimmungsgesetz). Das Mitbestimmungsgesetz legt zudem eine paritätische Besetzung des Aufsichtsrates fest; der Aufsichtsrat muss sich je zur Hälfte aus Vertretern von Arbeitnehmern und Arbeitgebern zusammensetzen.

2.3 Besonderheiten für NPOs

Im Folgenden soll nun auf zwei Besonderheiten eingegangen werden, die im Kontext des arbeitsrechtlichen Regelungsrahmens für Non-Profit-Organisationen eine Rolle spielen.

---

[1] Für Kapitalgesellschaften in der Montanindustrie ab 1000 Mitarbeitern greift zudem das Montanmitbestimmungsgesetz; dieses ist aber bei gemeinnützigen Organisationen nicht relevant. Deshalb wird hier nicht näher darauf eingegangen.

2.3 Besonderheiten für NPOs

Zum einen sollen die Besonderheiten von Tendenzbetrieben dargestellt werden. Zum anderen soll das kirchliche Arbeitsrecht, welches für Kirchen und deren zugeordnete Einrichtungen Anwendung findet, näher betrachtet werden.

2.3.1 Der besondere Fall des Tendenzbetriebes

In Tendenzunternehmen und in Tendenzbetrieben ist die Anwendung des Betriebsverfassungsgesetzes eingeschränkt und teilweise aufgehoben (Schaub, in: Schaub, 2021, § 214, Rz. 4).

Eine rechtliche Grundlage für abweichende Regeln der betrieblichen Mitbestimmung bzw. eine Nicht-Anwendung in Tendenzbetrieben und in Religionsgemeinschaften findet sich in § 118 Abs. 1 BetrVG. Hier wird geregelt, dass die Vorschriften des Betriebsverfassungsgesetzes dann keine Anwendung finden, wenn Unternehmen und Betriebe, unmittelbar und überwiegend, politischen, koalitionspolitischen, konfessionellen, karitativen, erzieherischen, wissenschaftlichen oder künstlerischen Bestimmungen dienen oder Zwecken der Berichterstattung oder Meinungsäußerung, auf die Artikel 5 Abs. 1 Satz 2 des Grundgesetzes Anwendung findet, dienen. Es gilt der Grundsatz, dass Ziele eines Unternehmens, die von einem besonderen Schutz der Grundrechte betroffen sind, nicht durch die Beteiligungsrechte der Arbeitnehmer beeinträchtigt werden dürfen.

Für den Bereich der Mitbestimmung auf Unternehmensebene gilt: Sowohl das Drittelbeteiligungsgesetz als auch das Mitbestimmungsgesetz finden für Tendenzbetriebe keine Anwendung (§ 1 DrittelbG und § 1 MitbestG).

Tab. 2.4 gibt Beispiele für Non-Profit-Organisationen, die tendenzgeschützt sind.

Um eine Tendenzeigenschaft zu haben, muss das Unternehmen unmittelbar dem Tendenzzweck dienen. Zudem muss die Tendenz überwiegend vom Unternehmen verfolgt werden. Hier muss geprüft werden, ob mehr als die Hälfte der gesamten Arbeitszeit des Personals für die Verwirklichung der Tendenz genutzt wird (Hromadka & Maschmann, 2020b, § 16 Rz. 23–24).

Tab. 2.4 Tendenzbetriebe im NPO-Sektor. (Quelle: Eigene Darstellung in Anlehnung an Hromadka & Maschmann, 2020b, § 16 Rz. 22)

Zweck	Beispiele aus dem NPO-Sektor
politisch	Konrad-Adenauer Stiftung e. V., Friedrich-Ebert-Stiftung e. V.
koalitionspolitisch	Hans-Böckler-Stiftung
konfessionell	CVJM e. V.
karitativ	Deutsches Rotes Kreuz e. V.
erzieherisch	Montessori Nord gGmbH
wissenschaftlich	Max-Planck-Gesellschaft e. V.

Es kommt dann zu einer Einschränkung der Beteiligungsrechte, wenn die Anwendung einer Vorschrift des BetrVG der geistig-ideellen Zielsetzung des Unternehmens entgegenstehen könnte.

Die §§ 106–110 sind nicht anzuwenden, die §§ 111–113 sind nur insoweit anzuwenden, als sie den Ausgleich oder die Milderung wirtschaftlicher Nachteile für die Arbeitnehmer infolge von Betriebsänderungen regeln (§ 118 Abs. 1 Satz 2 BetrVG).

Die Nicht-Anwendung der §§ 106–110 bedeutet im Wesentlichen, dass in Tendenzbetrieben kein Wirtschaftsausschuss zu bilden ist. Ergibt sich der Tendenzschutz durch einen karitativen oder erzieherischen Zweck, so ist es dem Arbeitgeber möglich, auf den Tendenzschutz zu verzichten (Koch, in: Schaub, 2021, § 214 Rz. 12).

Grundsätzlich findet das Betriebsverfassungsgesetz auch in Tendenzunternehmen Anwendung. Eine Einschränkung der betrieblichen Mitbestimmung findet nur dann statt, wenn die Eigenart des Tendenzbetriebes dem entgegensteht (Koch, in: Schaub, 2021, § 214 Rz. 14).

Prinzipiell gelten die Mitbestimmungsrechte des Betriebsrates in sozialen Angelegenheiten. Nur in Ausnahmefällen kann hier eine Einschränkung in Betracht kommen (Koch, in: Schaub, 2021, § 214 Rz. 15).

Die Mitbestimmung kann bei personellen Einzelmaßnahmen eingeschränkt sein, wenn es sich bei dem betroffenen Mitarbeiter um einen „Tendenzträger" handelt. Beschäftigte sind dann Tendenzträger, wenn die Bestimmungen und Zwecke des Tendenzunternehmens für die Tätigkeit des Beschäftigten inhaltlich prägend sind. Das bedeutet, dass diese Beschäftigten auf die Tendenzverwirklichung Einfluss nehmen können (Hromadka & Maschmann, 2020b, § 16 Rz. 27). Dies würde nicht auf Arbeitnehmer zutreffen, die eine Tätigkeit ausführen, die auch in vielen anderen Organisationen anzutreffen sind (z. B. Verwaltung, Koch, Sekretariat). Durch solch eine Tätigkeit kann kein Einfluss auf die Tendenzverwirklichung genommen werden und deshalb sind diese auch nicht als Tendenzträger einzustufen.

Für eine Einschränkung der Beteiligungsrechte muss zusätzlich ein Tendenzcharakter der Maßnahme vorliegen. Hier ist entscheidend, dass es durch eine Ausübung eines Beteiligungsrechtes zu einer ernsthaften Beeinflussung der Tendenzverwirklichung kommt (Hromadka & Maschmann, 2020b, § 16 Rz. 28).

Bei personellen Angelegenheiten muss die Einschränkung der Mitbestimmungsrechte differenziert betrachtet werden. Sind von einer personellen Angelegenheit nur Nicht-Tendenzträger in einem Tendenzbetrieb betroffen, so gelten die Mitbestimmungsrechte gemäß Betriebsverfassungsgesetz uneingeschränkt (dazu und im folgenden Koch, in: Schaub, 2021, § 214 Rz. 16).

Sind Tendenzträger betroffen, so gelten die Unterrichtungs-, Beratungs- und Anhörungsrechte weiterhin uneingeschränkt. Man spricht hier auch von „tendenzfreien Maßnahmen". Dies betrifft folgende Maßnahmen:

- die Personalplanung (§ 92 BetrVG),
- das Verlangen einer internen Stellenausschreibung (§ 93 BetrVG) sowie
- die Berufsbildung (§§ 96–97).

2.3 Besonderheiten für NPOs

Der Betriebsrat muss aber bei einem Tendenzträger nicht zustimmen bei:

- dem Inhalt von Personalfragebögen (§ 94 Abs. 1 BetrVG),
- der Aufstellung von Beurteilungsgrundsätzen (§ 94 Abs. 2 BetrVG),
- der Aufstellung von Auswahlrichtlinien (§ 95 BetrVG) sowie
- der Durchführung betrieblicher Bildungsmaßnahmen für Tendenzträger (§ 98 BetrVG).

Hinsichtlich der Einstellung und Versetzung von Tendenzträgern hat das Bundesarbeitsgericht entschieden, dass der Betriebsrat zu informieren ist; der Arbeitgeber muss aber nicht die Zustimmung des Betriebsrates einholen. Bei einer Eingruppierung wird die Mitbestimmung des Betriebsrates nicht ausgeschlossen, da es sich bei einer tariflichen Eingruppierung um eine Frage der richtigen Rechtsanwendung handelt. Das Mitwirkungsrecht des Betriebsrates bei Kündigungen ist nur dann eingeschränkt, wenn die Kündigung eines Tendenzträgers aus tendenzbezogenen Gründen erfolgt (Koch, in: Schaub, 2021, § 214 Rz. 17).

Tab. 2.5 stellt die Beteiligungsrechte des Betriebsrates dar und zeigt die wesentlichen Besonderheiten für Tendenzbetriebe auf.

Tab. 2.5 Besonderheiten hinsichtlich der Beteiligungsrechte des Betriebsrates in Tendenzbetrieben

	Beteiligungsrecht(e) nach BetrVG	**Besonderheit Tendenzbetrieb**
Wirtschaftliche Angelegenheiten	§§ 106–110	Es ist kein Wirtschaftsausschuss zu bilden
	§ 111–113	Anwendung nur bei Ausgleich/Minderung wirtschaftlicher Nachteile für die Arbeitnehmer
Soziale Angelegenheiten	§§ 87–89	Nur in Ausnahmefällen Beschränkung
Personelle Angelegenheiten	§ 92 (Personalplanung) § 93 (Verlangen interne Stellenausschreibung) §§ 96–97 (Berufsbildung)	Uneingeschränkte Geltung der Beteiligungsrechte
	§ 94 (Inhalt von Personalfragebögen, Aufstellung von Beurteilungsgrundsätzen) § 95 (Auswahlrichtlinien) § 98 (Durchführung betrieblicher Bildungsmaßnahmen) § 99 (Einstellung und Versetzung)	Betriebsrat muss bei einem Tendenzträger nicht zustimmen
	§ 99 (Eingruppierung)	Mitbestimmung bleibt bestehen
	§ 102 Kündigung	Einschränkung nur bei Kündigung eines Tendenzträgers aus tendenzbezogenem Kündigungsgrund

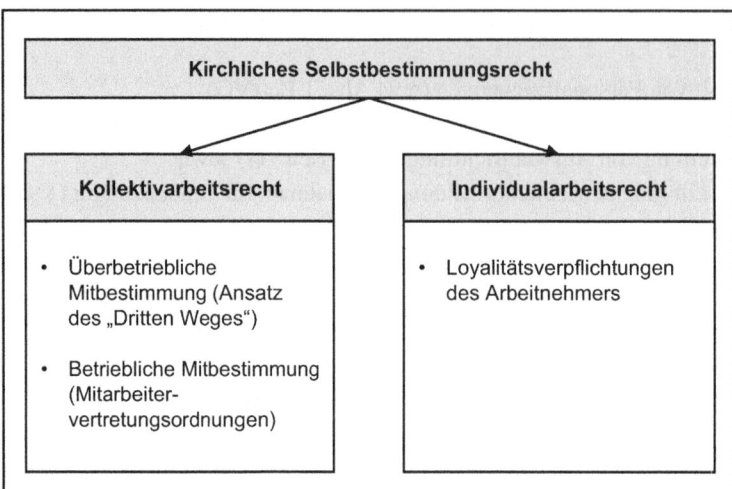

Abb. 2.2 Implikationen des kirchlichen Selbstbestimmungsrechts für das Kollektiv- und Individualarbeitsrecht. (Quelle: Eigene Darstellung)

2.3.2 Besonderheiten des kirchlichen Arbeitsrechtes

Caritas und Diakonie haben insgesamt ca. 1,3 Millionen Beschäftigte. Damit sind die Kirchen nach dem Staat (mit knapp 5 Millionen Beschäftigten) der zweitgrößte Arbeitgeber in Deutschland (Weller, 2021, § 1 Rz. 2). In den Einrichtungen der Diakonie und der Caritas findet das kirchliche Arbeitsrecht Anwendung. Grundlage dafür bildet das kirchliche Selbstbestimmungsrecht. Es ergeben sich dadurch sowohl für das Individual- als auch für das Kollektivarbeitsrecht Besonderheiten (Abb. 2.2). Im Kontext Individualarbeitsrecht geht es insbesondere um die Frage von Loyalitätspflichten. Im Kontext des Kollektivarbeitsrechts geht es um den Ansatz des „Dritten Weges" sowie besondere Regelungen hinsichtlich der Beteiligung von Mitarbeitern durch Mitarbeitervertretungen. Auf diese Besonderheiten soll im Folgenden eingegangen werden.

2.3.2.1 Kirchliches Selbstbestimmungsrecht als Grundlage

Religionsgemeinschaften wird durch das Grundgesetz das Recht zugestanden, ihre Angelegenheiten selbst zu regeln: **Kirchliches Selbstbestimmungsrecht**. Konkret ist dieses Recht in Art. 140 GG i. V. m. Art. 137 Abs. 3 der Weimarer Reichsverfassung (WRV) verfassungsrechtlich verankert: „Jede Religionsgesellschaft ordnet und verwaltet ihre Angelegenheiten selbstständig innerhalb der Schranken des für alle geltenden Gesetzes." Davon betroffen sind alle Maßnahmen, die in einem Zusammenhang mit den Aufgaben stehen, die zur Verfolg des kirchlichen Grundauftrags dienen (Linck, in: Schaub, 2021, § 184 Rz. 1). Von dem kirchlichen Selbstbestimmungsrecht erfasst werden auch einer Kirche zugeordnete Einrichtungen, wenn diese Einrichtungen ein Stück des kirchlichen Auftrags wahrnehmen oder erfüllen. Dazu gehören auch karitative und erzieherische Einrichtungen, wie Krankenhäuser oder Kindergärten (Linck, in: Schaub, 2021, § 184 Rz. 4).

2.3.2.2 Besonderheiten im Bereich Individualarbeitsrecht

Der Großteil der Dienstnehmer bei Caritas und Diakonie ist auf der Grundlage eines Arbeitsvertrages tätig. Bedienen sich die Kirchen zur Begründung der Beschäftigungsverhältnisse der Privatautonomie, so finden staatliche Arbeitsgesetze Anwendung. Dennoch gehören diese Arbeitsverhältnisse zu den eigenen Angelegenheiten der Kirche, das kirchliche Selbstverständnis darf als Maßgabe zur Regelung herangezogen werden (Weller, 2021, § 1, Rz. 2). Im individuellen Arbeitsrecht geht es insbesondere um die Befugnis der Kirchen, zum Schutz der Glaubwürdigkeit, Loyalitätspflichten aufzustellen. Diese Loyalitätspflichten binden die Dienstnehmer nicht nur im dienstlichen Bereich. Bei diesen Loyalitätspflichten geht es um die Einhaltung der Glaubens- und Sittenlehre (Weller, 2021, § 1, Rz. 2). So darf beispielsweise eine kirchliche Einrichtung unter bestimmten Voraussetzungen eine Religionszugehörigkeit zur Voraussetzung für eine Einstellung machen. Oder ein Verstoß gegen die Sittenlehre kann einen Kündigungsgrund darstellen. Auf den ersten Blick scheint hier ein Verstoß gegen das Allgemeine Gleichbehandlungsgesetz vorzuliegen. Dieses regelt unter anderem, dass aufgrund von Religion keine Benachteiligung erfolgen darf. Allerdings wird hier auch den Religionsgemeinschaften im Allgemeinen Gleichbehandlungsgesetz eine Ausnahme zugestanden. Im Kontext von Personalmanagement sind diese Loyalitätspflichten insbesondere relevant im Kontext der Personalbeschaffung und der Personalfreisetzung. Auf diese besonderen Loyalitätspflichten wird in Kap. 5 im Rahmen der Personalbeschaffung näher eingegangen.

2.3.2.3 Besonderheiten im Bereich Kollektivarbeitsrecht

Im Bereich des kollektiven Arbeitsrechtes geht es zum einen um die Regelung der kollektiven Arbeitsordnung durch einen „Dritten Weg". Die Nutzung von Arbeitskampfmaßnahmen ist unzulässig, wenn die Religionsgemeinschaft diesen „Dritten Weg" anwendet (Linck, in: Schaub, 2021, § 184 Rz. 5). Auf diesen „Dritten Weg" und seine Bedeutung für die Entgeltfindung wird in Kap. 8 im Rahmen der Entgeltfindung näher eingegangen. Zum anderen ist vom kirchlichen Selbstbestimmungsrecht der Kirchen auch die Beteiligung der Mitarbeiter erfasst. § 118 BetrVG regelt klar, dass das Betriebsverfassungsgesetz keine Anwendung findet in Religionsgemeinschaften und ihren karitativen und erzieherischen Einrichtungen. Die Kirchen haben eigene Regelungen geschaffen, welche die Mitarbeiter an solchen Entscheidungen beteiligen, von denen die Mitarbeiter betroffen sind. Von den Kirchen wurde ein Mitarbeitervertretungsrecht entwickelt, um eine Mitwirkung und eine Mitbestimmung der im kirchlichen Dienst Beschäftigten zu realisieren (Richardi, 2020, § 17, Rz. 14).

Der Erlass von Ordnungen über die Beteiligung von Mitarbeitern fällt unter das kirchliche Selbstbestimmungsrecht (Richardi, 2020, § 17, Rz. 16).

Caritas und Diakonie haben keinen Betriebsrat, sondern Mitarbeitervertretungen. Die Rechte der Mitarbeitervertretungen sind für

- die Caritas in der Rahmenordnung der Deutschen Bischofskonferenz für eine Mitarbeitervertretungsordnung (MAVO) und für
- die Diakonie im Kirchengesetz über Mitarbeitervertretungen in der Evangelischen Kirche in Deutschland (MVG.EKD)

geregelt.

Im Folgenden soll nun auf einige Details des Mitarbeitervertretungsrechts in der katholischen und der evangelischen Kirche eingegangen werden.

2.3.2.3.1 Das Mitarbeitervertretungsrecht in der katholischen Kirche

Für die katholische Kirche besteht eine Rahmenordnung für eine Mitarbeitervertretungsordnung (MAVO). Die einzelnen Bischöfe haben diese Rahmenordnung (teilweise mit kleineren Anpassungen) für ihre Diözese als Kirchengesetz in Kraft gesetzt (Richardi, 2020, § 17, Rz. 14). Die Regelungen dieser Rahmenordnung sind kirchenrechtlich verbindlich. Sie haben Geltung für alle kirchlichen und karitativen Einrichtungen in dem jeweiligen Bistum (Caritas, 2021).

Das Mitarbeitervertretungsrecht der katholischen Kirche differenziert zwischen Informationsrecht und den Beteiligungsrechten. Folgende Formen der Beteiligung werden in § 28 Abs. 1 S. 2 MAVO unterschieden:

- Anhörung und Mitberatung
- Vorschlagsrecht
- Zustimmungsrecht
- Antragsrecht

Je nach Ausprägung können die Beteiligungsrechte unterschieden werden in Mitwirkungsrechte und in Mitbestimmungsrechte. Während die Mitwirkungsrechte der Mitarbeitervertretung nur ein Anhörungs-, Beratungs- oder Vorschlagsrecht zugestehen, wird der Mitarbeitervertretung durch die Mitbestimmungsrechte eine paritätische Mitsprache zugestanden. Bei der Mitwirkung ist die Mitarbeitervertretung nur an der Entscheidungsfindung beteiligt. Die Entscheidung selbst wird vom Arbeitgeber getroffen (Richardi, 2020, § 18, Rz. 115) Besteht dagegen ein Recht auf Mitbestimmung für die Mitarbeitervertretung, so kann eine Entscheidung des Arbeitgebers nur mit der Zustimmung der Mitarbeitervertretung getroffen werden (Richardi, 2020, § 18, Rz. 124). Das Antragsrecht ist ein Initiativrecht, welches aber – im Gegensatz zum Vorschlagsrecht – als Mitbestimmungsrecht gestaltet ist (Richardi, 2020, § 18, Rz. 126).

Tab. 2.6 Beteiligungsrechte der Mitarbeitervertretung nach der MAVO. (Quelle: Eigene Darstellung)

Beteiligungsrechte	Beispiele für Sachverhalte
Anhörungs- und Mitberatungsrecht (§§ 29–31 MAVO)	Verpflichtung zur Teilnahme oder Auswahl der Teilnehmerinnen oder Teilnehmer an beruflichen Fort- und Weiterbildungsmaßnahmen Ordentliche und außerordentliche Kündigung
Vorschlagsrecht (§ 32 MAVO)	Regelung der Ordnung in der Einrichtung Durchführung beruflicher Fort- und Weiterbildungsmaßnahmen, die die Einrichtung für ihre Mitarbeiterinnen und Mitarbeiter anbietet Festlegung von Grundsätzen für die Gestaltung von Arbeitsplätzen
Zustimmungsrecht (§§ 34–36 MAVO)	Eingeschränktes Zustimmungsverweigerungsrecht bei Einstellungen, Eingruppierungen, Höhergruppierungen, Rückgruppierungen Zustimmungsrecht bei Beurteilungsrichtlinien für Mitarbeiterinnen und Mitarbeiter
Antragsrecht (§ 37 MAVO)	Festlegung der Richtlinien zum Urlaubsplan und zur Urlaubsregelung Beurteilungsrichtlinien für Mitarbeiterinnen und Mitarbeiter Maßnahmen zur Verhütung von Dienst- und Arbeitsunfällen und sonstigen Gesundheitsschädigungen

Die Tatbestände der Beteiligung sind in den §§ 29–37 MAVO geregelt. Beispiele finden sich in Tab. 2.6.

Hat die Mitarbeitervertretung die Zustimmung verweigert, so kann der Dienstgeber in den Fällen der § 34, § 35 und § 36 Abs. 1 Nr. 13 das Kirchliche Arbeitsgericht, in den Fällen des § 36 Abs. 1 Nr. 1 bis Nr. 12 die Einigungsstelle anrufen (§ 33 Abs. 4 MAVO).

2.3.2.3.2 Das Mitarbeitervertretungsrecht in der evangelischen Kirche

Für die evangelische Kirche gilt das Kirchengesetz über Mitarbeitervertretungen in der Evangelischen Kirche in Deutschland (MVG-EKD). Nach § 1 Abs. 1 MVG-EKD gilt: „Für die Mitarbeiter und Mitarbeiterinnen der Dienststellen der Körperschaften, Anstalten, Stiftungen und Werke sowie der rechtlich selbstständigen Einrichtungen der Diakonie innerhalb der Evangelischen Kirche in Deutschland und der Gliedkirchen sind nach Maßgabe dieses Kirchengesetzes Mitarbeitervertretungen zu bilden."

§ 37 Abs. 1 MVG-EKD unterscheidet folgende Formen der Beteiligung:

- Mitbestimmung (§ 38 MVG-EKD)
- Eingeschränkte Mitbestimmung (§ 41 MVG-EKD)
- Mitberatung (§ 45 MVG-EKD)

Bei der eingeschränkten Mitbestimmung wird differenziert zwischen der eingeschränkten Mitbestimmung in Personalangelegenheiten der privatrechtlich angestellten Mitarbeiter und Mitarbeiterinnen (§ 42 MVG-EKD) sowie der eingeschränkten Mitbestimmung in Personalangelegenheiten der Mitarbeiter und Mitarbeiterinnen in öffentlich-rechtlichen Dienstverhältnissen (§ 43 MVG-EKD).

Tab. 2.7 Beteiligungsformen der Mitarbeitervertretung in der evangelischen Kirche nach MVG-EKD

Beteiligungsform	Beispiele für Sachverhalte
Informationsrechte (§ 34 MVG-EKD)	Personalplanung Bei Einstellungen: Auf Verlangen werden der Mitarbeitervertretung sämtliche Bewerbungen vorgelegt.
Mitbestimmung (§§ 39, 40 MVG-EKD)	Aufstellung von Beurteilungsgrundsätzen für die Dienststelle Auswahl der Teilnehmer und Teilnehmerinnen an Fort- und Weiterbildungsveranstaltungen Einführung sowie Grundsätze der Durchführung von Mitarbeiter-Jahresgesprächen Maßnahmen zur Verhütung von Unfällen und gesundheitlichen Gefahren Aufstellung von Grundsätzen für den Urlaubsplan Aufstellung von Sozialplänen
Eingeschränkte Mitbestimmung in Personalangelegenheiten der privatrechtlich angestellten Mitarbeiter und Mitarbeiterinnen (§ 42 MVG-EKD)	Einstellung ordentliche Kündigung nach Ablauf der Probezeit Eingruppierung
Eingeschränkte Mitbestimmung in Personalangelegenheiten der Mitarbeiter und Mitarbeiterinnen in öffentlich-rechtlichen Dienstverhältnissen (§ 43 MVG-EKD)	Einstellung Verlängerung der Probezeit Beförderung
Mitberatung (§ 45 MVG-EKD)	Außerordentliche Kündigung Aufstellung von Grundsätzen für die Bemessung des Personalbedarfs Dauerhafte Vergabe von Arbeitsbereichen an Dritte, die bisher von Mitarbeitern und Mitarbeiterinnen der Dienststelle wahrgenommen werden

Beispiele für die einzelnen Formen der Beteiligung finden sich in Tab. 2.7.

Trotz der Unterschiede zwischen Betriebsverfassungsgesetz und dem Mitarbeitervertretungsrecht in der evangelischen und katholischen Kirche, lassen sich einige Gemeinsamkeiten feststellen. Eine vertrauensvolle und partnerschaftlichen Zusammenarbeit zwischen Mitarbeitervertretung/Betriebsrat und Dienstgeber/Arbeitgeber wird betont. Es werden Intensitäten der Mitwirkung und der Mitbestimmung unterschieden. Kommt es im Falle der Mitbestimmung zu keiner Einigung, entscheidet – je nach Beteiligungsform bzw. Sachverhalt – eine Einigungsstelle oder ein (kirchliches) Arbeitsgericht.

Voraussetzung für die Bildung einer Mitarbeitervertretung sind mindesten fünf wahlberechtigte Mitarbeiter, von denen mindestens drei wählbar sind (§ 6 Abs. 1 MAVO, § 5 Abs. 1 S. 1 MVG-EKD). Auch das Betriebsverfassungsgesetz nennt diese Mitarbeiteranzahlen als Voraussetzung für die Errichtung eines Betriebsrates (§ 1 Abs. 1 BetrVG).

2.3.2.4 Unternehmensmitbestimmung

Sowohl das Drittelbeteiligungsgesetz als auch das Mitbestimmungsgesetz finden für Tendenzbetriebe sowie für Religionsgemeinschaften und ihre karitativen und erzieherischen Einrichtungen keine Anwendung (§ 1 DrittelbG und § 1 MitbestG).

Hinsichtlich der Regelungen zur Unternehmensführung und zur Unternehmenskontrolle sei an dieser Stelle auf das Kap. 7 verwiesen. Hier wird im Rahmen von Governance Kodizes auf die Beteiligung von Mitarbeitern in Kontrollgremien eingegangen.

Wiederholungs- und Anwendungsfragen Kap. 2:

1. Welche Rolle kann der Betriebsrat bei der Ausgestaltung des Personalmanagements spielen?
2. Welche Beteiligungsarten des Betriebsrates können unterschieden werden?
3. Beschreiben Sie die Implikationen des kirchlichen Arbeitsrechtes für die Ausgestaltung des Personalmanagements.
4. Erläutern Sie die Besonderheiten des Tendenzbetriebes in Bezug auf die betriebliche Mitbestimmung.
5. Worin sehen Sie den größten Unterschied zwischen den Beteiligungsrechten des Betriebsrates und den Beteiligungsrechten der Mitarbeitervertretungen bei kirchlichen Arbeitgebern?

Literatur

Caritas. (2021). *Mitarbeitervertretung.* https://www.caritas.de/glossare/mitarbeitervertretung-mav. Zugegriffen am 19.10.2021.

Hromadka, W., & Maschmann, H. (2020a). *Arbeitsrecht Band 1. Individualarbeitsrecht* (7. Aufl.). Springer.

Hromadka, W., & Maschmann, H. (2020b). *Arbeitsrecht Band 2, Kollektivarbeitsrecht* (7. Aufl.). Springer.

Müller-Jentsch, W. (1995): Auf dem Prüfstand: Das deutsche Modell der industriellen Beziehungen, in: Industrielle Beziehungen, Heft 1, S. 11–24.

Niedenhoff, H.-U. (2005). Mitbestimmung im europäischen Vergleich. *IW-Trends, 2,* 1–16.

Richardi, R. (2020). *Arbeitsrecht in der Kirche: Staatliches Arbeitsrecht und kirchliches Dienstrecht* (8. Aufl.). C.H. Beck.

Schaub, G. (2021). *Handbuch Arbeitsrecht* (19. Aufl.). Beck.

Weller. (2021). *Kirchliches Arbeitsrecht* (1. Aufl.). Nomos.

3 Grundlegende theoretische und konzeptionelle Ansätze für das Personalmanagement in Non-Profit-Organisationen

Zusammenfassung

Theoretische und konzeptionelle Ansätze unterstützen dabei, komplexe Sachverhalte strukturiert oder komplexitätsreduzierend darzustellen; dabei erheben sie aber keineswegs den Anspruch, ein vollständiges Bild der Realität oder einen allumfassenden Lösungsansatz zu bieten. Vielmehr helfen diese Ansätze, Fragestellungen aus Forschung und Praxis zu strukturieren, einzugrenzen und Hypothesen abzuleiten. Dabei werden bestimmte Annahmen zugrunde gelegt. Im Folgenden werden drei ausgewählte Bereiche theoretischer und konzeptioneller Ansätze mit Relevanz für das Personalmanagement in Non-Profit-Organisationen dargestellt und deren Implikationen für die Diskussion von Fragestellungen aus dem Personalmanagement in Non-Profit-Organisationen aufgezeigt. Es handelt sich dabei um die Bereiche der verhaltenswissenschaftlichen und der ökonomischen Ansätze des Personalmanagements sowie um die Ansätze des Non-Profit-SHRM (Strategic Human Resource Management).

3.1 Überblick

In der Personalwirtschaftslehre hat sich neben der verhaltenswissenschaftlichen Sichtweise auch eine ökonomische Ausrichtung etabliert (Süß & Altmann, 2015, S. 15; Süß, 2004, S. 240).

Die **Verhaltenswissenschaften** beinhalten verschiedene Wissenschaften (Ethnologie, Anthropologie, Psychologie, Soziologie), die sich alle mit menschlichem Verhalten beschäftigen (Süß, 2004, S. 223). Dabei finden unterschiedliche Analyseebenen Beachtung: Individuum, Gruppe, Organisation (Süß, 2004, S. 223). Die Verhaltenswissenschaften betonen die Unterschiede der Individuen: sie unterscheiden sich in ihren Werten und Zielen sowie in ihren Fähigkeiten, Motivationen und vergangenen Erfahrungen. Das führt dazu, dass Individuen Verhaltens- und Handlungsalternativen unterschiedlich bewerten (Süß, 2004, S. 224). Die zentrale Annahme der begrenzten Rationalität geht unter anderem auf March und Simon (1958) zurück. Sie beschreibt, dass Individuen aufgrund unvollständigen Wissens und begrenzter Informationsverarbeitungskapazitäten nicht alle Alternativen und daraus resultierende Konsequenzen vollständig beurteilen können. Dadurch kommt es dann zu einem befriedigenden, aber keinem optimalen Ergebnis (Süß, 2004, S. 224).

Was den **ökonomischen** Theoriestrang betrifft, so erfolgt insbesondere eine Anwendung institutionenökonomischer Theorien auf personalwirtschaftliche Problemstellungen (Oechsler & Paul, 2019, S. 20). Dabei hat auch die Humankapitaltheorie zur Entwicklung dieser ökonomischen Betrachtungsweise personalwirtschaftlicher Fragestellungen beigetragen (Becker, 2019, S. 44). Die Humankapitaltheorie wird in Kap. 9 im Rahmen der Personalentwicklung nochmals aufgegriffen.

Die beiden Theoriestränge der Verhaltenswissenschaften und der ökonomischen Ansätze müssen dabei nicht als unvereinbar angesehen werden, vielmehr kann auch eine Kombination oder eine Integration dieser beiden Theoriestränge erfolgen. Eine Theoriekombination, d. h. eine additive Verbindung von zwei oder mehr Theorien, kann dann erfolgen, wenn durch eine Theorie nicht alle Aspekte einer Problemstellung abgedeckt werden können. Bei einer Theorieintegration kommt es zu einer integrativen Verbindung von zwei oder mehr Theorien. Dieser Ansatz kann dann gewählt werden, wenn bei der Anwendung einer Theorie Erklärungslücken entstehen, welche durch eine andere Theorie gefüllt werden können (Süß, 2004, S. 238 f.).

Sowohl bei den verhaltenswissenschaftlichen als auch bei den ökonomischen Ansätzen geht es um eine Betrachtung von einzelnen Fragestellungen des Personalmanagements. Tab. 3.1 gibt einen Überblick zu den möglichen Fragestellungen im Rahmen der verhaltenswissenschaftlichen und der ökonomischen Sichtweise.

Ansätze des strategischen Personalmanagements (SHRM) betrachten dagegen Personalmanagementansätze als Ganzes und deren Zusammenhang zur Gesamtausrichtung der Organisation (Abb. 3.1).

3.2 Verhaltenswissenschaftliche Sichtweise

Eine erste Grundlage für eine Abweichung von den klassischen „radikalen" Managementansätzen (z. B. Taylorismus) stellen die sogenannten Hawthorne Experimente dar. Im Rahmen der Hawthorne Experimente sollten eigentlich die Auswirkungen von Arbeitsbedingungen (z. B. der Beleuchtungsstärke) auf die Arbeitsproduktivität gemessen werden. Dabei zeigte sich im ersten Schritt auch das erwartete Ergebnis, nämlich, dass durch eine zunehmende Beleuchtungsstärke auch die Produktivität anstieg. Allerdings zeigte sich auch in der Kontrollgruppe eine zunehmende Produktivität. Insgesamt zeigten die Hawthorne Experimente, dass die Produktivitätssteigerungen nicht durch die äußeren Arbeitsbedingungen zu erklären waren, sondern dass der Grund vielmehr im emotionalen Bereich lag. Dadurch, dass die Gruppen Beachtung erfuhren und das Gefühl hatten, Teil von etwas

3.2 Verhaltenswissenschaftliche Sichtweise

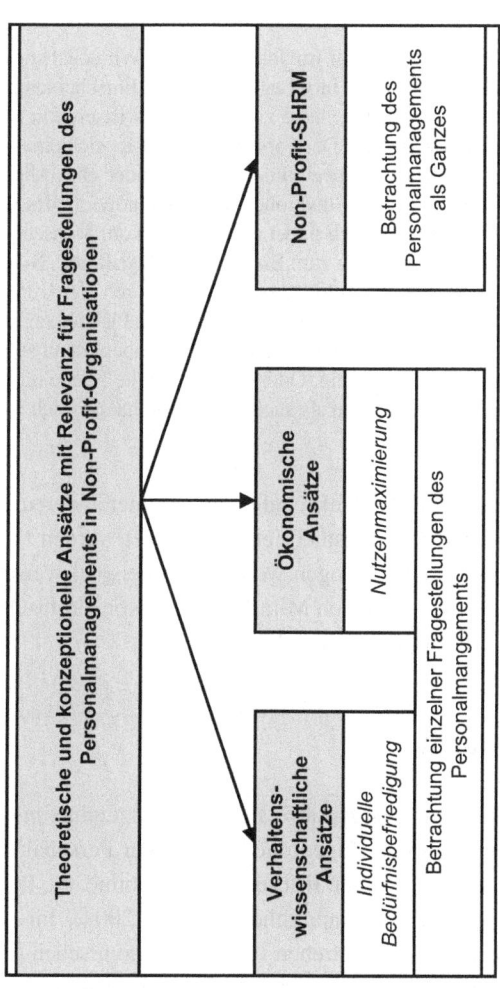

Abb. 3.1 Unterscheidung von theoretischen und konzeptionellen Ansätzen des Personalmanagements in Non-Profit-Organisationen. (Quelle: Eigene Darstellung)

Besonderem zu sein, führte dies zu einer besseren Arbeitsleistung (Steinmann et al., 2013, S. 55 f.). Diese Bedeutung emotionaler, und eben nicht rationaler Aspekte, bildet ein wesentliches Element der verhaltenswissenschaftlichen Ansätze.

Das Verhalten von Individuen wird dadurch erklärt, welchen (erwarteten) Beitrag das Verhalten zur individuellen Bedürfnisbefriedigung leistet (Süß, 2004, S. 235). Es wird von einer begrenzten Rationalität ausgegangen. Diese begrenzte Rationalität wird durch individuelle Fähigkeiten und Präferenzen erklärt.

Der US-Ökonom Richard H. Thaler gewann im Jahr 2017 den Wirtschaftsnobelpreis. Thaler ist Verhaltensökonom (NobelPrize, 2017). Die Jury begründete ihre Entscheidung unter anderem damit, dass Thaler eine Verbindung geschaffen habe zwischen der wirtschaftlichen und psychologischen Analyse von menschlichem Verhalten. Der Forscher beschäftigt sich damit, wie die Psychologie individuelles wirtschaftliches Handeln beeinflusst. Damit findet eine Abkehr von der reinen Nutzenmaximierung statt. Thaler analysiert Situationen, in denen individuelles Verhalten nicht vollständig rational erklärt werden kann. Dadurch findet eine Abkehr vom Menschenbild des homo oeconomicus statt (Bidder, 2017). Thaler prägte zum Beispiel den Begriff des „Nudging". Hier geht es darum, dass menschliches Handeln nicht durch Verbote, sondern durch kleine „Stupser" (Nudges) in eine bestimmte Richtung gelenkt wird (Thaler, 2017). Wenn große Plakate am Straßenrand traurige Kinder zeigen, die ihre Eltern durch einen Autounfall verloren haben, dann soll dies dazu führen, dass Autofahrer ihre Geschwindigkeit drosseln. Oder die aufgemalte Fliege im Pissoir soll für sauberere Toiletten sorgen. Sowohl Unternehmen als auch die Politik machen sich Thalers Erkenntnisse zunutze (NobelPrize, 2017).

Der verhaltenswissenschaftlichen Denkschule können unter anderem Motivationstheorien, Austauschtheorien sowie Führungstheorien zugeordnet werden (s. Tab. 3.1). Diese theoretischen Ansätze können herangezogen werden, um beispielsweise Fragestellungen der Motivation, Bindung und Führung von Mitarbeitern in Non-Profit-Organisationen näher zu untersuchen. Dies erfolgt in Kap. 6 und 7.

3.3 Personalökonomik

Zentrales Element der ökonomischen Ansätze stellt die Nutzenmaximierung dar, welche das individuelle Verhalten bestimmt. Zugeordnet werden der Personalökonomik die Produktivitätstheorie, die Ansätze der Neuen Institutionenökonomie, die Informationsökonomik, die Spieltheorie und die Humankapitaltheorie (Süß, 2004). Im Gegensatz zu den verhaltenswissenschaftlichen Ansätzen drehen sich die ökonomischen Ansätze um extrinsische Motivationsfaktoren und lassen die intrinsischen Motivationsfaktoren außer Acht (Frey, 1997, S. 428). Im Kontext von Personalmanagement von Non-Profit-Organisationen soll im Folgenden auf die Ansätze der Neuen Institutionenökonomik und auf die Humankapitaltheorie eingegangen werden. Mögliche Fragestellungen finden sich in Tab. 3.1.

3.3 Personalökonomik

Tab. 3.1 Mögliche Fragestellungen im Rahmen der theoretischen Ansätze. (Quelle: Eigene Darstellung)

Verhaltenswissenschaftliche Sichtweise: Mögliche Fragestellungen	
Anreiz-Beitrags-Theorie	Wie lässt sich die Entscheidung eines Bewerbers für eine Organisation erklären? Warum wechselt ein Mitarbeiter den Arbeitgeber?
Motivationstheorien	Warum engagieren sich Menschen freiwillig (d. h. unentgeltlich) für eine Organisation? Wie entsteht Arbeitszufriedenheit?
Organisationales Commitment	Warum verbleiben Mitarbeiter in einer Organisation? Was führt zu einer Bindung eines Mitarbeiters an eine Organisation?
Führungstheorien	Wie lässt sich der Erfolg von Führungskräften erklären? Was macht eine erfolgreiche Führungskraft aus?
Ökonomische Sichtweise: Mögliche Fragestellungen	
Ressourcenbasierter Ansatz	Wie entstehen Wettbewerbsvorteile? Welchen Beitrag kann Personalmanagement bei der Generierung von Wettbewerbsvorteilen leisten?
Ansätze der Neuen Institutionenökonomie	Wie ist Mitbestimmung in Organisationen aus ökonomischer Sicht zu bewerten? Wie sollten Vergütungssysteme in Organisationen gestaltet werden?
Humankapitaltheorie	Wer sollte die Kosten von Weiterbildung im Organisationen tragen? Lohnen sich Investitionen in Aus- und Weiterbildung?

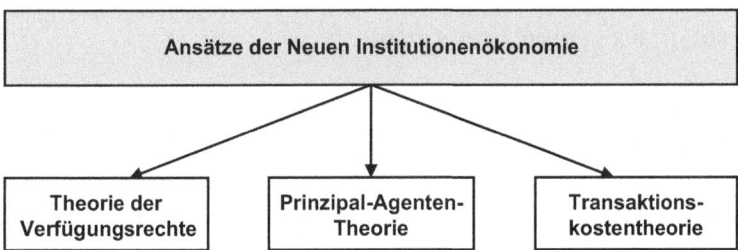

Abb. 3.2 Ansätze der Neuen Insitutionenökonomie. (Quelle: Eigene Darstellung)

3.3.1 Ansätze der Neuen Institutionenökonomie

Die institutionenökonomischen Theorien bestehen im Wesentlichen aus drei verschiedenen, sich einander ergänzenden theoretischen Ansätzen (Abb. 3.2): der Theorie der Verfügungsrechte, der Prinzipal-Agenten-Theorie, und der Transaktionskostentheorie (Ebers & Gotsch, 2019, S. 196). Dabei kann noch nicht von einer einheitlichen „Institutionenökonomischen Theorie der Organisation" gesprochen werden. Unterschiede finden sich bei den

Ansätzen hinsichtlich der Spezifizierung der Fragestellungen und der Variablen (Ebers & Gotsch, 2019, S. 197).

Gemeinsamkeiten weisen die Ansätze in folgenden zugrunde liegenden Annahmen auf (Steinmann et al., 2013, S. 67 f.):

- Individuelle Nutzenmaximierung
- Opportunistisches Verhalten der Akteure
- Vorliegen unvollständiger Informationen
- Alle möglichen Handlungsalternativen lassen sich durchkalkulieren.

Insbesondere die ersten beiden Aspekte, welche das zugrunde gelegte Menschenbild betreffen, werden auch gerne als Kritikpunkte an den Ansätzen der Institutionenökonomik angeführt.

Die drei (Teil-) Ansätze sollen im Folgenden kurz erläutert und darauf aufbauend die grundsätzlichen Implikationen für das Personalmanagement in Non-Profit-Organisationen dargestellt werden. Im Rahmen der Motivations- und Anreizgestaltung in Kap. 6 wird nochmals näher auf die Prinzipal-Agenten-Theorie eingegangen.

3.3.1.1 Theorie der Verfügungsrechte

Die Institution des Verfügungsrechts steht im Mittelpunkt der Theorie der Verfügungsrechte (Property Rights Theorie) (Ebers & Gotsch, 2019, S. 197). Zentraler Gedanke ist dabei, dass nicht das Eigentum an einem Gut von Wert ist, sondern erst die damit verbundenen Rechte, bestimmte Handlungen an und mit diesem Gut durchzuführen (Furubotn & Pejovich, 1972, S. 1139). Es werden vier Arten von Verfügungsrechten unterschieden (Richter, 1991, S. 398 f.; Wolf, 2020, S. 339):

1. das Recht, ein Gut zu nutzen (*usus*),
2. das Recht, die Erträge der Nutzung einzubehalten (*usus fructus*),
3. das Recht, die Form oder die Substanz des Gutes zu verändern (*abusus*) sowie
4. das Recht, alle oder einzelne der genannten Verfügungsrechte auf andere zu übertragen (*ius abutendi*).

Für die Durchsetzung, Bestimmung und Übertragung von Verfügungsrechten fallen Kosten an, diese werden als Transaktionskosten bezeichnet. Es kann davon ausgegangen werden, dass diese Transaktionskosten in praktisch allen relevanten Fällen positiv sind (Furubotn & Pejovich, 1972, S. 1137). Dadurch findet eine Reduktion des Nettonutzens statt, der aus der Ressourcennutzung entsteht (Ebers & Gotsch, 2019, S. 199).

Eine Kernaussage der Property Rights Theorie lautet: „Akteure werden bei gegebenen institutionellen Rahmenbedingungen solche Formen der Ressourcennutzung wählen und solche Verfügungsrechtsstrukturen etablieren, die ihren Nettonutzen maximieren." (Ebers & Gotsch, 2019, S. 199).

Ein Anwendungsfeld der Theorie ist die Diskussion um die Effizienz des Systems der Mitbestimmung durch Arbeitnehmervertreter in Deutschland (FitzRoy & Kraft, 2004). Da-

3.3 Personalökonomik

bei können drei Ebenen der Mitbestimmung in Deutschland unterschieden werden (vgl. Kap. 2):

- **Betriebliche Mitbestimmung**: Betriebsräte und andere Formen der Mitarbeitervertretung auf Betriebs-/Organisationsebene
- **Überbetriebliche Mitbestimmung** durch Gewerkschaften
- **Unternehmensmitbestimmung**: Arbeitnehmervertreter in Aufsichtsgremien

Im Rahmen der Mitbestimmung werden Akteuren, die nicht Eigentümer eines Unternehmens sind, Verfügungsrechte zugestanden. Hierdurch kommt es zu einer Trennung von Eigentum und Kontrolle und damit zu einem ökonomisch relevanten Sachverhalt im Kontext der Property Rights Theorie (Junkes & Sadowski, 1999, S. 56). Die Theorie der Verfügungsrechte betrachtet die Beteiligung von Arbeitnehmern an unternehmerischen Entscheidungen eines Unternehmens als eine „Verwässerung" von Verfügungsrechten, weshalb es durch Mitbestimmung zu Ineffizienzen kommen kann (Hansch, 2021, S. 31).

Vertreter der Theorie der Verfügungsrechte lehnen Mitbestimmung nicht per se ab, sie verweisen darauf, dass Mitbestimmung durchaus auch Vorteile haben kann. Sie argumentieren jedoch auch, dass Mitbestimmung, wenn sie denn vorteilhaft sei, auf freiwilligem Weg zustande kommen müsste und nicht durch gesetzliche Regelungen eingeführt werden müsste (Jensen & Meckling, 1979, S. 474).

Partizipationstheoretische Ansätze als Gegenposition zur Property Rights Theorie im Rahmen der Mitbestimmungsdiskussion in Deutschland

Während die Theorie der Verfügungsrechte Mitbestimmung als eine Quelle von Ineffizienzen sieht, nehmen partizipationstheoretische Ansätze eine andere Position ein. Partizipationstheoretische Ansätze gehen davon aus, dass sich Beschäftigte auch intrinsisch motivieren lassen und erweitern den Begriff des Kapitals, indem sie auch humankapitaltheoretische Aspekte aufnehmen. Demnach investieren nicht nur die Eigentümer eines Unternehmens ihr Kapital, sondern auch die Beschäftigten investieren ihr Wissen und ihre Fähigkeiten in das Unternehmen (vgl. zur Gegenüberstellung der beiden theoretischen Ansätze: Junkes & Sadowski, 1999).

Zudem können die partizipationstheoretischen Ansätze um die Exit Voice Theorie erweitert werden. Ursprünglich wurde diese Exit Voice Theorie auf Kunden angewandt, die unzufrieden mit einem Produkt sind. Diese können sich entweder von dem Produkt abwenden (EXIT) oder ihre Unzufriedenheit zum Ausdruck bringen (VOICE) (grundlegend zur Exit Voice Theorie: Hirschmann 1970). Diese Logik lässt sich auch auf Mitarbeiter übertragen. Ist ein Mitarbeiter mit seiner Arbeit oder den Arbeitsbedingungen unzufrieden, so hat er entweder die Möglichkeit, die Organisation zu verlassen bzw. innerlich zu kündigen (EXIT) oder seine Unzufriedenheit zum Ausdruck zu bringen und dadurch eine Verbesserung der Situation zu erreichen (VOICE). Der Betriebsrat oder eine andere Form der Mitarbeitervertretung kann hier als Sprachrohr der Mitarbeiter dienen, und deren Interessen gebündelt gegenüber den Führungskräften vertreten. Dadurch kann die Mitarbeiterzufriedenheit und -bindung gesteigert werden, was schlussendlich dann auch mit positiven ökonomischen Effekten verbunden sein sollte, da die Leistung der Mitarbeiter steigt (z. B. FitzRoy & Kraft, 2004).

Neben der Kritik, welche das zugrunde liegende Menschenbild betrifft, kann der Theorie der Verfügungsrechte eine „Konzeptionalisierungs- und Operationalisierungsschwäche" vorgeworfen werden (Ebers & Gotsch, 2019, S. 205 ff.) Die Theorie der

Verfügungsrechte erfährt durch die Agenturtheorie und die Transaktionskostentheorie eine Weiterentwicklung.

Die Anwendung auf den Themenbereich der Mitbestimmung durch Arbeitnehmer kann auch im Kontext der Non-Profit-Organisationen erfolgen. Wie bereits in Kap. 2 dargestellt, sind hier einige Besonderheiten beziehungsweise Einschränkungen hinsichtlich der Mitbestimmung bei Organisationen in kirchlicher Trägerschaft oder in Tendenzbetrieben zu beachten. Dies würde vor dem Hintergrund der Property Rights Theorie als positiv eingestuft werden, da es hier eben zu keiner oder einer geringeren Abschwächung der Verfügungsrechte kommt als dies in anderen Organisationen der Fall ist. Die soziale Mission, die im Mittelpunkt der Non-Profit-Organisation steht, könnte hier Vorrang vor Arbeitnehmerinteressen haben. Dies ist insbesondere bei Organisationen in kirchlicher Trägerschaft der Fall. Allerdings müssen diese Einschränkungen der Arbeitnehmermitbestimmung vor dem Hintergrund der positiven Effekte der Arbeitnehmermitbestimmung (z. B. Mitarbeiterzufriedenheit, -bindung und -motivation) insbesondere in Zeiten des Fachkräftemangels auch als kritisch gesehen werden.

3.3.1.2 Prinzipal-Agenten-Theorie

Eine Prinzipal-Agenten-Beziehung entsteht dadurch, dass ein Prinzipal eine Aufgabe an einen Agenten delegiert. Zur Aufgabenerfüllung wird dem Agenten eine Entscheidungsbefugnis erteilt. Unter der Annahme der individuellen Nutzenmaximierung wird davon ausgegangen, dass der Agent sich nicht immer im Sinne des Prinzipals verhalten wird (Jensen & Meckling, 1976, S. 308).

Eine Prinzipal-Agenten-Beziehung findet sich dann wieder, wenn der Eigentümer eines Unternehmens (Prinzipal) einen Geschäftsführer (Agenten) mit der Leitung eines Unternehmens betraut. Es entsteht eine Trennung von Eigentum und Kontrolle. Zwischen dem Eigentümer und dem Geschäftsführer kommt es zu Informationsasymmetrien, da der Eigentümer die Handlungen des Geschäftsführers nicht vollständig beobachten und kontrollieren kann. Auf diese entstehende Problematik der Trennung von Eigentum und Kontrolle verweist bereits Adam Smith 1776 (zitiert nach Jensen & Meckling, 1976, S. 305):

> „The directors of such [joint-stock] companies, however, being the managers rather of other peoples' money than of their own, it cannot well be expected that they should watch over it with the same anxious vigilance with which the partners in a private copartnery frequently watch over their own […]. Negligence and profusion, therefore, must always prevail, more or less, in the management of the affairs of such a company."

Der Agent verfügt in dieser Beziehung über einen Informationsvorsprung gegenüber dem Prinzipal. Die Implikationen und eine mögliche Überwindung dieser Informationsasymmetrien stehen im Mittelpunkt der Prinzipal-Agenten-Theorie (Abb. 3.3).

Die in dieser Prinzipal-Agenten-Beziehung entstehenden Informationsasymmetrien, welche in einer Agenturproblematik resultieren können, lassen sich in vier verschiedene Kategorien einteilen (Ebers & Gotsch, 2019, S. 212 f.):

3.3 Personalökonomik

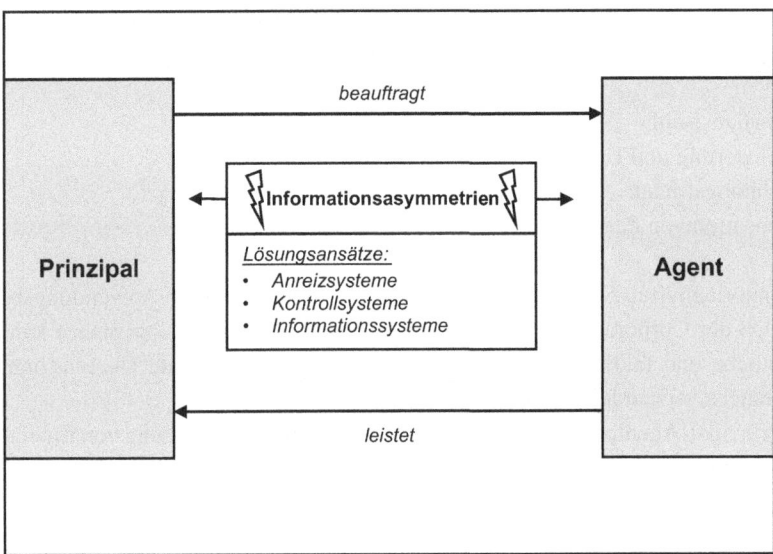

Abb. 3.3 Prinzipal-Agenten-Beziehung. (Quelle: Eigene Darstellung)

1. *Hidden characteristics*: verborgene Eigenschaften des Agenten, welche dem Prinzipal vor Vertragsabschluss nicht bekannt sind. Dadurch kann es zu einer Fehlentscheidung bei der Auswahl eines Agenten kommen (Adverse Selektion).
2. *Hidden intention:* verborgene Absichten des Agenten. Der Prinzipal ist nicht vollständig über die wahren Absichten des Agenten informiert. Setzt der Agent diese Absichten nach Vertragsschluss um, kann es zu einer Schädigung des Prinzipals kommen.
3. *Hidden knowledge*: Der Agent verfügt über einen Wissensvorsprung hinsichtlich der Aufgabenbearbeitung und kann diesen zu seinem Vorteil nutzen.
4. *Hidden action*: Der Prinzipal kann zwar das Ergebnis einer Handlung beobachten, aber nicht die Leistung des Agenten, welche zu diesem Ergebnis geführt hat. Der Prinzipal ist nicht in der Lage, zu beurteilen, inwiefern die Leistung des Agenten zum Ergebnis beigetragen hat. Deshalb ist es dem Agenten möglich, einen niedrigeren Arbeitseinsatz zu wählen oder eine Leistung vorzutäuschen (Moral Hazard).

Den Informationsasymmetrien und den daraus resultierenden Agenturproblemen kann durch Anreiz-, Informations- und Kontrollsysteme entgegengewirkt werden (Ebers & Gotsch, 2019, S. 214).

Im Rahmen von Anreizsystemen kann der Agent am Ergebnis beteiligt werden. Dadurch findet eine Angleichung der Interessen von Prinzipal und Agent statt. Dies kann beispielsweise durch die Integration leistungs- und erfolgsabhängiger Elemente in die Vergütungsstruktur erfolgen oder durch eine Kapitalbeteiligung des Agenten. Informations- und Kontrollsysteme versuchen den Informationsvorsprung des Agenten durch die Weitergabe von Informationen an den Agenten zu verringern. Eine Möglichkeit stellen hier festgelegte Berichtspflichten des Agenten an den Prinzipal dar.

Backes-Gellner und Wolff (2001) benennen als relevante Anwendungsfragen der Prinzipal-Agenten-Theorie im Kontext Personalmanagement die folgenden Felder:

- Personalauswahl
- Qualifizierung und Entwicklung von Personal
- Entlohnungsfragen
- Organisation von Personalabgängen

Im gewinnorientierten Sektor findet sich eines der prominentesten Anwendungsbeispiele im Bereich der Corporate Governance wieder. Unter Corporate Governance kann dabei der rechtliche und faktische Ordnungsrahmen für die Leitung und Überwachung eines Unternehmens verstanden werden (von Werder, 2009, S. 4).

Die Prinzipal-Agenten-Beziehung entsteht hier durch eine Trennung von Eigentum und Kontrolle. Am Beispiel einer Aktiengesellschaft kann dies erläutert werden. Zwischen den Aktionären als Eigentümern (Prinzipalen) und dem Vorstand einer Aktiengesellschaft (Agent) bestehen Informationsasymmetrien, welche durch eine entsprechende Ausgestaltung der Corporate Governance überwunden werden sollen.

Für die Ausgestaltung der Corporate Governance kann im Rahmen einer agenturtheoretischen Betrachtung auf die bereits dargestellte Einteilung in Anreiz-, Informations- und Kontrollsysteme zurückgegriffen werden:

- **Anreizsysteme**: Um eine Interessensangleichung von Eigentümern (Prinzipalen) und Vorstand (Agenten) zu erreichen, kann eine variable Vorstandsvergütung, welche sich beispielsweise am Aktienkurs orientiert, genutzt werden. Durch variable Gehaltsbestandteile wird eine Interessensangleichung von Aktionären und Vorstand angestrebt, eine Nutzenmaximierung des Agenten (Steigerung des Aktienkurses und damit Steigerung seiner Vergütung) findet zugunsten der Aktionärsinteressen statt (hohe Dividende durch hohen Aktienkurs).
- **Informationssysteme**: Aktiengesellschaften unterliegen weitreichenden Publizitätspflichten durch welche eine Informationsweitergabe vom Agenten zum Prinzipal gesetzlich geregelt ist.
- **Kontrollsysteme**: Eine zentrale Rolle kommt hier dem Aufsichtsrat zu. Dessen Aufgabe besteht in der Überwachung des Vorstandes (§ 111 Abs. 1 AktG).

Jensen und Meckling (1976, S. 309) sowie Fama und Jensen (1983, S. 308) verweisen darauf, dass eine Prinzipal-Agenten-Beziehung zum einen nicht nur durch die Trennung zwischen Eigentum und Kontrolle entsteht und zum anderen nicht nur in großen profitorientierten Unternehmen zu finden ist. Eine Prinzipal-Agenten-Beziehung entsteht immer dann, wenn es darum geht, den Agenten dazu zu bewegen, sich im Sinne der Nutzenmaximierung des Prinzipals zu verhalten (Jensen & Meckling, 1976, S. 309).

Jensen und Meckling (1976) schließen in ihre Definition der Unternehmung auch explizit Non-Profit-Organisationen mit ein: „It is important to recognize that most organizations are simply legal fictions […]. This includes firms, non-profit institutions such as universities, hospitals and foundations, mutual organizations such as mutual savings banks and insurance companies and co-operatives, some private clubs, and even governmental bodies such as cities, states and the Federal government, government enterprises such as TVA, the Post Ofice, transit systems, etc." (Jensen & Meckling, 1976, S. 310).

Die Prinzipal-Agenten-Theorie kann folglich auch im Non-Profit-Sektor Anwendung finden, dabei stellt sich allerdings die Frage, wer hier die Rolle des Prinzipals übernimmt (Barragato, 2002, S. 304).

Während bei einer Aktiengesellschaft die Rolle des Prinzipals im Rahmen der Corporate Governance sehr klar ist, stellt sich bei einer Non-Profit-Organisation die Lage differenzierter und komplexer dar. Nikolova (2014, S. 702) fasst diese wie folgt zusammen: „Unlike businesses, which have a unitary principal, nonprofits have multiple principal-stakeholders such as clients, donors, the government, and the board, who observe executive behavior and organizational health".

Nicht nur kann es im Non-Profit-Umfeld mehrere Prinzipale geben, sondern auch die Ausrichtung von Prinzipal und Agent auf ein gemeinsames Ziel wird sich komplexer gestalten. Barragato (2002) erläutert dies am Beispiel eines Krankenhauses. Während es bei einem Krankenhaus im gewinnorientierten Sektor um eine Gewinnmaximierung und eine entsprechende vertragliche Gestaltung zwischen Eigentümern und Managern geht, wird eine Klinik im Non-Profit-Sektor von seiner sozialen Mission geleitet. Diese Mission resultiert in einem komplexeren Zielsystem. Dementsprechend lässt sich die Zielsetzung und deren Erreichung nicht ohne weiteres festsetzen und kontrollieren (Barragato, 2002, S. 306).

Auch wenn sich die Zielsetzung(en) und die Bestimmung des Prinzipals und des Agenten in einer Non-Profit-Organisation als herausfordernd darstellen kann, findet die Prinzipal-Agenten-Theorie als theoretische Grundlage der wissenschaftlichen Forschung auch im Bereich der sogenannten Non-Profit-Governance Anwendung. Unter Non-Profit-Governance können Systeme und Prozesse verstanden werden, welche die Gesamtausrichtung einer Organisation sowie deren Verantwortlichkeiten und Kontrolle sicherstellen (Cornforth & Brown, 2014, S. 4 f.).

Bernstein et al. (2016) untersuchen in US-amerikanischen Non-Profit-Organisationen unter Verwendung der Prinzipal-Agenten-Theorie Unterschiede in der Wahrnehmung von CEOs (Geschäftsführern) und Board Chairs (Vorsitzende des Leitungs- und Kontrollgremiums) hinsichtlich zentraler Governance Aspekte. Ihre Ergebnisse stützen die agenturtheoretische Sichtweise der unterschiedlichen Interessen von Prinzipalen (Board Chairs) und Agenten (CEOs).

Neben der verhaltenswissenschaftlichen Perspektive (intrinsische Motivation) wird die Prinzipal-Agenten-Theorie herangezogen, um die Vergütung von Führungskräften in Non-Profit-Organisationen zu untersuchen (z. B. Ben-Ner et al., 2011; Gray & Benson, 2003).

Meyer und Maier (2012) verweisen im Kontext der Anwendbarkeit der Prinzipal-Agenten-Theorie auf die Governance von Non-Profit-Organisationen darauf, dass auch in einer Non-Profit-Organisation verschiedene Interessen von unterschiedlichen Akteuren verfolgt werden können oder zumindest das Management von Eigeninteresse oder einer eigenen Interpretation der sozialen Mission der Non-Profit-Organisation geleitet werden kann. Sie benennen hier als wichtigstes Kontrollinstrument das Kontrollorgan (Aufsichtsrat) in welchem die Prinzipale vertreten sein sollen (Meyer & Maier, 2012, S. 11).

Nach Handy und Katz (1998) kann die Prinzipal-Agenten-Beziehung zwischen Eigentümer (Trustee) und Management in einer Non-Profit-Organisation sogar stärker ausgeprägt sein als dies in einer Profit-Organisation der Fall ist (Handy & Katz, 1998, S. 248). Im Gegensatz zu einer profitorientieren Organisation kann in einer Non-Profit-Organisation der Gewinn nicht als Maßstab für den Erfolg der Führungskräfte herangezogen werden. Allerdings löst die Selbstselektion der Führungskräfte das Agenturproblem teilweise auf: „Lower wages will attract managers that are more committed to the cause of the nonprofit." (Handy & Katz, 1998, S. 259). Dieser Bedarf einer Selbstselektion wird als sehr bedeutend eingestuft, da andere Anreiz- und Kontrollmechanismen der Shareholder, wie sie im gewinnorientierten Sektor vorhanden sind, nicht existieren (Handy & Katz, 1998, S. 259).

Im Rahmen der Ausgestaltung von Non-Profit-Governance geht es bei einer agenturtheoretischen Betrachtung insbesondere um die Frage, wie die Zusammensetzung und die Aufgaben des Kontrollorgans (Aufsichtsrat, Gesellschafterversammlung, Stiftungsrat) ausgestaltet sind, um die Handlungen des Leitungsorgans zu kontrollieren und eine entsprechende Gestaltung von Anreizen für die Leitungsfunktion zu gestalten. Auf diese Aspekte wird in Kap. 7 näher eingegangen.

Eine Gegenüberstellung der Anwendung der Prinzipal-Agenten-Theorie im Kontext von Corporate Governance und Non-Profit-Governance gibt Tab. 3.2.

Tab. 3.2 Gegenüberstellung der Prinzipal-Agenten-Beziehung im Rahmen von Corporate Governance und Non-Profit-Governance. (Quelle: Eigene Darstellung)

	Corporate Governance (Beispiel Aktiengesellschaft)	**Non-Profit-Governance** (Beispiel Stiftung)
Zielsetzung der Organisation	Maximierung der wirtschaftlichen Leistung (Gewinnorientierung)	Erfüllung der sozialen Mission Erbringung von Dienstleistungen (keine Gewinnorientierung)
Mögliche Prinzipal-Agenten-Beziehung	Aktionäre (Prinzipale) und Vorstand (Agenten)	Bürger (Prinzipale) spenden Gelder an gemeinnützige Organisationen (Agenten) zur Erfüllung von wohltätigen Zwecken.
Mögliche Informationsasymmetrien	Aktionäre können das Handeln und die Absichten der Vorstände nicht vollständig beobachten	Spender kann nicht kontrollieren, ob seine Spende zur Verwaltung oder zum eigentlichen Zweck der NPO eingesetzt wird
Anreizsysteme	Variable Vergütung (z. B. Aktienoptionen)	Selbstselektionseffekt der Führungskräfte[a]
Informationssysteme	Publizitätspflichten	DZI Spendensiegel Initiative Transparente Zivilgesellschaft
Kontrollsystem	Aufsichtsrat Externe Wirtschaftsprüfer	Aufsichtsrat Verwaltungsrat Stiftungsrat

[a]Zum Selbstselektionseffekt siehe Handy und Katz (1998)

DZI Spendensiegel als Informationsinstrument für Spender

Das DZI Spendensiegel wird vom Deutschen Zentralinstitut für soziale Fragen vergeben. Das Spendensiegel ist ein Gütesiegel für seriöse Spendenorganisationen Es soll als ein Signal an Spender dienen, dass die Organisation mit den ihr anvertrauten Geldern sorgfältig und verantwortungsvoll umgeht. Siegel-Organisationen unterwerfen sich einer freiwilligen Verpflichtung, die DZI Standards zu erfüllen und damit höchsten Transparenzansprüchen gerecht zu werden. Die Spenden-Siegel-Standards umfassen dabei die Bereiche Zielsetzung, Leitung und Aufsicht, Werbung und Öffentlichkeitsarbeit, Mittelverwendung, Vergütungen, Rechnungslegung und Prüfung sowie Transparenz. Organisationen, welche das DZI Spendensiegel tragen, sind leistungsfähig, arbeiten transparent, wirtschaftlich sparsam, informieren sachlich und wahrhaftig und haben wirksame Kontroll- und Aufsichtsstrukturen.

Quelle: Deutsches Zentralinstitut für soziale Fragen (2021).

Tab. 3.3 stellt Beispiele für Prinzipal-Agenten-Beziehungen und Anwendungsbereiche der Prinzipal-Agenten-Theorie dar, welche im Non-Profit-Bereich zu finden sind.

Was Kritik an der Theorie betrifft, so müssen die folgenden Aspekte genannt werden (dazu Ebers & Gotsch, 2019, S. 223 ff.).

Tab. 3.3 Beispielhafte Prinzipal-Agenten-Beziehungen im Non-Profit-Bereich

Funktionsbereich	Beschreibung der Prinzipal-Agenten-Beziehung und eines möglichen Lösungsansatzes
Non-Profit-Governance	Eine Gesellschafterversammlung (Prinzipal) setzt in einer gGmbH einen Geschäftsführer (Agent) ein. Ein Aufsichtsrat kann hier als Kontrollsystem eingesetzt werden.
Finanzierung/Mittelverwendung	Bürger (Prinzipale) spenden Gelder an gemeinnützige Organisationen (Agenten) zur Erfüllung von wohltätigen Zwecken. Das DZI Spendensiegel bietet hier eine Möglichkeit für ein Informationssystem, um eine Transparenz bzgl. der Verwendung von Spendengeldern herzustellen.
Personalführung	Führungskräfte (Prinzipale) delegieren Aufgaben an ihre Mitarbeiter (Agenten). Durch eine leistungsorientierte Vergütung kann ein Anreizsystem geschaffen werden, dass opportunes Verhalten der Mitarbeiter verhindern soll.
Personalauswahl	Eine Organisation (Prinzipal) möchte Mitarbeiter (Agenten) auswählen, die sich mit den Werten der Organisation identifizieren. Durch Methoden der Personalauswahl kann ein Informationssystem hinsichtlich der Qualifikation und Motivation des Bewerbers geschaffen werden, was die Informationsasymmetrien (hier: insbesondere hidden intention und hidden characteristic) zwischen Organisation und Bewerber reduzieren kann.
Teamführung	Eine Führungskraft (Prinzipal) delegiert eine Aufgabe an ein Team von Mitarbeitern (Agenten). Es treten Informationsasymmetrien in Form von hidden action und hidden information auf, da die Führungskraft die Leistung und das Verhalten der einzelnen Teammitglieder nicht vollständig beurteilen kann und zum Beispiel Trittbrettfahrer nicht erkennen kann. Als Anreizsystem kann hier die Gewährung einer leistungsorientierten Vergütung basierend auf Teamzielen erfolgen.

Zunächst einmal müssen das doch eher negativ geprägte Menschenbild und die damit verbundenen Verhaltensannahmen einer kritischen Betrachtung unterzogen werden. Dazu gehört auch die umstrittene Wirkung von externen Anreizen. Hier knüpft die verhaltenswissenschaftliche Perspektive an, welche auch intrinsische Aspekte bei der Motivations- und Anreizgestaltung betrachtet (siehe Kap. 6).

Weiterhin unterstellt die Theorie insbesondere dem Agenten ein opportunistisches Verhalten. Dabei wäre auch denkbar, dass der Prinzipal ebenfalls opportunistisches Verhalten zeigt und so den Agenten täuscht. Beispielsweise kann nicht nur ein Bewerber im Rahmen eines Personalauswahlverfahrens den potenziellen Arbeitgeber täuschen. Auch der Arbeitgeber könnte den Arbeitsplatz und die Arbeitsbedingungen attraktiver darstellen als diese tatsächlich sind.

Zudem sind in der Praxis auch mehrstufige Prinzipal-Agenten-Beziehungen und Mulit-Agenten-Modelle denkbar. In diesem Fall würde die Agenturproblematik noch weiter verschärft werden.

Hinsichtlich einer Anwendbarkeit der Prinzipal-Agenten-Theorie im Non-Profit-Sektor sind insbesondere die Verhaltensannahmen als kritisch zu betrachten. Damit verbunden sollte auch die Wirkung von extrinsischen Anreizen mit Vorsicht betrachtet werden. Deshalb sollte insbesondere auch die Stewardship Theorie als weitere Perspektive bei der Diskussion um Fragen der Governance in Non-Profit-Organisationen Beachtung finden (siehe Container).

Der Stewardship-Ansatz als Ergänzung und Erweiterung der Prinzipal-Agenten-Theorie
Eine weitere theoretische Perspektive auf Fragen der Governance kann durch die Stewardship Theorie (dazu ausführlich: Davis et al., 1997) eingenommen werden. Sie greift die Prinzipal-Agenten-Beziehung auf und erweitert sie um eine verhaltenswissenschaftliche Perspektive. Die Prinzipal-Agenten-Theorie geht davon aus, dass der rational denkende Agent ein Eigeninteresse verfolgt. Der sogenannte „Steward" dagegen, strebt nach Selbstverwirklichung und hat die kollektiven Interessen im Blick. Zwischen Prinzipal und Agent bzw. Steward bestehen keine oder nur sehr geringe Zielkonflikte. Die Motivation des Stewards ist intrinsisch getrieben und wird nicht wie beim Agenten extrinsisch getrieben. Im Gegensatz zur agenturtheoretischen Betrachtung muss der „Steward" nicht kontrolliert werden, da er aus Überzeugung handelt und kollektive Interessen anstelle von Eigeninteresse in den Mittelpunkt seines Handelns stellt.

Gerade bei Non-Profit-Organisationen, die von einer sozialen Mission und einer Gemeinwohlorientierung bestimmt sind, kann die Stewardship Theorie eine bereichernde Perspektive darstellen.

3.3.1.3 Transaktionskostentheorie

Die zentrale Frage der Transaktionskostentheorie besteht in der Frage nach einer möglichst kostengünstigen Durchführung einer Transaktion (Williamson, 1985). Eine Transaktion beschreibt dabei die Übertragung von Verfügungsrechten an einem Gut (Ebers & Gotsch, 2019, S. 227).

Für die Beurteilung der Vorteilhaftigkeit einer Transaktion werden die entstehenden Kosten betrachtet. Gewählt wird das institutionelle Arrangement bei dem die Produktions- und Transaktionskosten am geringsten ausfallen (Ebers & Gotsch, 2019, S. 230).

3.3 Personalökonomik

Diese Transaktionskosten lassen sich unterteilen in (Ebers & Gotsch, 2019, S. 228):

- **Informations- und Suchkosten** (ex ante): Kosten, die durch Beschaffung von Produkt- und Preisinformationen sowie bei der Suche nach geeigneten Transaktionspartnern entstehen.
- **Verhandlungs- und Vertragskosten** (ex ante): Kosten, die durch die Aushandlung und Festschreibung des Vertrages entstehen.
- **Überwachungskosten** (ex post): Kosten, die durch die Überwachung des Vertrages und seiner Konditionen heraus entstehen.
- **Konflikt- und Durchsetzungskosten** (ex post): Kosten, die durch die Durchsetzung von vertraglichen Vereinbarungen und durch den Umgang und die Lösung von Konflikten entstehen.
- **Anpassungskosten** (ex post): Kosten, die durch nachträgliche Anpassungen des Vertrages entstehen.

Transaktionsbedingungen (transaktionsspezifische Investitionen, transaktionsspezifische Unsicherheit und Häufigkeit der Transaktion) entscheiden über die Höhe der Transaktionskosten (Ebers & Gotsch, 2019, S. 230 ff.).

Die Frage nach Markt oder Hierarchie stellt einen zentralen Anwendungsbereich der Theorie dar. Konkret geht es dabei um die Frage, ob eine Leistung von einem Unternehmen selbst erbracht werden soll (Hierarchie) oder ob diese Leistung von einem externen Anbieter dazu gekauft werden soll (Markt). Möglich sind auch Hybridformen (z. B. Kooperationen, Netzwerke) (Scherm & Pietsch, 2007, S. 52 ff.).

Im personalwirtschaftlichen Kontext kann dies die Frage beinhalten, wie eine vom Unternehmen benötigte Dienstleistung erbracht wird. Entscheidet man sich für die Organisationsform Markt, würde ein externes Unternehmen mit der Dienstleistung beauftragt werden. Bei der Entscheidung für die Organisationsform, wird ein Mitarbeiter eingestellt um die Dienstleistung intern selbst durchzuführen. Bei der Hybridform wird eine Mischform gewählt, es könnte zum Beispiel der Einsatz eines Leiharbeitnehmers erfolgen (Oechsler & Paul, 2019, S. 44).

Diese Frage stellt sich z. B. auch im Krankenhausbereich, in dem einzelne Tätigkeitsbereiche (z. B. Reinigung, Catering) häufig an externe Firmen im Rahmen von Werkverträgen fremd vergeben werden.

Ein weiteres Anwendungsfeld ergibt sich für die Ausgestaltung der Corporate Governance, z. B. für die Kosten der Unternehmenskontrolle (Hansch, 2012).

Neben den bereits beschriebenen Kritikpunkten an den zugrunde liegenden Verhaltensannahmen der Neuen Institutionenökonomie, stellt sich die Operationalisierung der Transaktionskosten als Herausforderung dar (Scherm & Pietsch, 2007, S. 53 f.). Für den Anwendungsbereich von Fragestellungen des Personalmanagements ergibt sich die Schwierigkeit, dass aufgrund von arbeitsrechtlichen Restriktionen die Handlungsempfehlungen der Transaktionskostentheorie nicht ohne Weiteres umgesetzt werden können (Oechsler & Paul, 2019, S. 45).

3.3.2 Humankapitaltheorie

Die Idee des Humankapitals und der Humankapitaltheorie geht auf Gary Stanley Becker, einen Ökonomieprofessor aus Chicago zurück (Becker, 1962). Becker gewann im Jahr 1962 den Wirtschaftsnobelpreis.

Der Begriff des Humankapitals wird in der Literatur grundsätzlich im Rahmen einer ökonomischen Betrachtung von Bildungsanstrengungen verwendet (Franz, 2013, S. 77).

Nach Franz (2013, S. 77) kann unter Humankapital „der Bestand an Wissen und Fertigkeiten eines Individuums" verstanden werden. Das Humankapital kann durch Bildungsanstrengungen erhöht werden und somit auch die Produktivität des einzelnen Mitarbeiters (Franz, 2013, S. 77). Unter Bildungsanstrengungen können dabei sowohl die Ausbildung (duale Ausbildung, schulische Ausbildung oder Hochschulabschlüsse) als auch berufliche Weiterbildung gesehen werden.

Die Humankapitaltheorie kann im Rahmen des Personalmanagements zur Beantwortung der folgenden Fragestellungen herangezogen werden:

- Welche Vergütung soll basierend auf der Qualifikation des Arbeitnehmers bezahlt werden? (Kap. 8)
- Wer soll die Kosten der Weiterbildung tragen? (Kap. 9).

3.4 Ansätze des Non-Profit-SHRM

Während es bei theoretischen Ansätzen darum geht, einzelne personalwirtschaftliche Aktivitäten zu erklären oder Lösungsansätze für spezifische Problemstellungen zu entwickeln, geht es bei Human Resource Management Ansätzen vielmehr darum, das Personalmanagement als Ganzes abzubilden (Oechsler & Paul, 2019, S. 81).

Kann beispielsweise die Prinzipal-Agenten-Theorie herangezogen werden, um die Anreizgestaltung in Unternehmen zu begründen und zu gestalten, so geht es bei Ansätzen des Strategischen Personalmanagements (Strategic Human Resource Management) vielmehr um ganzheitliche Fragen wie:

- Welchen Beitrag leistet das Personalmanagement zum (wirtschaftlichen) Erfolg einer Organisation?
- Findet lediglich eine Anpassung des Personalmanagements an die Organisationsstrategie statt oder leistet das Personalmanagement einen aktiven Beitrag zur Organisationsstrategie?
- Inwiefern sind die einzelnen Teilfunktionen des Personalmanagements aufeinander abgestimmt?
- Inwiefern findet eine Anpassung des Personalmanagements an die Umwelt statt?

Staehle (1989) stellt fest, dass eine weitgehende Kongruenz der Begrifflichkeiten des aus den USA stammenden Konzept des Human Resource Management (HRM) und dem in Deutschland geläufigen Konzepten der Personalpolitik oder des Personalmanagements besteht. Deshalb soll im Folgenden für den englischsprachigen Begriff des Human Resource Management der Begriff des Personalmanagements gewählt werden. Dabei kann unter strategischem Personalmanagement (SHRM) die Abstimmung der Unternehmensplanung mit der Planung des Personalmanagements (HRM) verstanden werden (Ridder & Baluch, 2019, S. 101).

Ein prägender Ansatz des Strategischen Human Resource Management ist der Michigan Ansatz des SHRM. Dieser Ansatz wurde Anfang der 1980er-Jahre an der Universität Michigan von Tichy, Fombrum und Devana (1982, 1984) entwickelt (Staehle 1989, S. 391).

Aufgrund von technologischen, demografischen und wirtschaftlichen Veränderungen sind Organisationen gezwungen, ihr Human Resource Management effektiver zu gestalten. Dabei muss dem Human Resource Management eine zentrale Rolle bei der Formulierung und Implementierung von langfristigen Plänen zukommen. Human Resource Management wird so nicht nur als eine unterstützende Funktion, sondern als integraler Bestandteil der Unternehmensstrategie gesehen (Tichy et al., 1982, S. 47). Auch wenn die integrative Verknüpfung von Unternehmensstrategie, Organisationsstruktur und HRM im Mittelpunkt des Ansatzes stehen, so folgen Organisationsstruktur und HRM doch der Unternehmensstrategie (Staehle, 1989, S. 391).

Zentrale Aspekte des Ansatzes sind:

1) Gemeinsame Ausrichtung von Mission & Strategie, Organisationsstruktur und Human Resource Management (*internal vertical fit*) (Tichy et al., 1982, S. 48)
2) Abstimmung der personalwirtschaftlichen Teilfunktionen (*internal horizontal fit*): Betrachtet werden die Teilfunktionen Personalauswahl, Personalbeurteilung, Anreizgestaltung und Personalentwicklung. Als abhängige Variable wird hier die Leistung angesehen (Tichy et al., 1982, S. 50).
3) Abstimmung mit der Umwelt (*external fit*) (Tichy et al., 1982, S. 48)

Wright und McMahan greifen diese vertikale und horizontale Komponente in ihrer Definition von strategischem Human Resource Management auf, welches sie definieren als „the pattern of planned human resource deployments and activities intended to enable the firm to achieve its goals" (Wright & McMahan, 1992, S. 298). Diese Definition beinhaltet eine vertikale und eine horizontale Komponente (Wright & McMahan, 1992, S. 298):

- Verknüpfung von Human Resource Management Praktiken und strategischem Managementprozess (vertikale Integration)
- Abstimmung der einzelnen personalwirtschaftlichen Teilfunktionen (horizontale Integration)

Auch Schuler und Jackson (2005) betonen den Aspekt der vertikalen und horizontalen Integration für das Strategische Human Resource Management. Dabei bedeutet vertikale Integration die Organisation und deren Kontext zu verstehen, während es bei der horizontalen Integration darum geht, ein auf sich abgestimmtes System der einzelnen personalwirtschaftlichen Teilfunktionen zu erhalten (Schuler & Jackson, 2005, S. 13).

Die Frage, welche Rolle SHRM und insbesondere ein kohärentes Personalmanagementsystem spielen kann, wird auch vom Resource Based View aufgegriffen (Schuler & Jackson, 2005, S. 24).

Der Ansatz des Resource Based Views nimmt eine Gegenposition zur Market Based View ein. Während es bei der marktorientierten Sichtweise darum geht, durch Anpassung an Marktgegebenheiten Wettbewerbsvorteile zu realisieren, sieht die ressourcenorientierte Sichtweise unternehmensinterne Ressourcen als Quelle von Wettbewerbsvorteilen an. Damit eine Ressource einen nachhaltigen Wettbewerbsvorteil stiften kann, muss sie wertvoll, selten, nicht imitierbar und nicht substituierbar sein (grundlegend dazu: Penrose, 1959; Wernerfelt, 1984; Barney, 1991). Folgt man dieser Argumentation, dann können sowohl Humanressourcen (Mitarbeiter) selbst als auch die Ausgestaltung eines SHRMs Ressourcen im Sinne des Resource Based Views sein (Schuler & Jackson, 2005, S. 24)

Im Kontext von Non-Profit-Organisationen spielt die ressourcenorientierte Sichtweise eine sehr große Rolle. Non-Profit-Organisationen erbringen primär Dienstleistungen für Menschen, deshalb spielt der Faktor Personal eine entscheidende Rolle.

Kritisch betrachtet werden kann am Michigan Ansatz, dass die Rolle des Human Resource Managements bei der Strategieimplementierung gesehen wird, nicht aber bei der Entwicklung der Unternehmensstrategie. Die Unternehmensstrategie hat sowohl zeitlich als auch inhaltlich Vorrang (Staehle, 1989, S. 391.) Staehle (1989, S. 392) spricht hier von dem „klassischen Implementations- und Anpassungsdenken" des Personalmanagements.

Für den Non-Profit-Sektor lässt sich feststellen, dass es zwar Studien zu den Auswirkungen einzelner Personalmanagementmaßnahmen gibt, aber wenig Erkenntnisse darüber, wie sich Personalmanagementsysteme als Ganzes für die Organisation auswirken (Akkingbola, 2013, S. 215; Ridder et al., 2012, S. 610).

Ridder und McCandless (2010) bauen auf dem strategischen Ansatz (*Strategic Approach*) und dem humanressourcenorientierten Ansatz (*HR-based Approach*) eine Typologie einer HR Architektur auf. Sie entwickeln einen analytischen Rahmen, welcher die Klassifizierung von HRM Typen in Non-Profit-Organisationen erlaubt.

Dieser analytische Rahmen kann als systematische Grundlage verstanden werden, um die empirischen Erkenntnisse der Forschung zum Thema HRM in Non-Profit-Organisationen besser diskutieren zu können und darüber hinaus ein besseres Verständnis für den Zusammenhang zwischen den spezifischen Charakteristika einer Non-Profit-Organisation und dem Gesamtsystem des Personalmanagements zu erhalten (Ridder & McCandless, 2010, S. 125; Ridder et al., 2012, S. 612 f.)

3.4 Ansätze des Non-Profit-SHRM

Der **strategische Ansatz**, auf dem Ridder und McCandless (2010) ihre Typologie aufbauen, lässt sich in einen vertikalen und einen horizontalen Ansatz unterscheiden. Beim vertikalen Ansatz geht es um eine Abstimmung der Funktionen und Instrumente des Personalmanagements (*HR Practices*) mit der Strategie sowie um das Zusammenspiel zwischen Personalmanagementpraxis und Unternehmensstrategie. Die Effektivität von Personalmanagement kann nur danach gemessen werden, inwiefern Personalmanagement die Organisationsziele unterstützt. Die Teilfunktionen des Personalmanagements sind auf die zentralen Elemente der Strategie auszurichten. Dieser vertikale Ansatz ist an den vertikalen Fit des Michigan Ansatzes (Tichy et al., 1984) angelehnt. Beim horizontalen Ansatz geht es um die Abstimmung zwischen den einzelnen Instrumenten und Funktionen des Personalmanagements und inwiefern diese Abstimmung zu einer Erreichung der Organisationsziele beitragen kann. Der strategische Ansatz, der hier zugrunde gelegt wird, beruht auf der Annahme, dass jede Organisation ihre eigene einzigartige Personalmanagement Architektur hat. Unterschiedliche Kontexte und spezifische Ziele führen zu einem unterschiedlichen Einsatz, zu einer unterschiedlichen Anwendung und zu unterschiedlichen Auswirkungen von Funktionen und Instrumenten des Personalmanagements (Ridder & McCandless, 2010, S. 125).

Der **HR-Based Approach** greift die Argumentationslinie des ressourcenorientierten Ansatzes auf. Hier geht es um den Wert und die Entwicklung von Mitarbeitern. Diese werden nicht als Kostenfaktor, sondern vielmehr als wertvolle Ressource angesehen, in welche man investieren muss (Ridder & McCandless, 2010, S. 127).

Ridder und McCandless (2010) betonen die Spezifika der strategischen Orientierung von Non-Profit-Organisationen. Dazu gehören insbesondere die hohe Bedeutung von Werten sowie die besondere Relevanz der internen und externen Stakeholder einer Non-Profit-Organisation. Zudem sind die Besonderheiten des HRMs in einer Non-Profit-Organisation zu beachten. Insbesondere wird hier auf Spezifika bei der Motivation und der Entgeltgestaltung verwiesen.

Basierend auf diesen Ausführungen entsteht eine Matrix mit vier Feldern zur Kategorisierung von HRM in Non-Profit-Organisationen. Die beiden zugrunde gelegten Dimensionen sind die HR-Orientierung und die Strategische Orientierung, welche das Personalmanagement in Non-Profit-Organisationen prägen:

- Die **HR-Orientierung** basiert auf dem ressourcenorientierten Ansatz des strategischen Managements. Es geht hier um die Richtlinien und Zielsetzungen, welche die Ausgestaltung der einzelnen Funktionen und Instrumente des Personalmanagements determinieren. Bei Non-Profit-Organisationen bestimmt vor allem die Erkenntnis, dass Mitarbeiter intrinsisch motiviert sind, die Wahl und Ausgestaltung der Instrumente des Personalmanagements. Eine hohe HR-Orientierung liegt dann vor, wenn solche Personalmanagementpraktiken ausgewählt und eingesetzt werden, welche den Wünschen und Bedürfnissen der Mitarbeiter entsprechen.

- Bei der **strategischen Orientierung** geht es um die vertikale Passung (*vertical fit*), d. h. um die Abstimmung zwischen Organisationsstrategie und den einzelnen Personalmanagementpraktiken sowie um die horizontale Passung (*horizontal fit*), d. h. dass die einzelnen Personalmanagementfunktionen auf sich abgestimmt sind. Im Gegensatz zum profitorientieren Sektor, ist die strategische Ausrichtung von Non-Profit-Organisationen durch Werte, die soziale Mission und die sozialen Ergebnisse bestimmt. Konkret geht es bei dieser Orientierung um die Frage, inwiefern die gewählten Personalmanagementpraktiken dazu beitragen, die soziale Mission und die Werte einer Non-Profit-Organisation zu unterstützen.

Ridder und McCandless (2010) und Ridder et al. (2012) unterscheiden vier Typen von Human Resource Management, welche in Abb. 3.4 dargestellt sind:

- **Administratives Personalmanagement** ist durch eine geringe strategische Orientierung und durch eine geringe Orientierung an der Humanressourcenbasis gekennzeichnet. Personalmanagementpraktiken sind nicht an die Werte und Bedürfnisse der Mitarbeiter angepasst (geringe HR-Orientierung) und werden oft einfach nur aus dem Profit-Sektor übertragen, ohne dass Synergien zu andern Personalmanagementpraktiken oder der Organisationsstrategie angestrebt werden (geringe strategische Orientierung).
- **Motivationales Personalmanagement** weist eine geringe strategische Orientierung auf und zeichnet sich gleichzeitig durch eine hohe Orientierung an der Humanressour-

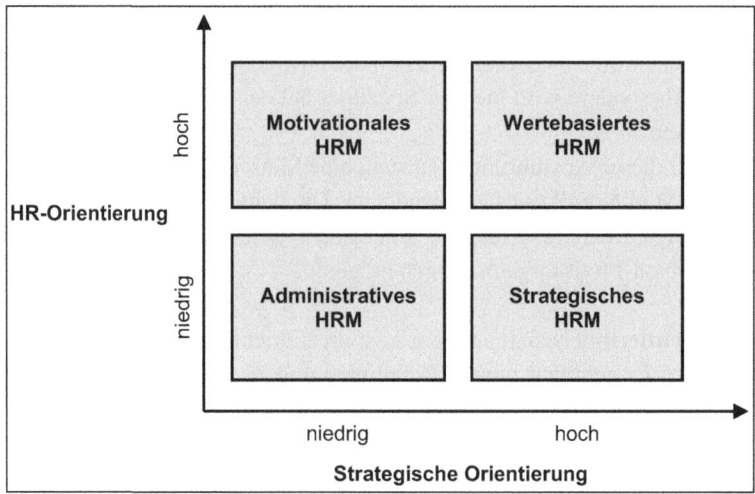

Abb. 3.4 Analytischer Rahmen von Human Resource Management in Non-Profit-Organisationen. (Quelle: Ridder & McCandless, 2010, S. 134)

cenbasis aus. Bei diesen Non-Profit-Organisationen kann ein Fokus auf die interne Entwicklung von Mitarbeitern erwartet werden, sowie Anstrengungen um das Commitment zu der sozialen Mission und zu den Werten zu erhalten.
- **Strategisches Personalmanagement** zeichnet sich durch eine hohe strategische Orientierung aus, weist aber eine geringe Orientierung an den Humanressourcen auf. Es werden selektive Investitionen in Humankapital getätigt und es wird ein Fokus auf die Belohnung von messbaren Output Kriterien gelegt.
- Von einem **wertorientierten Personalmanagement** kann dann gesprochen werden, wenn das Personalmanagement sowohl einen hohen Grad an strategischer Orientierung als auch einen hohen Grad an Humanressourcenorientierung aufweist. Das Personalmanagement wird hier von den zentralen Werten der Non-Profit-Organisation und den Bedürfnissen der Mitarbeiter bestimmt und daran ausgerichtet.

In einer multiplen Case Study, welche zehn Organisationen des Sozial- und Gesundheitswesens umfasst, finden Ridder et al. (2012) empirische Evidenz für die vier theoretisch abgegrenzten Typologien. Sie nehmen in ihr Modell auch die Annahme auf, dass Personalmanagementsysteme über die HR Outcomes einen indirekten Einfluss auf die Leistung der Organisation nehmen. Zu den HR Outcomes können z. B. Mitarbeitermotivation, Wissen und Fähigkeiten gezählt werden (Ridder et al., 2012, S. 615).

Ridder und Baluch (2019) betonen, dass es nicht einen idealen Typus eines Personalmanagementsystems gibt, das von allen Organisationen anzustreben ist (Ridder & Baluch, 2019, S. 110). Das Modell versucht zu erklären, welchen unterschiedlichen Beitrag, Personalmanagementsysteme bei der Erreichung von Mitarbeiter- und Leistungszielen leisten können (Baluch & Ridder, 2020, S. 4). Beispielsweise verwenden Walk et al. (2014) diesen analytischen Rahmen, um die Wahrnehmung von Personalpraktiken in einer Organisation der freien Wohlfahrtspflege in Deutschland zu untersuchen. Sie erweitern das Modell um externe Einflussfaktoren, welche sich zusammensetzen aus der politischen Umwelt und Veränderungen im Angebot an Arbeitskräften.

Anwendungs- und Wiederholungsfragen Kap. 3

1. Welche Funktionen haben theoretische und konzeptionelle Ansätze des Personalmanagements im Allgemeinen?
2. Worin unterscheiden sich verhaltenswissenschaftliche und ökonomische Ansätze des Personalmanagements? Welche Denkschule scheint Ihrer Meinung nach für Non-Profit-Organisationen geeignet?
3. Wie kann der Ansatz des Nudgings im Rahmen des Personalmanagements genutzt werden?
4. Was versteht man unter einem vertikalen und einem horizontalen Fit des Strategischen Ansatzes?

Literatur

Akingbola, K. (2013). A model of strategic nonprofit human resource management. *Voluntas, 24*, 214–240. https://doi.org/10.1007/s11266-012-9286-9.

Backes-Gellner, U., & Wolff, B. (2001). Personalmanagement. In P.-J. Jost (Hrsg.), *Die Prinzipal-Agenten-Theorie in der Betriebswirtschaftslehre* (S. 395–437). Schäffer-Poeschel.

Baluch, A. M., & Ridder, H.-G. (2020). Mapping the research landscape of strategic human resource management in nonprofit organizations: A systematic review and avenues for future research. *Nonprofit and Voluntary Sector Quarterly, 50*(3), 1–28. https://doi.org/10.1177/0899764020939653.

Barney, J. B. (1991). Firm resources and sustained competitive advantage. *Journal of Management, 17*(1), 99–120. https://doi.org/10.1177/2F014920639101700108.

Barragato, C. A. (2002). Linking for-profit and nonprofit executive compensation: Salary composition and incentive structures in the U.S. hospital industry. *Voluntas: International Journal of Voluntary and Nonprofit Organizations, 13*(3), 301–311.

Becker, G. S. (1962). Investment in human capital: A theoretical analysis. *Journal of Political Economy, 70*(5), 9–49.

Becker, M. (2019). *Personalentwicklung* (6. Aufl.). Schäffer-Poeschel.

Ben-Ner, A., Ren, T., & Paulson, D. F. (2011). A sectoral comparison of wage levels and wage inequality in human services industries. *Nonprofit and Voluntary Sector Quarterly, 40*(4), 608–633. https://doi.org/10.1177/2F0899764010365012.

Bernstein, R., Buse, K., & Bilimoria, D. (2016). Revisiting agency and stewardship theories. Perspectives from nonprofit board chairs and CEOs. *Nonprofit Management & Leadership, 26*(4), 489–498. https://doi.org/10.1002/nml.21199.

Bidder, B. (2017). Die Ökonomie des inneren Schweinehunds. *Spiegel Wirtschaft*. https://www.spiegel.de/wirtschaft/richard-h-thaler-das-ist-der-nobelpreistraeger-fuer-wirtschaft-a-1172092.html. Zugegriffen am 30.11.2021.

Cornforth, C., & Brown, W. A. (2014). *Nonprofit governance: Innovative perspectives and approaches* (1. Aufl.). Routledge.

Davis, J. H., Schoorman, F. D., & Donaldson, L. (1997). Toward a stewardship theory of management. *Academy of Management Review, 22*(1), 20–47.

Deutsches Zentralinstitut für soziale Fragen. (2021). *DZI Leitlinien Spenden-Siegel*. https://www.dzi.de/wp-content/pdfs_DZI/DZI-SpS-Leitlinien_2019.pdf. Zugegriffen am 30.11.2021.

Ebers, M., & Gotsch, W. (2019). Institutionenökonomische Theorien der Organisation. In A. Kieser, M. Ebers, & Mark (Hrsg.), *Organisationstheorien* (8. Aufl., S. 196–257). Kohlhammer.

Fama, E. F., & Jensen, M. C. (1983). Separation of ownership and control. *Journal of Law and Economics, 26*(2), 301–325.

FitzRoy, F., & Kraft, K. (2004). Co-determination, efficiency and productivity. *British Journal of Industrial Relations, 43*(2), 233–247.

Franz, W. (2013). *Arbeitsmarktökonomik* (8. Aufl.). Springer Gabler.

Frey, B. S. (1997). On the relationship between intrinsic and extrinsic work motivation. *International Journal of Industrial Organization, 15*(4), 427–439.

Furubotn, E. G., & Pejovich, S. (1972). Property rights and economic theory: A survey of recent literature. *Journal of Economic Literature, 10*(4), 1137–1162.

Gray, S. R., & Benson, P. G. (2003). Determinants of executive compensation in small business development centers. *Nonprofit Management & Leadership, 13*(3), 213–227.

Handy, F., & Katz, E. (1998). The wage differential between nonprofit institutions and corporations: Getting more by paying less? *Journal of Comparative Economics, 26*(2), 246–261.

Hansch, J. (2012). Die Kosten der Unternehmenskontrolle in Deutschland und den USA. Eine Analyse *der Corporate-Governance-Regelungen auf Basis der Prinzipal-Agenten-Theorie* (Edition KWV). Springer Fachmedien.

Hansch, J. (2021). *Corporate Governance für internationale Konzerne*. Springer Gabler.

Hirschman, A. O. (1970). *Exit, voice, and loyalty: Responses to decline in firms, organizations, and states*. Harvard University Press.

Jensen, M. C., & Meckling, W. H. (1976). Theory of the firm: Managerial behavior, agency costs and ownership structure. *Journal of Financial Economics, 3*(4), 305–360. https://doi.org/10.1016/0304-405X(76)90026-X.

Jensen, M. C., & Meckling, W. H. (1979). Rights and production functions: An application to labor-managed firms and codetermination. *Journal of Business, 52*(4), 469–506.

Junkes, J., & Sadowski, D. (1999). Mitbestimmung im Aufsichtsrat: Steigerung der Effizienz oder Ausdünnung von Verfügungsrechten? In B. Frick (Hrsg.), *Die wirtschaftlichen Folgen der Mitbestimmung* (S. 52–89). Campus.

March, J. G., & Simon, H. A. (1958). *Organizations*. Wiley.

Meyer, M., & Maier, F. (2012). Corporate Governance in Non-Profit Organisationen. Verständnisse und Entwicklungsperspektiven. *Zeitschrift für Wirtschafts- und Unternehmensethik, 13*(1), 9–21.

Nikolova, M. (2014). Principals and agents: An investigation of executive compensation in human service nonprofits. *Voluntas, 25*, 679–706. https://doi.org/10.1007/s11266-013-9358-5.

NobelPrize. (2017). *Richard H. Thaler. Facts*. https://www.nobelprize.org/prizes/economic-sciences/2017/thaler/facts/. Zugegriffen am 03.03.2022.

Oechsler, W. A., & Paul, C. (2019). *Personal und Arbeit. Einführung in das Personalmanagement* (11. Aufl.). de Gruyter Oldenbourg.

Penrose, E. T. (1959). *The theory of the growth of the firm*. Wiley.

Richter, R. (1991). Institutionenökonomische Aspekte der Theorie der Unternehmung. In D. Ordelheide, B. Rudolph, E. Büsselmann & E. (Hrsg.), *Betriebswirtschaftslehre und ökonomische Theorie* (S. 395–429). Poeschel Verlag.

Ridder, H.-G., & Baluch, A. (2019). Human Resource Management in NPOs. Innovation und Voraussetzung für Innovationsfähigkeit. In B. Becher & I. Hasted (Hrsg.), *Innovative Unternehmen der Sozial- und Gesundheitswirtschaft. Herausforderungen und Gestaltungserfordernisse* (S. 97–115). Springer Fachmedien.

Ridder, H.-G., & McCandless, A. (2010). Influences on the architecture of human resource management in nonprofit organizations: An analytical framework. *Nonprofit and Voluntary Sector Quarterly, 39*(1), 124–141.

Ridder, H.-G., Piening, E. P., & McCandless Baluch, A. (2012). The third way reconfigured: How and why nonprofit organizations are shifting their human resource management. *Voluntas, 23*, 605–635. https://doi.org/10.1007/s11266-011-9219-z.

Scherm, E., & Pietsch, G. (2007). *Organisation: Theorie, Gestaltung, Wandel*. Oldenbourg Wissenschaftsverlag.

Schuler, R. S., & Jackson, S. E. (2005). A quarter-century review of human resource management in the US: The growth in importance of the international perspective. *Management Revue, 16*(1), 11–35.

Staehle, W. (1989). Human Resource Management und Unternehmensstrategie. *Mitteilungen aus der Arbeitsmarkt- und Berufsforschung, 22*, 388–396.

Steinmann, H., Schreyögg, G., & Koch, J. (2013). *Management. Grundlagen der Unternehmensführung. Konzepte – Funktionen – Fallstudien*. Springer Gabler.

Süß, S. (2004). Weitere 10 Jahre später: Verhaltenswissenschaften und Ökonomik. Eine Chance für die Personalwirtschaftslehre. *Zeitschrift für Personalforschung, 18*(2), 222–242.

Süß, S., & Altmann, S. (2015). Verhaltenswissenschaften und Ökonomik! Empirische Ausrichtung und Internationalisierung der Personalwirtschaftslehre. *Die Betriebswirtschaft, 75*(1), 3–20.

Thaler, R. (2017). *Transcript from an interview with Richard H. Thaler*. https://www.nobelprize.org/prizes/economic-sciences/2017/thaler/159673-richard-thaler-interview-transcript/. Zugegriffen am 03.03.2022.

Tichy, N. M., Fombrun, C. J., & Devanna, M. A. (1982). Strategic human resource management. *Sloan Management Review*, 47–60.

Tichy, N. M., Fombrun, C. J., & Devanna, M. A. (1984). The organizational context of strategic human resource management. In C. J. Fombrun, N. M. Tichy & M. A. Devanna (Hrsg.), *Strategic human resource management* (S. 19–31). Wiley.

Walk, M., Schinnenburg, H., & Handy, F. (2014). Missing in action: Strategic human resource management in German nonprofits. *VOLUNTAS: International Journal of Voluntary and Nonprofit Organizations, 25*(4), 991–1021. https://doi.org/10.1007/s11266-013-9380-7.

Werder, V. (2009). Ökonomische Grundfragen der Corporate Governance. In P. Hommelhoff, K. J. Hopt & A. von Werder (Hrsg.), *Handbuch Corporate Governance. Leitung und Überwachung börsennotierter Unternehmen in der Rechts- und Wirtschaftspraxis* (S. 3–38). Schäffer Poeschel.

Wernerfelt, B. (1984). A resource-based view of the firm. *Strategic Management Journal, 5*(2), 171–180.

Williamson, O. E. (1985). *The economic institutions of capitalism*. Free Press.

Wolf, J. (2020). *Organisation, Management, Unternehmensführung. Theorien, Praxisbeispiele und Kritik* (6. Aufl.). Springer Gabler.

Wright, P. M., & McMahan, G. C. (1992). Theoretical perspectives for strategic human resource management. *Journal of Management, 18*(2), 295–320.

Personalbedarfsplanung 4

> **Zusammenfassung**
>
> Kapitel 4 beschreibt zunächst die Grundlagen der Personalbedarfsplanung. Es werden die Zielsetzungen der Personalplanung und die Besonderheiten von Non-Profit-Organisationen in Bezug auf die Personalplanung beschrieben. Mögliche Mitspracherechte der Mitarbeitervertretungen werden differenziert dargestellt. Anhand von ausgewählten Anwendungsbereichen werden die Spezifika von Non-Profit-Organisationen hinsichtlich der quantitativen und qualitativen Komponente der Personalplanung erläutert. Dabei müssen auch rechtliche Vorgaben eine Beachtung finden.

4.1 Personalbedarfsplanung

4.1.1 Grundlagen der Personalbedarfsplanung

Im Rahmen der Personalbedarfsplanung wird ermittelt, welche personellen Bedarfe sich in einem bestimmten Planungszeitraum für die Organisation ergeben. Es geht um die Frage,

- wieviel Personal,
- mit welcher Qualifikation,
- an welchem Ort,
- zu welchem Zeitpunkt benötigt wird.

Dabei bestehen für Non-Profit-Organisationen im Rahmen der Personalbedarfsplanung unterschiedliche Zielsetzungen:

- **Sicherstellung des Personals in quantitativer und qualitativer Hinsicht**: Es soll weder zu einer Über- noch zu einer Unterdeckung kommen. Bei einer Überdeckung kommt es zu Personalkosten, welche durch die Erlösseite nicht gegenfinanziert werden können. Eine personelle Unterdeckung kann zum einen dazu führen, dass eine Leistung nicht oder nicht vollständig erbracht werden kann. So könnte es im Bereich der Kindertagesbetreuung dazu kommen, dass Betreuungszeiten verkürzt oder sogar ganze Gruppen geschlossen werden müssen, da nicht ausreichend Personal vorhanden ist. Zum anderen kann sich eine zu dünne Personaldecke auf die Arbeitsbelastung und damit auf die Arbeitszufriedenheit der Mitarbeiter auswirken.
- **Abstimmungsfunktion mit anderen Teilplanungen**: Dies gilt sowohl für die Abstimmung mit der Organisationsplanung als auch für die Abstimmung mit den anderen personellen Teilplanungen. Hier geht es zum einen um die Frage, welche Leistungen von der Organisation in Zukunft erbracht werden sollen und welches Personal hierfür notwendig ist. Zum anderen geht es um die Abstimmung zwischen Personalplanung und zum Beispiel der Personalbeschaffung, welche für die Gewinnung von Personal notwendig wäre.
- **Sicherung der Wirtschaftlichkeit der Non-Profit-Organisation**: Auch wenn Non-Profit-Organisationen von einer Nicht-Gewinnorientierung geprägt sind, so ist die Non-Profit-Organisation dennoch gefordert, die vorhandenen finanziellen Ressourcen wirtschaftlich einzusetzen, um dem gestiegenen Anspruch nach Effizienz gerecht zu werden.

Während aus Organisationssicht die Aspekte der Flexibilität und der Wirtschaftlichkeit eine große Rolle spielen, möchten Mitarbeiter eine Planungssicherheit bzgl. ihrer Beschäftigung haben. Hat eine Organisation beispielsweise in manchen Fällen ein Interesse daran, befristete Beschäftigungsverhältnisse einzusetzen, um ihre personellen Bedarfe zu decken (z. B. aufgrund zeitlich befristeter finanzieller Mittel), so möchte der einzelne Mitarbeiter doch eine Planungs- und Beschäftigungssicherheit durch einen unbefristeten Arbeitsvertrag haben. Gerade in Zeiten des Fachkräftemangels und der damit verbundenen hohen Bedeutung von Arbeitgeberattraktivität sollte dieser Aspekt von Organisationen nicht unterschätzt werden.

Für Non-Profit-Organisationen ergeben sich aufgrund ihrer besonderen Personalstruktur und ihren Aufgaben zusätzliche Herausforderungen in Bezug auf die Personalbedarfsplanung:

- Non-Profit-Organisationen im Bereich Soziales und Gesundheit müssen Dienstleistungen häufig rund um die Uhr erbringen. Dementsprechend müssen Mitarbeiter auch nachts und am Wochenende verfügbar sein und in Schichtdiensten arbeiten. Dies gilt insbesondere für den Bereich der Pflege, für Krankenhäuser und für Einrichtungen des betreuten Wohnens im Bereich Behindertenhilfe und Jugendhilfe.

4.1 Personalbedarfsplanung

- Diese Herausforderung der Schichtplanung wird verschärft durch die besondere Personalstruktur in vielen Non-Profit-Organisationen. Viele Mitarbeiter arbeiten in Teilzeit mit dem Ziel einer Vereinbarkeit von Familie und Beruf. Diesen Wunsch gilt es mit einer entsprechenden Personalplanung in Einklang zu bringen.
- Non-Profit-Organisationen setzen stark auf das Engagement von freiwillig Engagierten. Auch deren personelle Kapazität und Verfügbarkeit muss beachtet werden.

Beim Prozess der Personalplanung geht es um die Ermittlung des Personalbedarfs und der Ableitung von weiteren Planungsschritten.

Zunächst muss der Bruttopersonalbedarf berechnet werden. Dieser setzt sich zusammen aus einem Einsatzbedarf und einem Reservebedarf (Abb. 4.1). Um den Einsatzbedarf berechnen zu können, muss klar sein, welches Leistungsangebot von der Organisation im Planungszeitraum erbracht werden soll. Dabei sind interne und externe Einflussfaktoren zu berücksichtigen (Oechsler & Paul, 2019, S. 186 f.). Intern geht es insbesondere um die Frage der Gesamtorganisationsplanung, d. h. welche Leistungen sollen von der Organisation erbracht werden. Soll das bestehende Leistungsangebot so beibehalten werden, ausgeweitet oder reduziert werden. Externe Rahmenbedingungen beinhalten die Marktbedingungen (z. B. Nachfrage nach Leistungen, Konkurrenzangebot) sowie die Veränderung von rechtlichen Rahmenbedingungen. Der Reservebedarf ergibt sich aus Fehlzeiten, Urlaub oder dem Zeitbedarf für Fort- und Weiterbildungen.

Dabei ist zu beachten, dass manche Berufsgruppen im Sozial- und Gesundheitsbereich überdurchschnittlich hohe Fehlzeiten aufweisen. Dies gilt beispielsweise für Berufe in der Altenpflege (WIdO, 2019). Bei der Berechnung des Bruttopersonalbedarfs müssen diese berufsgruppenspezifischen Durchschnittswerte Beachtung finden.

Zur Bestimmung des Nettopersonalbedarfs bedarf es der Bestimmung des Personalbestandes bzw. des prognostizierten Personalbestandes zu einem bestimmten Zeitpunkt.

Abb. 4.1 Zusammensetzung des Bruttopersonalbedarfs. (Quelle: Eigene Darstellung)

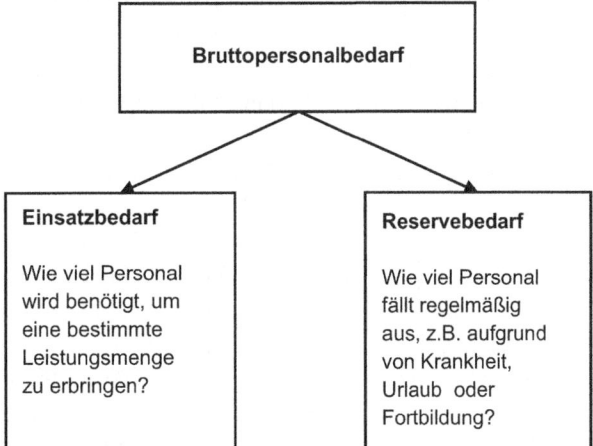

Abb. 4.2 Berechnung des Nettopersonalbedarfs. (Quelle: Eigene Darstellung)

```
Bruttopersonalbedarf (T1)
- Personalbestand (T0)
- Zugänge (T0 → T1)
+ Abgänge (T0 → T1)
= Nettopersonalbedarf (T1)
```

Mögliche Implikationen für:
- Personalbeschaffung
- Personalfreisetzung
- Personalentwicklung

Hier sind Zu- und Abgänge zu beachten. Das grundlegende Berechnungsschema für den Nettopersonalbedarf ist in Abb. 4.2 dargestellt.

> **Übungsaufgabe: Berechnung des Nettopersonalbedarfs für ein Kinderhaus**
>
> Ein Kinderhaus eines freigemeinnützigen Trägers besteht aus vier Kindergartengruppen und zwei Krippengruppen. In drei Kindergartengruppen besteht jeweils ein Bedarf an drei Erzieherinnen. Die vierte Gruppe stellt eine Integrationsgruppe dar, hier beträgt der Personalbedarf 4 Erzieherinnen. In den beiden Krippengruppen besteht ein Bedarf von jeweils 2 Erzieherinnen. Im nächsten Jahr wird eine weitere Gruppe in der Kinderkrippe eröffnet, welche einen Bedarf von 2 Erzieherinnen hat. Aktuell sind in dem Kinderhaus 17 Erzieherinnen beschäftigt und eine Praktikantin. Eine Erzieherin wird Ende des Jahres in Mutterschutz gehen und plant 12 Monate in Elternzeit zu gehen. Die Praktikantin wird Ende des Jahres ihre Ausbildung abschließen und wird dann als voll ausgebildete Erzieherin ihre Arbeit im Kinderhaus aufnehmen. Eine Erzieherin wird Ende dieses Jahres in den Ruhestand gehen. Im letzten Jahr war eine Erzieherin im Schnitt 19 Arbeitstage (bei 250 potenziellen Arbeitstagen) krankgeschrieben. Eine Erzieherin in der betrachteten Einrichtung hat Anspruch auf 30 Tage bezahlten Urlaub, davon entfallen 20 Tage auf festgelegte Schließtage.
> *Wie hoch ist der Nettopersonalbedarf im nächsten Jahr?* ◀

Aus der Differenz zwischen Bruttopersonalbedarfs zu einem bestimmen Planungszeitpunkt und dem dafür prognostizierten Personalbestand ergibt sich der Nettopersonalbedarf (Oechsler & Paul, 2019, S. 189). Der Nettopersonalbedarf bildet die Entscheidungsgrundlage für die weitere personelle Folgeplanung:

- Negativer Nettopersonalbedarf: Der Personalbestand muss reduziert werden. Möglichkeiten neben einer betriebsbedingten Kündigung als ultima-ratio Mittel sind sogenannte „sanfte Maßnahmen der Personalfreisetzung". Dies meint die Nichtverlängerung von befristeten Arbeitsverträgen oder die Nicht-Nachbesetzung von frei werdenden Stellen durch Personalaustritte. Möglich sind auch Versetzungen in andere Organisationsbereiche.
- Positiver Nettopersonalbedarf: Der Personalbestand muss erhöht werden. Dies kann erfolgen durch externe Personalbeschaffungsmaßnahmen, interne Versetzungen, evtl. verbunden mit geeigneten Entwicklungsmaßnahmen. Bei internen Versetzungen ist allerdings zu beachten, dass der Personalbedarf bzw. eine Vakanz nur verschoben wird und dadurch gegebenenfalls an anderer Stelle ein neuer Personalbedarf generiert wird.
- Begleitet werden die Teilplanungen der Personalbeschaffungsplanung, der Personalentwicklungsplanung, der Personaleinsatzplanung und der Personalfreisetzungsplanung von der Personalkostenplanung.

Tab. 4.1 gibt einen Überblick über die zentralen Fragestellungen, mit denen sich die einzelnen personellen Teilplanungen beschäftigten. Dabei werden auch Interdependenzen zwischen den einzelnen personellen Teilplanungen deutlich.

Tab. 4.1 Zentrale Fragestellungen der personellen Teilplanungen

Teilplanung	Zentrale Fragestellungen
Personalbeschaffungsplanung	• Wie viel Personal mit welchen Qualifikationen muss in Zukunft eingestellt werden? • Wieviel Freiwillige müssen angeworben werden? • Welches Image hat die Organisation auf dem Arbeitsmarkt? • Wie knapp ist das benötigte Personal auf dem Arbeitsmarkt?
Personalentwicklungsplanung	• Welche Berufe sollen ausgebildet werden? • Welche Qualifikationsanforderungen stellen sich an das Personal? • Welche Weiterbildungsangebote werden benötigt?
Personaleinsatzplanung	• Welche Zeiträume müssen personell abgedeckt werden? • Welche Einschränkungen gibt es bei der Einsatzplanung in persönlicher und rechtlicher Hinsicht? • Wie können Personalbedarfe durch den Einsatz von Personal an unterschiedlichen Arbeitsorten ausgeglichen werden?
Personalfreisetzungsplanung	• In welchen Bereichen besteht ein personeller Überhang? • Wie kann eine Personalüberdeckung durch interne Versetzungen ausgeglichen werden?
Personalkostenplanung	• Wie werden sich die personellen Kosten in der Zukunft entwickeln? • Welche Personalkosten im engeren und weiteren Sinne muss die Organisation tragen?

4.1.2 Rechte der Mitarbeitervertretung im Rahmen der Personalplanung

Der Betriebsrat hat bei der Personalplanung Mitwirkungs- und Mitbestimmungsrechte (Tab. 4.2). § 92 BetrVG räumt dem Betriebsrat ein Informations-, Vorschlags- und Beratungsrecht ein. Bei den aus der Personalplanung resultierenden Maßnahmen hat der Betriebsrat weitergehende Mitbestimmungsrechte. Dies gilt zum Beispiel für die Beschaffungs- und Freisetzungsplanung (z. B. interne Stellenausschreibung, Personalfragebögen, Auswahlrichtlinien), die Personalentwicklungsplanung und Durchführung von Maßnahmen der Personalentwicklung sowie die Einstellung und Freisetzung von Mitarbeitern. Zudem sind Informationsrechte zu beachten, wenn ein Wirtschaftsausschuss zu bilden ist.

In Tendenzbetrieben findet keine Einschränkung der Mitbestimmung hinsichtlich der Personalplanung statt („tendenzfreie Maßnahme"). Bei den sich aus der Personalplanung ergebenden Folgeschritten (Einstellung, Kündigung, Entwicklung) sind allerdings Einschränkungen zu beachten, wenn es sich um einen Tendenzträger handelt (vgl. dazu auch Abschn. 2.3.1).

Auch das Mitarbeitervertretungsrecht der katholischen und evangelischen Kirche legt Rechte im Rahmen der Personalplanung fest. Wie auch beim Betriebsverfassungsgesetz ist zu beachten, dass ein etwaiger Wirtschaftsausschuss zu beachten ist (s. Tab. 4.3).

Insgesamt betrachtet, legen sowohl das Betriebsverfassungsgesetz als auch die Mitarbeitervertretungsordnungen Rechte im Bereich der Mitwirkung fest.

Tab. 4.2 Mitbestimmungsrechte des Betriebsrates bei der Personalplanung

Betriebsverfassungsgesetz	Sachverhalt
§ 92 (1)	Informationspflicht des Arbeitgebers gegenüber dem Betriebsrat anhand von Unterlagen Beratungsrecht des Betriebsrates über Art und Umfang der erforderlichen Maßnahmen und über die Vermeidung von Härten
§ 92 (2)	Vorschlagsrecht für die Einführung und Durchführung einer Personalplanung
§ 92 a	Vorschlagsrecht zur Sicherung und Förderung der Beschäftigten Verstärkte Beratungspflicht
§ 106 (1)	Bildung eines Wirtschaftsausschusses in Unternehmen mit mehr als 100 Mitarbeitern
§ 106 (2)	Rechtzeitige und umfassende Unterrichtung des Wirtschaftsausschusses über die wirtschaftlichen Angelegenheiten und die sich daraus ergebenden Auswirkungen auf die Personalplanung

Tab. 4.3 Rechte der Mitarbeitervertretung in der evangelischen und katholischen Kirche

MAVO (Katholische Kirche)	
§ 27 a	Informationspflicht gegenüber der Mitarbeitervertretung in Einrichtungen mit mehr als 50 Mitarbeitern (und bei best. Voraussetzungen hinsichtlich der Finanzierung) über die wirtschaftlichen Angelegenheiten und der sich daraus ergebenden Auswirkungen auf die Personalplanung.
§ 27 b	Informationspflicht gegenüber dem Wirtschaftsausschuss (Einrichtungen mit mehr als 100 Mitarbeitern und bei best. Voraussetzungen hinsichtl. der Finanzierung) bezüglich der Auswirkung wirtschaftlicher Angelegenheiten auf die Personalplanung.
MVG-EKD (Evangelische Kirche)	
§ 23 a	Bildung eines Ausschusses für Wirtschaftsfragen kann beschlossen werden (in rechtlich selbstständigen Einrichtungen der Diakonie mit mehr als 150 Mitarbeitern). Dieser Ausschuss hat die Aufgabe, die Mitarbeitervertretungen über wirtschaftliche Angelegenheiten zu unterrichten. Die Dienststellenleitung hat diesen Ausschuss über wirtschaftliche Angelegenheiten und der sich daraus ergebenden Konsequenzen für die Personalplanung rechtzeitig und umfassend zu unterrichten.
§ 34 (2) Satz 1	Dienstellenleitung hat die Mitarbeitervertretung einmal im Jahr über die Personalplanung, insbesondere über den gegenwärtigen und zukünftigen Personalbedarf zu unterrichten.
§ 34 (2) Satz 1	In rechtlich selbstständigen Einrichtungen der Diakonie mit mehr als 150 Mitarbeitern bestehen weitere Informationspflichten hinsichtlich der Personalplanung, z. B. über die Aufstellung und Änderung des Stellenplanentwurfs oder Rationalisierungsvorhaben.

4.2 Ausgewählte Bereiche mit Besonderheiten in NPOs

Im Rahmen der Personalbedarfsplanung sind bei Non-Profit-Organisationen im Bereich des Sozial- und Gesundheitswesen teilweise spezielle Regelungen zu beachten, sowohl was die quantitative als auch die qualitative Dimension der Personalbedarfsplanung angeht. Dies gilt zum Beispiel für die Bereiche der Pflege, der Krankenhäuser und der Kindertagesbetreuung. Im Folgenden sollen diese drei Bereiche beleuchtet werden. Zu betonen ist hier, dass die rechtlichen Regelungen einer dynamischen Veränderung unterliegen, welche auch durch die kontinuierliche gesellschaftliche und politische Diskussion zum Thema Pflege, Gesundheit und Kindertagesbetreuung geprägt wird.

4.2.1 Personalbemessung in der Pflege

Die Begriffe Personalrichtwerte, Personalschlüssel und Pflegeschlüssel werden häufig synonym verwendet. Sie beschreiben das Verhältnis von Mitarbeiter zu Bewohner und zeigen an, auf wie viele Pflegebedürftige eine Vollzeitkraft kommt (Wipp & Sausen, 2018, S. 216 und 432). Die Pflegeschlüssel werden dabei differenziert nach Pflegegraden festgelegt. Durch das Pflegestärkungsgesetz II wurden die bisher bestehenden drei Pflegestufen

Tab. 4.4 Bayernweiter Referenzpersonalschlüssel für die allgemeine Pflege und die gerontopsychiatrische Pflege. (Quelle: Bayerischer Landtag, 2018)

Pflegegrad	Pflegepersonalschlüssel Bayern
1	1 : 6,70 = 0,15
2	1 : 3,71 = 0,27
3	1 : 2,60 = 0,38
4	1 : 1,98 = 0,51
5	1 : 1,79 = 0,56

durch fünf Pflegegrade ersetzt. Diese Pflegegrade finden sich nun auch in der Berechnung der Pflegeschlüssel wieder.

Tab. 4.4 gibt einen Überblick über die bayernweiten Referenzpersonalschlüssel im Jahr 2017 (Bayerischer Landtag, 2018). Ein höherer Pflegegrad geht mit einem erhöhten Personalbedarf und damit mit einem höheren Pflegepersonalschlüssel einher.

Eine ausreichende Personalausstattung bildet die Grundlage für eine gute Pflege und für motivierte Pflegekräfte (Bundesministerium für Gesundheit, 2019, S. 44). Die Ergebnisse internationaler Forschungsarbeiten zeigen einen Zusammenhang zwischen Personalmenge und Pflegequalität (für einen Überblick und weiterführende Quellen siehe Rothgang, 2020, S. 31).

Bisher ist es in Deutschland nicht einheitlich geregelt, wie viel Personal in Pflegeheimen notwendig ist und über welche Qualifikation dieses Personal verfügen muss. Das bedeutet, weder die quantitative noch die qualitative Dimension der Personalbedarfsplanung sind bundesweit klar geregelt. Es existieren keine vereinheitlichten Personalrichtwerte für das Pflegepersonal. Personalrichtwerte und Personalschlüssel werden in Rahmenverträgen auf Länderebene geregelt; dabei unterscheiden sich diese Werte zwischen den Bundesländern deutlich (Rothgang & Wagner, 2019). Ein einheitliches Personalbemessungsinstrument, das bundesweit gilt, ist ein Regelungsschwerpunkt des Pflegestärkungsgesetzes II. Mit dem Pflegestärkungsgesetz II legt der Gesetzgeber fest, dass die Selbstverwaltung bis Juni 2020 ein wissenschaftlich fundiertes Verfahren zur einheitlichen Bemessung des Personalbedarfs in Pflegeeinrichtungen zu entwickeln und zu erproben hat (§ 113c SGB XI).

Dieser Auftrag ging an die Universität Bremen. Als Ergebnis dieses Projektes wird für den vollstationären und teilstationären Pflegebereich ein Personalbemessungsinstrument vorgelegt. Dieses Instrument wird als Algorithmus 1.0 beschrieben. Mit diesem Instrument soll der Personalbedarf differenziert nach Qualifikationsniveaus ausgewiesen werden. Eine wissenschaftliche Empfehlung für die Einführung dieses Instruments wird nur für den vollstationären, nicht aber für den teilstationären Pflegebereich ausgesprochen (Rothgang, 2020). Inwiefern es zu einer tatsächlichen Umsetzung dieses Instruments in der Praxis kommen wird, bleibt abzuwarten.

4.2.2 Personalbedarfsermittlung im Krankenhaus

Bei der quantitativen Personalbedarfsplanung kann im Krankenhaus auf unterschiedliche Ansätze zurückgegriffen werden (Cording-de Vries, 2019, S. 140). Diese Ansätze der quantitativen Personalbedarfsplanung (Cording-de Vries, 2019, S. 140 ff.) werden im Folgenden kurz zusammengefasst.

Bei den **Kennzahlenverfahren** wird die Arbeitsmenge bzw. der benötigte Zeitaufwand pro Leistung gemessen und als Grundlage für die Personalbedarfsplanung verwendet (Cording-de Vries, 2019, S. 140). Als Beispiel kann hier das Pflegepersonalbedarfsbemessungsinstrument (PPR 2.0) genannt werden. Dieses Instrument wurde gemeinsam von der Deutschen Krankenhausgesellschaft, dem Deutschen Pflegerat und der Dienstleistungsgewerkschaft ver.di entwickelt. Durch die Einstufung von Patienten können Zeitwerte pro Patient berechnet werden. Diese Minutenwerte werden dann zur Bemessung des Bedarfs an Pflegepersonal für die unmittelbare Patientenversorgung herangezogen (Deutsche Krankenhausgesellschaft, 2020).

Bei der **Leistungseinheitsrechnung** wird das Verhältnis zwischen Leistungsergebnis und der Leistungsfähigkeit pro Mitarbeiter zugrunde gelegt (z. B. X Patienten pro Pflegekraft) (Naegler, 2014, S. 110).

Die **Arbeitsplatz-Methode** geht davon aus, dass zur Erfüllung einer Aufgabe die Anwesenheit am Arbeitsplatz erforderlich ist (z. B. Krankenhauspforte). Darauf basierend kann dann anhand der Arbeitstage und Arbeitszeit sowie der Schichtenanzahl der Personalbedarf bzw. die Stellenanzahl berechnet werden (Cording-de Vries, 2019, S. 141).

Bei der **Erlösorientierten Methode** bildet das verfügbare Personalbudget den Ausgangspunkt (Cording-de Vries, 2019, S. 141 f.). Mit § 17b des Krankenhausfinanzierungsgesetzes wurde für die deutschen Krankenhäuser ein durchgängiges, leistungsorientiertes und pauschalierendes Vergütungssystem eingeführt. Jeder stationäre Fall wird anhand einer DRG-Fallpauschale vergütet (InEK GmbH, 2021). Das verfügbare Personalbudget kann anhand der Kalkulationsdaten des Instituts für die Entgeltkalkulation im Krankenhaus (InEK) ermittelt werden (Cording-de Vries, 2019, S. 141 f.). Auch wenn die Betrachtung der Erlösseite als Grundlage der Personalplanung nicht unumstritten ist, so muss dennoch festgehalten werden, dass die Erlöse eines Krankenhauses die Obergrenze für die Kosten darstellen (Naegler, 2014, S. 111).

Weiterhin bestehen seit 2019 für pflegesensitive Bereiche im Krankenhaus Personaluntergrenzen. Hier wird sowohl die quantitative als auch die qualitative Personalausstattung geregelt. Zu diesen pflegesensitiven Bereichen gehören beispielsweise die Intensivmedizin, die Geriatrie, die Kardiologie sowie die Neurologische Frührehabilitation und Pädiatrie. Für diese Bereiche werden sowohl Personaluntergrenzen (als Verhältnis von Patienten zu einer Pflegekraft) festgelegt als auch Höchstanteile von Pflegehilfskräften, damit ausreichend qualifiziertes Personal zur Verfügung steht. Zur Sicherstellung der Einhaltung dieser Personaluntergrenzen sind die Krankenhäuser verpflichtet, für die einzelnen Monate

Durchschnittswerte zu ermitteln. Dabei muss zwischen verschiedenen Stationen und Schichten differenziert werden. Die Einhaltung der Untergrenzen muss von unabhängigen Prüfern bestätigt werden. Halten sich Krankenhäuser nicht an die Vorgaben, müssen sie Vergütungsabschläge hinnehmen (Bundesgesundheitsministerium, 2021).

4.2.3 Personelle Anforderungen in der Kindertagesbetreuung

Bei der Personalplanung im Bereich der Kindertagesbetreuung ist eine quantitative und eine qualitative Komponente zu berücksichtigen. Regelungen hierzu werden von den einzelnen Bundesländern getroffen. Nachfolgend sollen beispielhaft die Regelungen für Bayern dargestellt werden.

▶ **Definition** Anstellungsschlüssel = 1: (Summe gewichtete Buchungsstunden aller Kinder pro Woche : Wochenarbeitsstunden Erzieherinnen)
Gewichtete Buchungsstunden = Gewichtungsfaktor × Buchungsstunden × Wochentage

Anwendung finden hier insbesondere das Bayerische Kinderbildungs- und -betreuungsgesetz (BayKiBiG) sowie die Kinderbildungsverordnung (AVBayKiBiG). Grundsätzlich gilt in Bayern nach § 17 AVBayKiBiG ein Anstellungsschlüssel von 1:11. Das bedeutet, auf 11 zu betreuende Kinder kommt eine Erzieherin. Allerdings wird über Gewichtungsfaktoren eine erhöhte Förderung für einen erhöhten Bildungs-, Erziehungs- oder Betreuungsaufwand gewährt. So werden in Art. 21 Abs. 5 BayKiBiG folgende Gewichtungsfaktoren festgelegt:

- 2,0 für Kinder unter 3 Jahren
- 1,0 für Kinder von 3 Jahren bis zum Schuleintritt
- 1,2 für Kinder ab dem Schuleintritt
- 4,5 für Kinder mit Behinderung
- 1,3 für Kinder mit Migrationshintergrund (beide Eltern nicht deutschsprachiger Herkunft)

Zudem gilt in Bayern eine Fachkraftquote von 50 Prozent für die erforderliche Arbeitszeit des pädagogischen Personals (§ 17 Abs. 2 AVBayKiBiG).

Der Personalbedarf für Kindertageseinrichtungen lässt sich anhand der gewichteten Buchungsstunden und des Anstellungsschlüssels berechnen. Dabei ist zu beachten, dass der Anstellungsschlüssel eine rechnerische Größe ist, welche die Gesamtbetreuungszeit der Kinder in Relation zur Gesamtarbeitszeit des pädagogischen Personals setzt. Die Arbeitszeit des pädagogischen Personals verteilt sich dabei auf unmittelbare (pädagogi-

4.2 Ausgewählte Bereiche mit Besonderheiten in NPOs

Tab. 4.5 Personalschlüsseln nach Gruppentypen. (Quelle: Bertelsmann Stiftung, 2021, S. 34)

	Empfohlener Personalschlüssel
Krippengruppe	3,0
Gruppe mit unter 4-jährigen	3,0
Kindergarten ab 2 Jahren	4,9
Kindergartengruppe	7,5
Altersübergreifende Gruppe	3,75

sche Arbeit mit den Kindern) und mittelbare Tätigkeiten (z. B. Vor- und Nachbereitungszeit, Besprechungen).

Tab. 4.5 gibt einen Überblick über die Personalschlüssel, die basierend auf wissenschaftlichen Standards notwendig wären, um eine kindgerechte Qualität der Betreuung anbieten zu können. Eine Studie der Bertelsmann Stiftung zeigt, dass die geforderten Rahmenbedingungen hinsichtlich der Personalschlüssel in Deutschland noch nicht erreicht werden können (Bertelsmann Stiftung, 2021, S. 10).

Übungsaufgabe

a) Ludwig ist 2,5 Jahre und wird in der Kindertagesstätte Bärenhaus betreut. Seine Buchungszeiten sind Montag bis Donnerstag von 07.30 bis 14.30 und Freitag von 08.00 bis 14.00. Berechnen Sie die gewichteten Buchungsstunden für Ludwig.

b) Das Kinderhaus Bärenhaus besteht aus drei Kindergartengruppen, in denen Kinder ab 2,5 Jahren bis zum Schuleintritt betreut werden. Die wöchentliche Arbeitszeit des Personals liegt bei 39 h. Die Öffnungszeiten sind Montag bis Donnerstag von 07.00 bis 17.00 und Freitag von 07.00 bis 16.00.

Die gewichteten Betreuungsstunden verteilen sich auf die einzelnen Gruppen wie folgt:

Gruppe „Braunbär":	720 h
Gruppe „Eisbär":	650 h
Gruppe „Schwarzbär":	600 h

Wie viel Personal wird benötigt, um den empfohlenen Anstellungsschlüssel von 1: 4,9 zu erreichen? Wie würde die Personalausstattung aussehen, wenn man den bayrischen Durchschnittsschlüssel von 1: 8,1 zugrunde legt? ◄

In der Praxis sind zudem häufig Teilzeitverträge des Personals und unterschiedlich gelagerte Buchungszeiten der Kinder bei der operativen Personalplanung zu beachten. Zudem kommt es auch im Bereich der Kindertagesbetreuung in Krankheitswellen zu vermehrten Ausfällen des Personals.

> **Wiederholungs- und Anwendungsfragen Kap. 4**
>
> 1. Beschreiben Sie Einflussfaktoren auf die Personalbedarfsplanung in Non-Profit-Organisationen.
> 2. Worin unterscheiden sich der Netto- und der Bruttopersonalbedarf?
> 3. Welche Bedeutung könnte eine gute Personalplanung für die Arbeitszufriedenheit haben?
> 4. Was versteht man unter der quantitativen und der qualitativen Komponente der Personalplanung?
> 5. Welche Implikationen ergeben sich bei einem positiven Nettopersonalbedarf für die anderen personellen Teilfunktionen?

Literatur

Bayerischer Landtag. (2018). Antwort des Staatsministeriums für Gesundheit und Pflege vom 27.11.2017 auf eine schriftliche Anfrage vom 13.10.2017. Drucksache 17/19249. http://www1.bayern.landtag.de/www/ElanTextAblage_WP17/Drucksachen/Schriftliche%20Anfragen/17_0019249.pdf. Zugegriffen am 17.10.2021.

Bertelsmann Stiftung. (2021). *Fachkräfte-Radar für KiTa und Grundschule 2021*. https://www.bertelsmann-stiftung.de/de/publikationen/publikation/did/fachkraefte-radar-fuer-kita-und-grundschule-2021-all. Zugegriffen am 01.12.2021.

Bundesgesundheitsministerium. (2019). *Konzertierte Aktion Pflege. Vereinbarungstext der Arbeitsgruppen 1 bis 5. Unter Mitarbeit von Bundesministerium für Familie, Senioren, Frauen und Jugend und Bundesministerium für Arbeit und Soziales*. Berlin. https://www.bundesgesundheitsministerium.de/fileadmin/Dateien/3_Downloads/K/Konzertierte_Aktion_Pflege/0619_KAP_Vereinbarungstexte_AG_1-5.pdf. Zugegriffen am 04.05.2021.

Bundesgesundheitsministerium. (2021). *Pflegepersonaluntergrenzen*. https://www.bundesgesundheitsministerium.de/themen/pflege/pflegepersonaluntergrenzen.html. Zugegriffen am 17.10.2021.

Cording-de Vries, F. (2019). Sachrationale Gestaltungselemente der Personalwirtschaft. In J. Oswald (Hrsg.), *Personalwirtschaft im Krankenhaus. Theorien und Gestaltungsfelder unter Einbeziehung des Arbeitsrechts* (S. 127–170). Kohlhammer.

Deutsche Krankenhausgesellschaft. (2020). *Neue Vorgaben sollen bedarfsgerechte Pflege sichern*. Pressemitteilung.https://www.dkgev.de/fileadmin/default/Mediapool/2_Themen/2.5._Personal_und_Weiterbildung/2.5.0._PPR_2.0/Gemeinsame_Pressemitteilung_Vorstellung_Pflegepersonalbedarfsbemessungsinstrument.pdf. Zugegriffen am 17.10.2021.

InEK – Institut für das Entgeltsystem im Krankenhaus. (2021). *Das Institut*. https://www.g-drg.de/Das_Institut. Zugegriffen am 17.10.2021.

Naegler, H. (2014). *Personalmanagement im Krankenhaus* (3. Aufl.). Medizinisch Wissenschaftliche Verlagsgesellschaft mbH & Co. KG.

Oechsler, W. A., & Paul, C. (2019). *Personal und Arbeit: Einführung in das Personalmanagement* (11. Aufl.). de Gruyter.

Rothgang, H. (2020). Abschlussbericht im Projekt Entwicklung und Erprobung eines wissenschaftlich fundierten Verfahrens zur einheitlichen Bemessung des Personalbedarfs in Pflegeeinrichtungen nach qualitativen und quantitativen Maßstäben gemäß § 113c SGB XI (PeBeM). https://doi.org/10.26092/elib/294.

Rothgang, H., & Wagner, C. (2019). *Quantifizierung der Personalverbesserungen in der stationären Pflege im Zusammenhang mit der Umsetzung des Zweiten Pflegestärkungsgesetzes. Expertise für das Bundesministerium für Gesundheit.* https://www.bundesgesundheitsministerium.de/fileadmin/Dateien/5_Publikationen/Pflege/Berichte/Abschlussbericht_Quantifizierung_der_Personalverbesserungen.pdf. Zugegriffen am 17.10.2021.

WIdO. (2019). *Krankheitsbedingte Fehlzeiten hängen stark vom Beruf ab. Pressemitteilung des Wissenschaftlichen Instituts der AOK.* https://aok-bv.de/imperia/md/aokbv/presse/pressemitteilungen/archiv/pm190313_fehlzeitenanalyse_wido_2018.pdf. Zugegriffen am 01.12.2021.

Wipp, M., & Sausen, P. (2018). *Regelkreis der Einsatzplanung. Dienstpläne sicher und effizient erstellen.* Vincentz Network.

Personalbeschaffung und -auswahl 5

> **Zusammenfassung**
>
> Den Ausgangspunkt von Kapitel 5 bildet eine Darstellung des Fachkräftemangels, von dem zahlreiche Non-Profit-Organisationen betroffen sind. Die Risiken dieses Fachkräftemangels werden beschrieben und verdeutlichen die Notwendigkeit einer Positionierung als attraktiver Arbeitgeber auf dem Arbeitsmarkt. Employer Branding und Personalmarketing sowie Instrumente der Personalauswahl werden vorgestellt. Das Kapitel geht auf die arbeitsrechtlichen Besonderheiten für Non-Profit-Organisationen ein. Zudem wird auf den Aspekt der Gewinnung und Bindung von freiwillig Engagierten eingegangen.

5.1 Employer Branding und Personalmarketing

Viele Non-Profit-Organisationen sind von einem extremen Fachkräftemangel betroffen, welcher durch den demografischen Wandel verschärft wird. Dieser Mangel an Fachkräften betrifft insbesondere den Bereich Soziales und Gesundheit. Vakante Stellen können häufig nicht oder nur sehr zeitverzögert nachbesetzt werden. In manchen Organisationen führt dies inzwischen dazu, dass nachgefragte Dienstleistungen nicht oder nicht in ausreichendem Umfang angeboten werden können. Beispielsweise entsteht in manchen Städten und Gemeinden der Mangel an Kinderbetreuungsplätzen nicht durch einen Mangel an Räumlichkeiten oder an finanziellen Mitteln. Vielmehr können Plätze in Kindergärten oder Kinderkrippen nicht in ausreichender Anzahl angeboten werden, weil das pädagogische Fachpersonal fehlt. Oder Betten in Krankenhäusern oder Pflegeeinrichtungen müssen leer stehen, weil nicht ausreichend Personal vorhanden ist.

Eine Studie des Instituts für Arbeitsmarkt- und Berufsforschung zeigt, dass sowohl für den Erzieherberuf als auch für Fachkräfte in Gesundheit und Pflege ein beträchtlicher

Anteil der Neueinstellungen schwierig verläuft. Gründe dafür liegen insbesondere in der geringen Bewerberanzahl. Auch zeigt sich für diese beiden Bereiche eine überdurchschnittlich lange Dauer von Stellenbesetzungen (Warning, 2020, S. 6).

Das Deutsche Krankenhaus Barometer 2019 zeigt Probleme bei der Besetzung von Stellen insbesondere im Ärztlichen Dienst, im Pflegedienst und in der Intensivpflege (Blum et al., 2019). Die Ergebnisse des Deutschen Krankenhausbarometers zeigen auch, dass in der Mehrzahl der betrachteten Krankenhäuser die Bewerberanzahlen in der Pflege rückläufig sind (Blum et al., 2019, S. 40).

Das Deutsche Krankenhaus Barometer
Das Deutsche Krankenhaus Barometer wird im Auftrag der Träger des Deutschen Krankenhaus Instituts durchgeführt. Es handelt sich um eine jährliche, repräsentative Befragung von Krankenhäusern in Deutschland. Diese Krankenhäuser werden zu aktuellen Themen rund um Gesundheits- und Krankenhauspolitik befragt (Blum et al., 2019, S. 4).

Schwierigkeiten bei der Stellenbesetzung führen nicht nur zu Problemen hinsichtlich der Bereitstellung von Dienstleistungen. Sie erhöhen auch die ohnehin schon hohe Arbeitsbelastung des bestehenden Personals und senken weiter die Attraktivität der betroffenen Berufe. In der Folge kann die Arbeitszufriedenheit der Mitarbeiter sinken, die Fehlzeiten und die Fluktuation steigen. Dieser Zusammenhang ist in Abb. 5.1 dargestellt. Deshalb ist es wichtig, dass vakant werdende Positionen schnell nachbesetzt werden können.

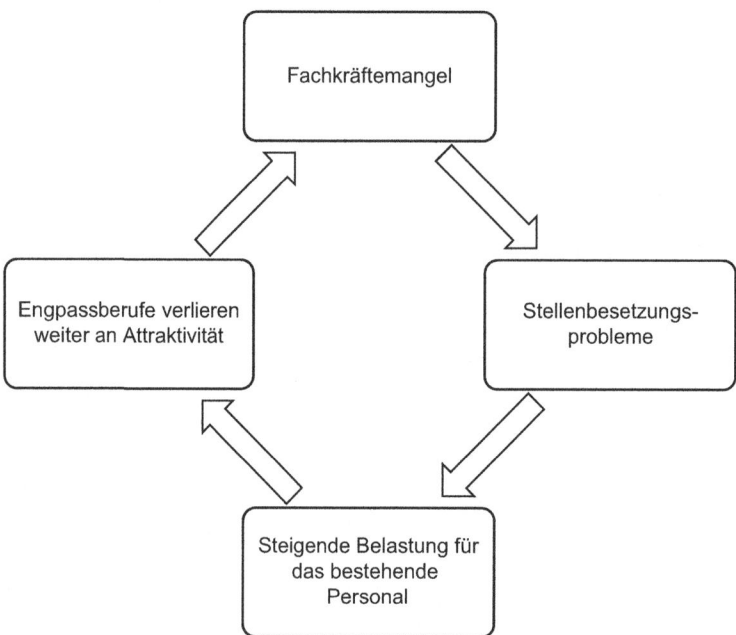

Abb. 5.1 Problematischer Kreislauf des Fachkräftemangels. (Quelle: Eigene Darstellung)

Gleiches gilt für neu geschaffene Stellen. Nur so kann eine zusätzliche Belastung des bestehenden Personals vermieden werden.

Der Fachkräftemangel und die damit verbundene Problematik bei der Besetzung von Stellen und der daraus resultierenden Einschränkungen von Dienstleistungen im Bereich Soziales und Gesundheit darf sicherlich nicht nur als ein betriebswirtschaftliches Problem betrachtet werden. Aus einer betriebswirtschaftlichen Sicht heraus, kann die Organisation die Leistungen nicht wie geplant anbieten und entsprechende Umsätze brechen weg; steigende Fluktuationszahlen und Fehlzeiten sind auch eine Kostenbelastung für die Organisationen. Der Aufbau einer Arbeitgebermarke und die Gestaltung von Personalmarketingaktivitäten kann die Situation des einzelnen Arbeitgebers zwar verbessern. Die Folgen und die Entschärfung des Fachkräftemangels müssen aber auch aus einer volkswirtschaftlichen Perspektive betrachtet werden. Um die Problematik aus einer volkswirtschaftlichen Sicht heraus zu entschärfen, bedarf es zusätzlicher Aktivtäten seitens der Politik und der Gesamtgesellschaft, um bestimmte Berufe attraktiver zu machen und die Rahmenbedingungen zu verbessern. Eine Initiative der Politik zur Entschärfung des Fachkräftemangels in Deutschland stellt das Fachkräfteeinwanderungsgesetz dar (siehe Container).

Die Gewinnung von Fachkräften auf dem internationalen Arbeitsmarkt
Für die Überwindung des Fachkräftemangels stellt die Gewinnung von Fachkräften auf dem internationalen Arbeitsmarkt eine mögliche Lösungsstrategie dar. Insbesondere im Bereich der Kinderbetreuung und der Pflege wird diese Option diskutiert. Auch wenn diese Lösungsstrategie hoffnungsvoll klingen mag, so ergeben sich in der Praxis doch einige Herausforderungen. Häufig bestehen Sprachbarrieren zwischen ausländischen und deutschen Mitarbeitern sowie zwischen ausländischen Mitarbeitern und Klienten sowie Patienten. Zudem kann die mangelnde Vergleichbarkeit bzw. Anerkennung von Ausbildungsabschlüssen dazu führen, dass Fachkräfte aus dem Ausland nicht eingesetzt werden können oder aber aufgrund einer niedrigen Eingruppierung ihrer Qualifikation eine schlechtere Bezahlung erhalten als in Deutschland ausgebildete Fachkräfte.

Durch das Fachkrafteinwanderungsgesetz, welches zum 01. März 2020 in Kraft trat, soll der Arbeitsmarktzugang für Fachkräfte aus Drittstaaten erleichtert werden. Das Gesetz richtet sich vor allem an Fachkräfte mit qualifizierter Berufsausbildung. Dabei gilt als Fachkraft, wer ein abgeschlossenes Hochschulstudium oder eine abgeschlossene Berufsausbildung hat. Es ist nun für Fachkräfte in allen Ausbildungsberufen möglich, einen Aufenthaltstitel zur Beschäftigung zu erhalten. Zuvor war dies nur für Engpassberufe möglich. Durch das Gesetz werden zudem die Möglichkeiten erweitert, zur beruflichen Anerkennung und zur Arbeitssuche einzureisen. Weiterhin besteht durch das Gesetz die Möglichkeit, sechs Monate zur Suche eines Ausbildungsplatzes einzureisen (Bundesministerium für Bildung und Forschung, 2020, S. 9).

Aus einer betriebswirtschaftlichen Perspektive heraus, stehen Non-Profit-Organisationen aufgrund des Fachkräftemangels vor der Herausforderung, sich als attraktiver Arbeitgeber auf dem Arbeitsmarkt zu positionieren und diese Position auch zu vermarkten. Nur so kann es gelingen, Fachkräfte für die eigene Organisation zu gewinnen. Hier setzt Employer Branding an.

Employer Branding überträgt das Konzept einer Markenpolitik und einer Markenführung in den Bereich des Personalmanagements. Eine Marke im Sinne des Produktmarketings übernimmt verschiedene Funktionen. Aus Sicht des Nachfragers dient sie unter anderem als Orientierungshilfe und erleichtert die Informationsaufnahme und -verarbeitung. Zudem soll sie für den Nachfrager das Risiko beim Kauf reduzieren und als Qualitätssignal dienen. Gleichzeitig kann sie auch zur Selbstdarstellung dienen und einen Erlebniswert vermitteln (Homburg, 2020, S. 676).

Ambler und Barrow (1996, S. 188) definieren Employer Branding als „the package of functional, economic, and psychological benefits provided by employment, and identified with the employing company". Die Deutsche Employer Branding Akademie definiert Employer Branding als „[…] die identitätsbasierte, intern wie extern wirksame Positionierung eines Unternehmens als glaubwürdiger und attraktiver Arbeitgeber" (DEBA, 2006).

Ähnlich wie eine Produktmarke für den Nachfrager beim Produktkauf, übernimmt Employer Branding die Funktion, das Risiko für den Bewerber bei der Wahl des Arbeitgebers zu reduzieren.

Während es beim Employer Branding um eine dauerhafte positive Positionierung des Unternehmens als Arbeitgeber geht, steht im Mittelpunkt von Personalmarketing die Anwerbung von potenziell geeigneten Kandidaten für eine konkrete Stelle (Kanning, 2017, S. 2 und S. 136). Legt man die zeitliche Komponente als Unterscheidungsmerkmal zugrunde, dann hat Employer Branding eine langfristige (strategische) Ausrichtung und Personalmarketing eher eine kurz- und mittelfristige Ausrichtung.

Auch wenn es viele Ähnlichkeiten zwischen Produktmarketing und Personalmarketing gibt, so muss doch auch ein zentraler Unterschied hinsichtlich der Erreichung bzw. Überzeugung der Zielgruppe beachtet werden. Geht es beim Produktmarketing darum, möglichst viele Abnehmer zu finden, so stellt sich an das Personalmarketing die Anforderung, möglichst viele potenziell geeignete Interessenten anzusprechen und nicht nur einfach die breite Masse (Kanning, 2017, S. 21). Personalmarketing kann dann auch bedeuten, nicht geeignete Kandidaten von einer Bewerbung abzuschrecken (Kanning, 2017, S. 2).

Auch für Non-Profit-Organisationen spielt das Konzept der Markenführung eine Rolle. Boenigk und Becker (2016, S. 184) definieren eine Non-Profit-Marke als „[…]one or more tangible elements that symbolize the nonprofit organization's dedication to a unique set of values and its ability to achieve an overall mission that enables it to stand out from other organizations in the nonprofit sector". Wymer et al. (2015, S. 1453) verweisen auf die Bedeutung einer starken Marke nicht nur für die Gewinnung von Spendengeldern, sondern auch für die Gewinnung von Freiwilligen.

Sarrica et al. (2014) wenden ein Employer Branding Modell im Kontext von Non-Profit-Organisationen an. Sie zeigen, dass hier die Arbeitgeberattraktivität stärker von symbolischen Eigenschaften (z. B. wahrgenommenes Prestige) abhängt als von instrumentellen Eigenschaften (objektive, greifbare Kriterien wie Gehalt oder Karrierechancen).

Zu beachten ist ein Zusammenhang zwischen dem Image einer Organisation und der Wahrnehmung der Organisation als Arbeitgeber (Gatewood et al., 1993). Zusätzlich zum Image der Organisation scheint auch das Image des Sektors einer Organisation für die Arbeitgeberwahl eine Rolle zu spielen (Pfeiffer et al., 2018). Die Rolle der sektoralen Zuordnung einer Organisation (öffentlicher Sektor, gewinnorientierter Sektor oder gemeinnütziger Sektor) bei der Arbeitgeberwahl zeigt sich in empirischen Studien

(z. B. Borzaga & Tortia, 2006). Collins (2008) kommt in einer US-amerikanischen Studie zu dem Ergebnis, dass es für den öffentlichen Sektor und für den Non-Profit-Sektor schwieriger ist, Personal zu rekrutieren. Es zeigt sich in der Studie aber auch, dass Organisationen des öffentlichen Sektors und des Non-Profit-Sektors einen Wettbewerbsvorteil gegenüber dem privaten Sektor haben, was die Rekrutierung von Mitarbeitern mit ausreichender Arbeitsmoral anbelangt. Winter und Thaler (2016) untersuchen die Arbeitgeberwahl von angehenden Ärzten in Deutschland. Eine sektorale Präferenz für den öffentlichen Sektor oder den Non-Profit-Sektor besteht nur bei den Medizinstudenten, welche sich dem öffentlichen Interesse stark verpflichtet fühlen oder an einer guten Work-Life-Balance interessiert sind.

Insgesamt kann für die Wahrnehmung und die Bewertung einer Organisation als Arbeitgeber nicht nur das eigene Image und die Charakteristika einer Organisation eine Rolle spielen, sondern auch der Sektor und das mit ihm verbundene Bild als Arbeitgeber.

Nach Kanning (2017, S. 160 ff.) lässt sich der Prozess des Employer Brandings in drei Schritte einteilen:

1) **Analysephase:** Hier geht es um die Frage, was die Arbeitgebermarke auszeichnet. Dies kann beantwortet werden durch einen Workshop, eine Mitarbeiterbefragung oder die Analyse vorliegender Daten.
2) **Intervention:** Dies beinhaltet Maßnahmen des Employer Brandings wie z. B. Imageanzeigen, Websites oder der Kontakt zu Hochschulen.
3) **Evaluation:** Überprüfung der Effizienz und Effektivität der Employer Branding Maßnahmen.

Eine starke Arbeitgebermarke kann sowohl intern als auch extern eine positive Wirkung für das Unternehmen haben, wie Abb. 5.2 zeigt.

Insgesamt lassen sich im Non-Profit-Sektor nur erste Professionalisierungsansätze hinsichtlich des Aufbaus einer Arbeitgebermarke und des Personalmarketings erkennen. Von einer Professionalisierung kann hier noch nicht gesprochen werden.

Im Rahmen des Aufbaus einer Arbeitgebermarke stellt sich die Frage, wie eine Differenzierung von anderen Arbeitgebern erfolgen kann, um einen Wettbewerbsvorteil bei der Rekrutierung von Fachkräften zu erzielen. Im Produktmarketing wird von einer Unique Selling Proposition (USP) gesprochen, dem Alleinstellungsmerkmal eines Produktes. Das Alleinstellungsmerkmal hebt das Produkt von Produkten anderer Hersteller und Marken ab und führt dazu, dass der Kunde unbedingt nur dieses eine Produkt aber kein anderes Produkt haben möchte und gegebenenfalls auch bereit ist, länger auf dieses Produkt zu warten oder einen höheren Preis als für vergleichbare Produkte zu bezahlen. Überträgt man das Konzept der Unique Selling Proposition auf das Personalmarketing, wird hier von der Employee Value Proposition gesprochen (Scholz, 2014, S. 489). Die Employee Value Proposition muss die Einzigartigkeit und die Besonderheit der Non-Profit-Organisation als Arbeitgeber klar beschreiben. Die Employee Value Proposition beinhaltet sowohl eine interne als auch eine externe Perspektive.

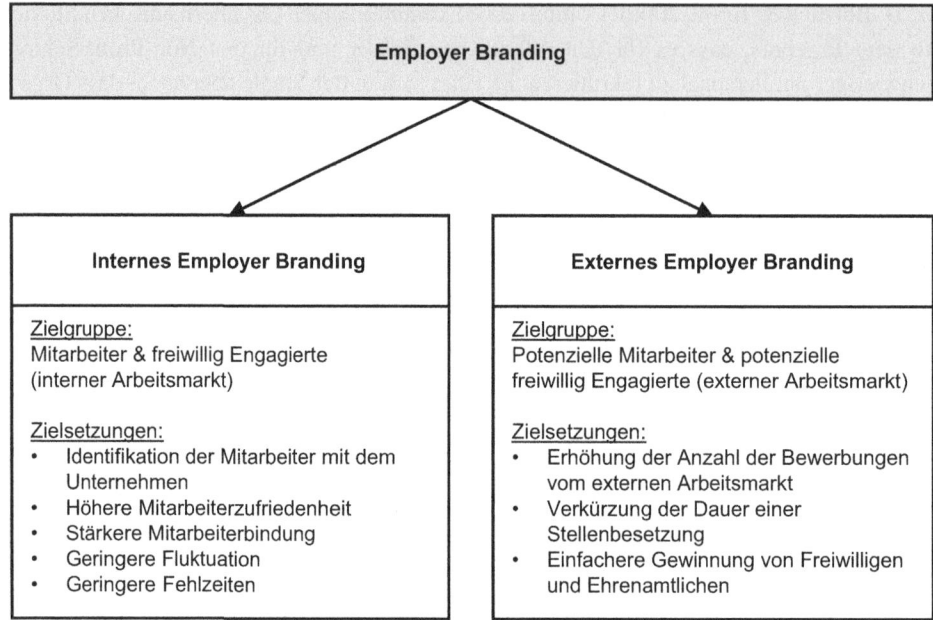

Abb. 5.2 Interne und externe Perspekive des Employer Brandings. (Quelle: Eigene Darstellung)

Bei der internen Perspektive geht es um die Frage, warum ein Mitarbeiter weiterhin für die Organisation arbeiten möchte und was die Attraktivität des Arbeitgebers für die eigenen Mitarbeiter ausmacht. Die Employee Value Proposition stellt hier ein Versprechen an die Mitarbeiter dar; das Personalmanagement muss mit seinen Teilfunktionen diese Employee Value Proposition konsequent umsetzen.

Im Rahmen der externen Perspektive wird betrachtet, was einen Arbeitgeber von anderen Arbeitgebern eindeutig abhebt und warum ein Bewerber genau für diesen einen Arbeitgeber arbeiten möchte. Und warum er unter Umständen auch bereit ist, dafür Kompromisse bei einzelnen Aspekten des Arbeitsplatzes in Kauf zu nehmen. Dies könnte beispielsweise eine höhere Arbeitszeit oder auch ein geringeres Entgelt sein, wenn der Bewerber unbedingt für diesen einen Arbeitgeber arbeiten möchte. Sicherlich ist im Kontext der Non-Profit-Organisation aber auch die soziale Mission zu nennen, welche ein Alleinstellungsmerkmal der Arbeitgeber im Non-Profit-Sektor darstellt.

Zwischen der internen und der externen Perspektive der Employee Value Proposition besteht ein Zusammenhang. Denn Mitarbeiter stellen wichtige Markenbotschafter einer Organisation dar.

Im Produktmarketing dreht sich die Ausgestaltung der Marketinginstrumente um die 4 Ps des Marketings, welche den sogenannten Marketingmix bilden (Homburg, 2020, S. 12 f.):

- Produktpolitik (**P**roduct)
- Preispolitik (**P**rice)

- Kommunikationspolitik (**P**romotion)
- Vertriebspolitik (**P**lace)

Dieser Marketingmix kann auch auf das Personalmarketing übertragen werden. Dabei können die 4Ps um zwei weitere Ps aus dem Service Marketing (dazu grundlegend z. B. Meffert et al., 2008) erweitert werden. Es geht dabei um die Bereiche „Process" und „People". Kirchgeorg und Miller (2013, S. 85) begründen diese Erweiterung mit Elementen des Service Marketings damit, dass die „[…] Leistungen eines Arbeitgebers auch als Dienstleistungen interpretiert werden, die potenziellen bzw. aktuellen Mitarbeitern angeboten werden." Der Personalmarketing-Mix umfasst dann sechs Bereiche, die in Tab. 5.1 dargestellt sind.

Überträgt man nun die 6 Bereiche des Personalmarketings auf den Non-Profit-Sektor, so lassen sich weitere Besonderheiten festhalten, welche im Rahmen des Personalmarketings beachtet werden müssen:

- **Product:** Es geht um den Arbeitsplatz in einer Non-Profit-Organisation, den es auf dem Markt der Arbeitskräfte zu verkaufen gilt. Besondere Beachtung müssen hier zwei Aspekte finden. Zum einen steht im Mittelpunkt einer Non-Profit-Organisation die soziale Mission. Diese spielt auch für die Wahrnehmung der Organisation und die Gewinnung von Personal eine zentrale Rolle (z. B. Ban et al., 2003; Brown & Yoshioka, 2003). Englert (2019) zeigt hier die Relevanz einer Passung zwischen persönlichen Werten und Einstellungen des Bewerbers und der sozialen Mission und den Werten einer Non-Profit-Organisation hinsichtlich der Rekrutierung von Personal. Zum zweiten muss auf den teilweise hohen Anteil an Befristungen in der Sozial- und Gesundheitswirtschaft hingewiesen werden. Dieser steht in einem Widerspruch zu der Notwendigkeit einer Attraktivität des Arbeitsplatzes zur Bekämpfung des Fachkräftemangels in Engpassberufen.
- **Process:** Die Option von Weiterbildungs- und Entwicklungsmöglichkeiten spielt für die aktuellen und potenziellen Mitarbeiter der Non-Profit-Organisation aufgrund der

Tab. 5.1 Die 6 Bereiche des Personalmarketings. (Quelle: Eigene Darstellung in Anlehnung an Kirchgeorg & Miller, 2013, S. 85 f; Simon et al., 1995)

Bereich	Inhalte
Product: Leistungspolitik	Arbeitsplatz, den es am Arbeitsmarkt zu verkaufen gilt.
Process: Prozesse	Karriere- und Weiterbildungsprozesse sowie Bewerbungsprozesse
Price: Gehaltspolitik	Entgelt und weitere Zusatzleistungen, welche der Arbeitnehmer für seine Leistung erhält.
Place: Standortpolitik	Arbeitsumfeld und Erreichbarkeit des Arbeitsplatzes
Promotion: Kommunikationspolitik	Kommunikationsaktivitäten, Vermarktung einer Stelle
People: Mitarbeiter	Unternehmenskultur, hierarchische Strukturen, Arbeitsformen

intrinsischen Motivation eine wichtige Rolle (dazu auch Kap. 9). Auf die Besonderheiten der Personalauswahl wird in Abschn. 5.2 eingegangen.
- **Price:** Aufgrund der hohen Relevanz der intrinsischen Motivation, ist anzunehmen, dass das Gehalt sicherlich im Vergleich zu Arbeitgebern des erwerbswirtschaftlichen Sektors eine geringere Rolle spielt (Sarrica et al., 2014; Borzaga & Tortia, 2006). Gleichzeit darf aber auch nicht vergessen werden, dass ein angemessenes Gehalt auch einen Hygienefaktor darstellen kann und dass ein angemessenes Gehalt auch eine Form der Anerkennung und Wertschätzung sein kann. Eine interessante Position nehmen Handy und Katz (1998) hier ein. Die beiden Autoren argumentieren, dass durch das das niedrigere Gehalt, das Non-Profit-Organisationen ihren Führungskräften bezahlen, auch eine Art Selbstselektionseffekt eintreten kann. Ein niedrigeres Gehalt könnte nämlich die Führungskräfte anziehen, welche mehr an der Zielsetzung der Non-Profit-Organisation als einem hohen Gehalt interessiert sind. Allerdings ist es hier auch wichtig, dass man in der Lage ist, zwischen gut und weniger gut geeigneten Führungskräften zu unterscheiden. Ansonsten könnte ein niedrigeres Gehalt auch die Personen anziehen, welche im gewinnorientierten Sektor nicht in der Verhandlungsposition sind, ein hohes Gehalt zu verlangen. Auf die Entgeltgestaltung und das sozialwirtschaftliche Dreieck als Rahmenbedingung wird in Kap. 8 näher eingegangen.
- **Placement:** Organisationen in großen Städten mit Wohnungsmangel bieten hier z. B. Unterstützung bei der Wohnungssuche an, um einen Vorteil gegenüber anderen Organisationen in Ballungsräumen zu haben.
- **Promotion:** Hier gilt es für die Non-Profit-Organisation geeignete Kommunikationsaktivitäten und Kommunikationskanäle auszuwählen, um die Organisation als attraktiven Arbeitgeber zu positionieren und auch konkrete Jobangebote zu veröffentlichen. Es geht hier auch um die Festlegung eines Budgets für Kommunikationsaktivitäten. Dabei müssen die begrenzten finanziellen Ressourcen einer Non-Profit-Organisation Beachtung finden.
- **People:** Die Unternehmenskultur und die vertretenen Werte haben eine hohe Bedeutung bei Non-Profit-Organisationen. Diese Kultur und damit verbundene Werte gilt es auch nach außen und im Bewerbungsprozess darzustellen, um eine gute Passung zwischen Organisation und potenziellem Mitarbeiter zu erreichen.

Auch wenn es bei der Gestaltung des Personalmarketings darum geht, den Arbeitgeber und den Arbeitsplatz als attraktiv darzustellen, so darf auch die Bedeutung der Kommunikation und Information für die Nachhaltigkeit des Personalmarketings nicht vergessen werden. Es geht darum, den Arbeitgeber nicht nur attraktiv, sondern auch realistisch zu präsentieren. Personalmarketing ist dann nachhaltig, wenn es seine Versprechen auch halten kann und der neue Mitarbeiter nicht, aufgrund mangelnder Erfüllung von Versprechen, seinen neuen Arbeitsplatz innerhalb kurzer Zeit wieder verlässt. Die kommunizierte Arbeitgebermarke muss auch durch ein entsprechendes Personalmanagement umgesetzt werden.

Die Bedeutung von realistischen Informationen für ein nachhaltiges Personalmarketing zeigt die Studie von Buckley et al. (1998). Sie zeigen, dass keine Informationen oder positive Informationen im Vergleich zu realistischen und erwartungssenkenden Maßnahmen deutlich höhere Kündigungsraten nach sich ziehen. Dies gilt sowohl in einer 6-Monats-, als auch in einer 12-Monats-Betrachtung.

Gerade im Non-Profit-Sektor, in dem die persönlichen Beziehungen der Mitarbeiter zu Klienten oder Patienten eine große Rolle spielen, muss dieser Aspekt des Personalmarketings beachtet werden. Es geht nicht nur darum, geeignete Mitarbeiter zu finden und für die Organisation zu gewinnen, sondern Ziel muss es auch sein, die geweckten Erwartungen der neuen Mitarbeiter zu erfüllen, um so die Basis für die Mitarbeiterbindung zu legen. Auf den Aspekt der Mitarbeiterbindung wird in Kap. 6 nochmals näher eingegangen.

5.2 Personalauswahl

Die Personalauswahl stellt eine der konsequenzreichsten Entscheidungen von Organisationen dar (Schuler, 2013, S. 30). Aufgrund des extremen Fachkräftemangels und der teilweise schlechten Bewerberlage mag die Auswahl von Personal seitens der Non-Profit-Organisation als nicht relevant erscheinen. Oder gar als Wunschdenken aufgefasst werden, da das wenige vorhandene Fachpersonal im Falle einer Bewerbung ohnehin eingestellt werden muss. Dennoch sind „richtige" Personalauswahlentscheidungen durchaus von zentraler Bedeutung. Dies gilt auch und sogar insbesondere für Non-Profit-Organisationen.

Haiven (2004) führt für die Bedeutung der Personalauswahl drei zentrale Argumente an. Erstens sind die finanziellen Ressourcen in einer Non-Profit-Organisation knapp. Eine falsche Personalauswahlentscheidung wäre eine Verschwendung dieser ohnehin schon begrenzten finanziellen Ressourcen. Zweitens spielt die Auswahl geeigneter Personen im Zuge der Professionalisierung des Sektors eine zentrale Rolle für die Organisation. Drittens muss die relativ schlechte Bezahlung des Sektors durch gute Arbeitsbedingungen und ein angenehmes Arbeitsumfeld ausgeglichen werden. Diese beiden Kriterien können nur erfüllt werden, wenn Personen eingestellt werden, die in der Lage sind, mit den bestehenden fest angestellten Mitarbeitern und Freiwilligen gut zusammenzuarbeiten (Haiven, 2004, S. 83 f.). In diesem Sinne kann die Auswahl geeigneter Personen dazu beitragen, sowohl die Bindung der neu eingestellten Mitarbeiter als auch der bestehenden Mitarbeiter zu erhöhen.

Zentrales Ziel der Personalauswahl ist es, den passenden Kandidaten für eine vakante Stelle zu finden. Diese Zielsetzung gilt auch für Non-Profit-Organisationen. Um dieses Ziel zu erreichen, müssen zum einen die Anforderungen einer Stelle festgelegt werden und zum anderen die entsprechenden Instrumente der Personalauswahl ausgewählt und eingesetzt werden.

Um die Anforderungen einer Stelle zu beschreiben, muss eine Anforderungsanalyse durchgeführt werden. Die Anforderungsanalyse ist von der Arbeitsanalyse abzugrenzen.

Bei einer Arbeitsanalyse geht es darum, die Arbeitsaufgabe, die Arbeitsmittel, die Arbeitsumgebung und einzuhaltende Qualitätsstandards zu beschreiben. Bei einer Anforderungsanalyse geht es im Gegensatz zur Arbeitsanalyse um die Leistungsvoraussetzungen von Personen, die notwendig sind, um eine Stelle erfolgreich zu bewältigen. Diese Anforderungsanalyse kann dann der Stellenausschreibung zugrunde gelegt werden. Eine Anforderungsanalyse kann nicht nur im Rahmen der Personalauswahl eingesetzt werden, sondern auch in anderen Funktionen des Personalmanagements, z. B. bei der Personalplanung und der Stellenbeschreibung (Nerdinger et al., 2019, S. 14 f.).

Folgende zentrale Fragen sind im Rahmen der Anforderungsanalyse zu klären:

- Welche formalen Qualifikationsanforderungen muss der Bewerber mitbringen (z. B. akademische Qualifikation, berufliche Ausbildung)?
- Welche beruflichen Erfahrungen sollte der Bewerber mitbringen?
- Welche sozialen und methodischen Kompetenzen werden von dem Bewerber erwartet?
- Welche besonderen Anforderungen stellen sich an den Bewerber aufgrund der sozialen Mission der Non-Profit-Organisation?

Erst nach Abschluss der Anforderungsanalyse kann eine Stellenbeschreibung erstellt, potenzielle Kandidaten können angesprochen und zu einem Personalauswahlverfahren eingeladen werden.

Grundsätzlich lässt sich bei den Instrumenten der Personalauswahl eine konstruktorientierte, eine simulationsorientierte und eine biografieorientierte Vorgehensweise unterscheiden (Schuler, 2000, S. 64).

Im Rahmen der konstrukt- oder eigenschaftsorientierten Vorgehensweise schließt man anhand von einem Konstrukt (z. B. Intelligenz) auf die spätere berufliche Leistung, die erwartet wird. Deshalb werden Kandidaten Intelligenz-, Logik oder Konzentrationstests unterzogen. Je besser das Abschneiden bei diesen Tests und damit je ausgeprägter ein bestimmtes Persönlichkeitsmerkmal ist, desto besser die spätere berufliche Leistung, die zu erwarten ist (Schuler, 2000, S. 64; Nerdinger et al., 2019, S. 274).

Findet eine simulationsorientierte Vorgehensweise Anwendung, wird versucht, eine Situation zu simulieren, die der späteren beruflichen Situation nahekommt. Das darin zu beobachtende Verhalten des Kandidaten gilt dann als Vorhersage für das Verhalten des Kandidaten in einer ähnlichen Situation im beruflichen Alltag. Beispiele für solche Verfahren sind Rollenspiele oder die Postkorbübung (Schuler, 2000, S. 64; Nerdinger et al., 2019, S. 17).

Bei der biografieorientierten Vorgehensweise betrachtet man, wie sich ein Kandidat in der Vergangenheit verhalten hat und schließt darauf basierend auf zukünftiges Verhalten (Schuler, 2000, S. 65). Hat jemand in der Vergangenheit sich beispielsweise ehrenamtlich engagiert, geht man davon aus, dass er auch im Rahmen seiner beruflichen Tätigkeit ein hohes Engagement zeigen wird. Auch die Übernahme von Verantwortung in der Vergangenheit, z. B. durch die Übernahme eines Vorstandspostens in einem studentischen Verein, kann auf eine Führungsfähigkeit hinweisen.

Tab. 5.2 Beispielhafte Verfahren der Personalauswahl in Non-Profit-Organisationen. (Quelle: Eigene Darstellung)

Art der Vorgehensweise	Anwendungsbeispiel
Konstruktorientierte Vorgehensweise	Ausgeschriebene Stelle: IT-Projektmanager Auswahlverfahren: Logiktest
Simulationsorientierte Vorgehensweise	Ausgeschriebene Stelle: Leiter Controlling Klinikverbund Auswahlverfahren: Kandidat übernimmt im Rahmen eines Rollenspiels ein anlassbezogenes Mitarbeitergespräch als Führungskraft
Biografieorientierte Vorgehensweise	Ausgeschriebene Stelle: Einrichtungsleitung Pflegeheim Auswahlverfahren: Verhaltensbasiertes Interview zur Überprüfung von sozialen und methodischen Kompetenzen.

Tab. 5.2 zeigt Anwendungsbeispiele der drei Vorgehensweisen für den Non-Profit-Sektor.

An allen Vorgehensweisen können Kritikpunkte geäußert werden. Es stellt sich die Frage, ob ein überdurchschnittlich guter Intelligenz- oder Logiktest tatsächlich auf eine überdurchschnittlich gute berufliche Leistung hinweisen können. Oder ob im Rahmen einer Simulation nicht eine deutlich bessere Leistung an den Tag gelegt werden kann als in einer realen Alltags-Arbeitssituation. Zudem stellt sich auch die Frage, ob vergangenes Verhalten alleine als Prädikator für zukünftige Leistung dienen kann.

Um eben die Schwächen der einzelnen Verfahren zu überwinden und insgesamt eine höhere Güte der Personalauswahl zu bekommen, können trimodale Verfahren der Personalauswahl Anwendung finden. Trimodale Verfahren kombinieren die Ansätze der konstruktorientierten, simulationsorientieren und der biografieorientierten Personalauswahl (Schuler et al., 2014, S. 149). So kann eine höhere Reliabilität und Interpretationssicherheit erreicht werden (Schuler, 2013, S. 33).

Der trimodale Ansatz findet sich beispielsweise in einem Assessment Center oder im mulitmodalen Interview wieder (Schuler, 2013, S. 46 f.).

Abb. 5.3 fasst die drei Vorgehensweisen der Personalauswahl nochmals zusammen.

Das verhaltensbasierte Interview

Eine der beliebtesten Fragen im Rahmen eines Auswahlgespräches ist die Frage nach den Stärken und Schwächen eines Kandidaten. Die Bewerber sind sich dessen bewusst und bereiten diese Frage entsprechend vor. Werden Kandidaten im Personalauswahlgespräch nach ihren Stärken gefragt, sind die Kandidaten häufig teamfähig, zuverlässig und engagiert. Bei der Frage nach Schwächen, werden von den Kandidaten gerne die „klassischen Schwächen" genannt, die auch positiv interpretiert werden können. Sehr gerne werden hier von Kandidatenseite die Eigenschaften Ungeduld und Perfektionismus genannt. Beides sind tatsächlich Schwächen, die aber auch als Stärken interpretiert werden.

Eine Alternative zu dieser direkten Frage stellt hier das verhaltensbasierte Interview (Behavioural Interviewing) dar (für einen Überblick: Schuler, 2014, S. 285). Die Grundannahme dieser Fragetechnik ist, dass vergangenes Verhalten eine sehr gute Vorhersagekraft für zukünftiges Verhalten hat. Das heißt, es ist wahrscheinlich, dass Verhalten, das in einer vergangenen Situation an den Tag gelegt wurde, auch in der Zukunft zu Tage tritt, wenn der Kandidat in eine ähnliche Situation ver-

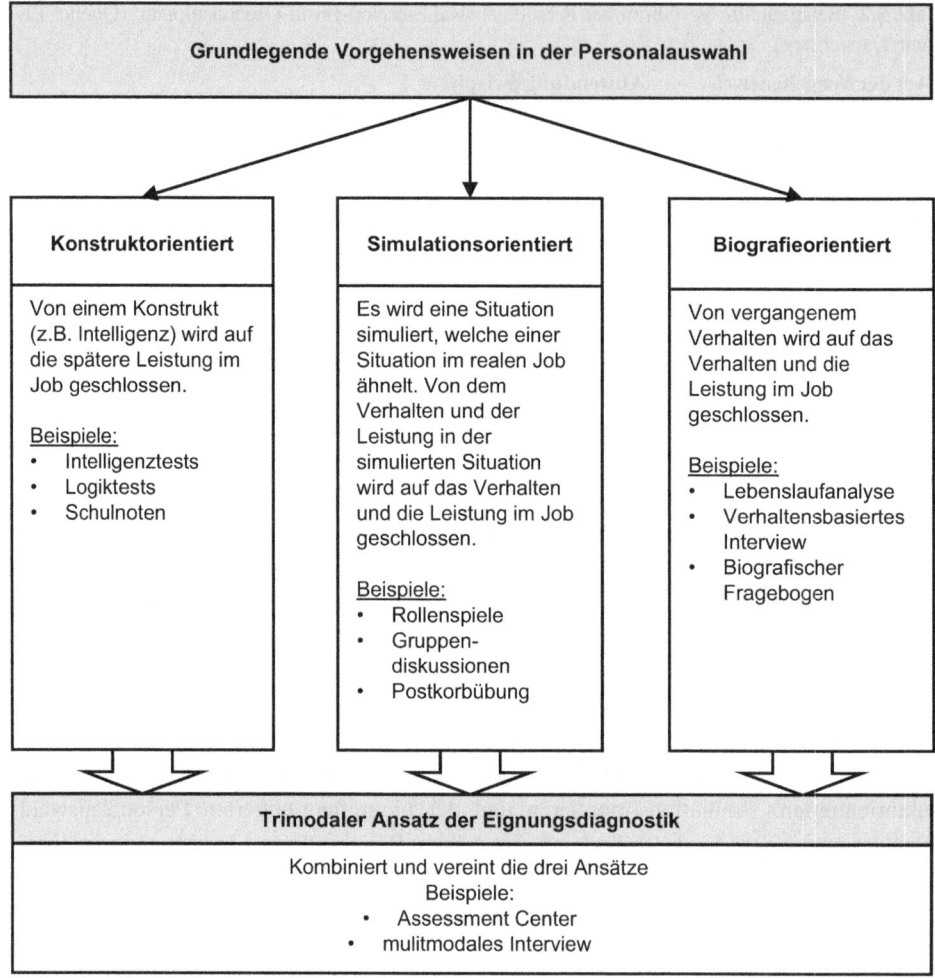

Abb. 5.3 Vorgehensweisen in der Personalauswahl nach Schuler, 2000. (Quelle: Eigene Darstellung)

setzt wird. So kann aus Sicht der einstellenden Organisation besser eingeschätzt werden, wie sich ein Kandidat in einer bestimmten Situation verhalten wird und welche wahren Stärken und Schwächen er in einem bestimmten Kontext aufweist.

Beispielfragen für bestimmte Verhaltensdimensionen sind:
Konfliktfähigkeit:
Beschreiben Sie einen Konflikt, den Sie im letzten Jahr erfolgreich gelöst haben.
Teamfähigkeit:
Beschreiben Sie eine Aufgabe, die Sie im Team gelöst haben.
Kommunikationsfähigkeit
Beschreiben Sie eine Situation, in der Sie andere von Ihrer Idee überzeugen mussten.

5.2 Personalauswahl

Wahrnehmungs- und Beurteilungsfehler in der Personalauswahl
Menschliche Wahrnehmung ist subjektiv. Dies kann in der Personalauswahl zu einer verzerrten Wahrnehmung und zu Beurteilungsfehlern führen. Dies geschieht häufig unbewusst. In der Folge könnte eine Fehlentscheidung hinsichtlich eines Kandidaten getroffen werden. Es wäre entweder möglich, dass ein geeigneter Kandidat nicht eingestellt wird oder dass ein ungeeigneter Kandidat eingestellt wird. Die bekanntesten und häufigsten Wahrnehmungs- und Beurteilungsfehler sollen im Folgenden kurz genannt und beschrieben werden.

- **Primary Recency Effekt**: Die Eindrücke, die zu Beginn oder am Ende des Gesprächs entstehen, bleiben im Gedächtnis. Kommt ein Bewerber beispielsweise zu spät zu einem Vorstellungsgespräch, dann wird dies im Gedächtnis der Entscheider bleiben und kann die Gesamtbeurteilung des Kandidaten negativ beeinflussen. Zur gleichen negativen Gesamtbeurteilung kann auch eine schwache Antwort der Kandidaten am Ende des Gesprächs führen.
- **Benjamin Effekt**: Einem Kandidaten wird aufgrund seines jungen Alters oder seiner geringen Erfahrung weniger zugetraut und seine Eignung im Rahmen der Personalauswahl schlechter beurteilt.
- **Halo Effekt**: Eine einzelne Eigenschaft eines Kandidaten überstrahlt alle andere Eigenschaften und Fähigkeiten des Kandidaten.
- **Kontrast Effekt**: Ein durchschnittlicher Kandidat wird als herausragend beurteilt, weil die anderen Kandidaten eine unterdurchschnittliche Eignung aufweisen. Im Kontrast zu den sehr schlecht geeigneten Kandidaten wirkt der durchschnittliche Kandidat sehr stark. Der umgekehrte Effekt kann sich auch einstellen, wenn ein durchschnittlicher Kandidat sich in einem herausragenden Bewerberfeld bewegt.
- **Sympathie/Antipathie**: Beides kann dazu führen, dass die Fähigkeiten und Kompetenzen des Bewerbers falls eingeschätzt werden.

Unconscious Bias
Eine Verzerrung in der Wahrnehmung durch zugrundeliegende Stereotypen und eine daraus resultierende (Fehl-)Einschätzung geschieht häufig unbewusst. Dieser sogenannte *Unconscious Bias* kann nicht nur im Rahmen von Personalauswahl auftreten, sondern auch bei Entscheidungen hinsichtlich der Beurteilung von Mitarbeitern. Unbewusste Vorurteile können z. B. bestehen aufgrund von Geschlecht, Alter, Körpergröße, Gewicht, Hautfarbe, Behinderung oder Familienstatus. Diese Stereotypen können zu einer Benachteiligung einer bestimmten Personengruppe am Arbeitsplatz führen (McCormick, 2016).

Für Entscheider in der Personalauswahl stellt sich die Frage, wie diesen Wahrnehmungs- und Beurteilungsfehlern entgegengewirkt werden kann. Ziel muss es sein, eine objektive und valide Personalauswahlentscheidung zu treffen.

Das Kriterium der **Objektivität** im Kontext der Personalauswahl bedeutet, dass die Auswahlentscheidung unabhängig davon sein sollte, wer das Personalauswahlverfahren durchführt, auswertet oder interpretiert (Nerdinger et al., 2019, S. 281). Das Kriterium der **Validität** bewertet die Gültigkeit eines Personalauswahlverfahrens. Es stellt sich die Frage, ob wirklich das gemessen wird, was gemessen werden soll (Nerdinger et al., 2019, S. 282).

Soll beispielsweise im Rahmen einer Gruppendiskussion die Kommunikationsfähigkeit gemessen werden, dann müssen Verhaltensdimensionen, die es zu beobachten gilt, klar definiert werden. Andernfalls kann es sein, dass anstelle von Kommunikationsfähigkeit nur die Menge an Wortbeiträgen oder die Durchsetzungsfähigkeit eines Kandidaten gemessen wird.

Folgende Aspekte können im Allgemeinen dabei helfen, Wahrnehmungs- und Beurteilungsfehler zu vermeiden:

- **Klare Kriterien**, die als Entscheidungsgrundlage dienen (z. B. Anforderungsprofil).
- **Verhaltensbeschreibungen** zu den einzelnen Kompetenzen, falls ein Kompetenzmodell zugrunde gelegt wird.
- **Mehr-Augen-Prinzip** zur Wahrung der Objektivität, d. h. dass die Personalauswahlentscheidung nicht von einer Person alleine getroffen wird.
- **Gesprächsnotizen** und **Dokumentation** des Gesprächs
- Verwendung eines **Gesprächsleitfadens**
- **Kritische Reflektion** der eigenen Auswahlentscheidung

Für Non-Profit-Organisationen spielt neben den genannten Kriterien der Objektivität und Validität auch der ökonomische Aspekt eine Rolle. Hier geht es um die Frage, ob sich ein Personalauswahlverfahren aus einer wirtschaftlichen Perspektive heraus lohnt. Es macht wenig Sinn, einen Interviewleitfaden für jedes Auswahlgespräch neu zu entwickeln. Vielmehr kann der Rückgriff auf standardisierte Unterlagen sinnvoll sein. Dies erhöht nicht nur die Wirtschaftlichkeit, sondern steigert auch die Vergleichbarkeit von Auswahlprozessen. Zudem muss das Kriterium der Akzeptanz Beachtung finden. Dabei gilt es, sowohl unter den Entscheidern als auch bei den Kandidaten eine hohe Akzeptanz für einen Auswahlprozess zu erzielen.

Auch wenn Personalauswahl für Non-Profit-Organisationen Bedeutung haben sollte, so gibt es doch wenig empirische Forschung, welche sich mit den Besonderheiten der Personalauswahl für Non-Profit-Organisationen auseinandersetzt (Abzug, 2017, S. 94). Betrachtet man die wenigen Forschungsarbeiten zu diesem Thema dann finden die folgenden Aspekte Beachtung.

Personalauswahlprozesse sollten eher als ein Prozess des gegenseitigen Kennenlernens als des einseitigen Testens verstanden werden (Abzug, 2017, S. 95). So führen Nickson et al. (2008) eine fallstudienbasierte Untersuchung in schottischen gemeinnützigen Organisationen des Sozialwesens durch. Sie betonen, dass der Prozess der Personalauswahl nicht als einseitiger Entscheidungsprozess der Organisation begriffen werden sollte, sondern als ein sozialer Prozess, in dem Bewerber und Organisation wechselseitig miteinander agieren. Nicht nur die Organisation wählt demnach einen Bewerber aus, auch der Bewerber entscheidet sich für eine Organisation. Wichtig ist, dass die Werte der Organisation und die Aufgabenanforderungen und -inhalte klar beschrieben und kommuniziert werden. Dies sollte dann dazu führen, dass Mitarbeiter mit einem hohen affektiven Commitment eingestellt werden, was sich dann auch auf die Mitarbeiterbindung positiv auswirken sollte. Im Zuge der Personalauswahl spielt somit die Kommunikation der sozialen Mission und der damit verbundenen Werte eine wichtige Rolle, um die Passung des Bewerbers sicherzustellen.

Damit verbunden ist auch eine Auswahl von intrinsisch motivierten Kandidaten, für welche Entgelt eine untergeordnete Rolle spielt (Handy & Katz, 1998).

Betrachtet man diese Erkenntnisse, so sollten Verfahren zur Anwendung kommen, bei denen zum einen ein gegenseitiges Kennenlernen möglich ist und auch der Bewerber mit entsprechenden Informationen zur Stelle und zur Organisation versorgt werden kann (Abzug, 2017, S. 95). Zum anderen sollte bei der Personalauswahl neben der fachlichen Kompetenz auch die soziale Kompetenz sowie die persönliche Motivation des Bewerbers beleuchtet werden. Die Auswahl von Kandidaten, welche nicht nur formal und fachlich geeignet, sondern sich auch mit den Werten der Organisation identifizieren und sich in die bestehenden Teams integrieren können, kann dann die Grundlage für eine erfolgreiche Personalbindung sein. Sowohl für die bestehenden Mitarbeiter, als auch für die neu eingestellten Mitarbeiter.

5.3 Rechtliche Rahmenbedingungen der Personalauswahl

Grundsätzlich müssen im Rahmen der Personalauswahl die geltenden arbeitsrechtlichen Regelungen beachtet werden. Hierzu gehören unter anderem Regelungen zum Fragerecht des Arbeitgebers, die Beachtung der Mitbestimmungsregeln sowie datenschutzrechtliche Aspekte. Diese allgemeinen Regelungen sollen im Folgenden nicht ausgeführt werden, hier kann auf die einschlägige arbeitsrechtliche Literatur verwiesen werden. Vielmehr soll im Folgenden auf zwei arbeitsrechtliche Besonderheiten bei der Personalauswahl in Non-Profit-Organisationen eingegangen werden.

Dies betrifft zum einen die Beachtung besonderer Loyalitätspflichten bei der Personalauswahl (Abschn. 5.3.1). Zum anderen die Besonderheiten der betrieblichen Mitbestimmung in Tendenzbetrieben sowie die Beteiligungsrechte der Mitarbeitervertretung in Organisationen in kirchlicher Trägerschaft (Abschn. 5.3.2).

5.3.1 Beachtung besonderer Loyalitätspflichten bei der Personalauswahl in der evangelischen und katholischen Kirche

Im Rahmen der Personalauswahl muss grundsätzlich das Allgemeine Gleichbehandlungsgesetz (AGG) Beachtung finden.

Allgemeines Gleichbehandlungsgesetz (AGG) – § 1 Ziel des Gesetzes
Ziel des Gesetzes ist, Benachteiligungen aus Gründen der Rasse oder wegen der ethnischen Herkunft, des Geschlechts, der Religion oder Weltanschauung, einer Behinderung, des Alters oder der sexuellen Identität zu verhindern oder zu beseitigen.

Im Kontext der Personalauswahl bedeutet dies, dass kein Bewerber aufgrund einer dieser genannten Gründe im Bewerbungsverfahren benachteiligt oder abgelehnt werden darf. Kommt es aufgrund eines dieser Kriterien zu einer Diskriminierung, kann der Bewerber bei einer Nicht-Einstellung die Organisation auf Entschädigung verklagen.

Das AGG nennt und untersagt folgende Verbotshandlungen (Boemke & Danke, 2007, § 2, Rz. 3):

- die unmittelbare Benachteiligung,
- die mittelbare Benachteiligung,
- die Belästigung,
- die sexuelle Belästigung,
- die Anweisung zur Benachteiligung.

Im Rahmen der Personalbeschaffung spielen insbesondere die beiden ersten Handlungen eine Rolle. Eine unmittelbare Benachteiligung im Rahmen der Personalauswahl würde vorliegen, wenn ein Bewerber aufgrund seiner Religion nicht eingestellt werden würde. Eine mittelbare Benachteiligung würde vorliegen, wenn in einer Stellenausschreibung die mittelbare Altersangabe „Junges Team sucht" verwendet wird, da sich dies mittelbar auf das Alter der Bewerber zielt (siehe z. B. LAG Kiel, Urteil vom 29.10.2013 – 1 Sa 142/13).

In den ersten Jahren nach Einführung des Allgemeinen Gleichbehandlungsgesetzes hatten Organisationen noch wenig Erfahrung im Umgang mit diesem Gesetz. Es kam zu AGG-Klagen und auch sogenannten AGG-Hopping Fällen. AGG-Hopping bedeutet, dass ein Bewerber sich bewusst auf eine Stelle mit einer nicht AGG-konformen Stellenausschreibung bewirbt, für die er unter Umständen ohnehin nicht geeignet ist und sich bewusst ablehnen lässt, weil beispielsweise nicht beide Geschlechter in der Ausschreibung angesprochen wurden. Gerichtsurteile stellten dann aber klar, dass eine Diskriminierung nur dann möglich ist, wenn der Bewerber grundsätzlich für diese Stelle geeignet ist. Dagegen gab es aber auch viele erfolgreiche Klagen gegen eine Diskriminierung. Dies hat dazu geführt, dass Organisationen ihren Bewerbungsprozess sorgfältig dokumentieren und nur noch sehr verhalten Feedback geben bei abgelehnten Bewerbern.

Wie bereits in Kap. 2 dargelegt, wird Religionsgemeinschaften das Recht zugestanden, ihre Angelegenheiten selbst zu regeln und ihre Angelegenheiten selbstständig innerhalb der Schranken des Gesetzes zu regeln. Dieses Selbstbestimmungsrecht der Religionsgemeinschaften findet auch im Rahmen der Personalauswahl Anwendung. § 9 AGG regelt, dass eine unterschiedliche Behandlung wegen der Religion oder der Weltanschauung möglich ist. Allerdings wird gefordert, dass eine Religion oder eine Weltanschauung eine gerechte berufliche Anforderung darstellt (Boemke & Danke, 2007, § 6, Rz. 42). Ist dies nicht der Fall, dann darf auch keine Benachteiligung aufgrund der Religion erfolgen (vgl. Exkurs zur Kündigung des Chefarztes eines katholischen Krankenhauses wegen Wiederverheiratung).

Allgemeines Gleichbehandlungsgesetz (AGG) – § 9 Zulässige unterschiedliche Behandlung wegen der Religion oder Weltanschauung

(1) *Ungeachtet des § 8 ist eine unterschiedliche Behandlung wegen der Religion oder der Weltanschauung bei der Beschäftigung durch Religionsgemeinschaften, die ihnen zugeordneten Einrichtungen ohne Rücksicht auf ihre Rechtsform oder durch Vereinigungen, die sich die gemeinschaftliche Pflege einer Religion oder Weltanschauung zur Aufgabe machen, auch zulässig, wenn eine bestimmte Religion oder Weltanschauung unter Beachtung des Selbstverständnisses der jeweiligen Religionsgemeinschaft oder Vereinigung im Hinblick auf ihr Selbstbestimmungsrecht oder nach der Art der Tätigkeit eine gerechtfertigte berufliche Anforderung darstellt.*

(2) *Das Verbot unterschiedlicher Behandlung wegen der Religion oder der Weltanschauung berührt nicht das Recht der in Absatz 1 genannten Religionsgemeinschaften, der ihnen zugeordneten Einrichtungen ohne Rücksicht auf ihre Rechtsform oder der Vereinigungen, die sich die gemeinschaftliche Pflege einer Religion oder Weltanschauung zur Aufgabe machen, von ihren Beschäftigten ein loyales und aufrichtiges Verhalten im Sinne ihres jeweiligen Selbstverständnisses verlangen zu können.*

Sowohl die evangelische Kirche als auch die katholische Kirche haben für sich festgelegt, welche Anforderungen sie an ihre Mitarbeiter hinsichtlich der Religionszugehörigkeit, der gelebten Werte und des Lebensstils haben. Diese sogenannten Loyalitätspflichten werden von der evangelischen und katholischen Kirche unterschiedlich geregelt.

In der evangelischen Kirche regelt die EKD-Richtlinie diese Loyalitätspflichten verbindlich nur für die EKD und für das Evangelische Werk für Diakonie und Entwicklung e.V. Für die einzelnen Gliedkirchen und deren Diakonischen Werke hat die EKD-Richtlinie nur empfehlenden Charakter. Damit sie dort Anwendung finden, müssen sie von den landeskirchlichen Synoden übernommen werden (Weller, 2021, § 2, Rz. 50).

Für die katholische Kirche sind diese Loyalitätspflichten einheitlich in der Grundordnung des kirchlichen Dienstes im Rahmen kirchlicher Arbeitsverhältnisse (GrOkathK) geregelt. Diese Pflichten sind abgestuft nach Religionszugehörigkeit und übertragener Tätigkeit geregelt (vgl. dazu Artikel 4 GrOkathK):

- Katholische Mitarbeiter müssen die Grundsätze der katholischen Glaubens- und Sittenlehre anerkennen und beachten.
- Nichtkatholisch christliche Mitarbeiter müssen bereit sein, die ihnen übertragenen Aufgaben im Sinne der Kirche zu erfüllen.

- Für alle Mitarbeiter gilt: Unterlassung von kirchenfeindlichem Verhalten, keine Gefährdung der Glaubwürdigkeit der Kirche und der Einrichtung durch ihre persönliche Lebensführung und ihr dienstliches Verhalten.
- Auch die Konsequenzen eines Verstoßes gegen diese Loyalitätsobliegenheiten werden in dieser Grundordnung beschrieben (Artikel 5 GrOkathK).

Exkurs: Kündigung des Chefarztes eines katholischen Krankenhauses wegen Wiederverheiratung
Ein der römisch-katholischen Kirche verbundenes Krankenhaus darf seine Beschäftigten in leitender Stellung bei der Anforderung, sich loyal und aufrichtig im Sinne des katholischen Selbstverständnisses zu verhalten, nur dann nach ihrer Religionszugehörigkeit unterschiedlich behandeln, wenn dies im Hinblick auf die Art der betreffenden beruflichen Tätigkeiten oder die Umstände ihrer Ausübung eine wesentliche, rechtmäßige und gerechtfertigte berufliche Anforderung darstellt.

Die Beklagte ist Trägerin von Krankenhäusern und institutionell mit der katholischen Kirche verbunden. Der katholische Kläger war bei ihr als Chefarzt beschäftigt. Den Dienstvertrag schlossen die Parteien unter Zugrundelegung der vom Erzbischof von Köln erlassenen Grundordnung des kirchlichen Dienstes im Rahmen kirchlicher Arbeitsverhältnisse vom 23. September 1993 (GrO 1993). Nach deren Art. 5 Abs. 2 GrO 1993 handelte es sich ua. beim Abschluss einer nach dem Glaubensverständnis und der Rechtsordnung der Kirche ungültigen Ehe um einen schwerwiegenden Loyalitätsverstoß, der eine Kündigung rechtfertigen konnte. Der Kläger war nach katholischem Ritus verheiratet. Nach der Scheidung von seiner ersten Ehefrau heiratete er im Jahr 2008 ein zweites Mal standesamtlich. Nachdem die Beklagte hiervon Kenntnis erlangt hatte, kündigte sie das Arbeitsverhältnis ordentlich zum 30. September 2009. Hiergegen hat sich der Kläger mit der vorliegenden Kündigungsschutzklage gewandt. Arbeitsgericht und Landesarbeitsgericht haben der Klage stattgegeben. Über ein in diesem Verfahren ergangenes Vorabentscheidungsersuchen des Senats zum Inhalt und zur Auslegung des Unionsrechts hat der Gerichtshof der Europäischen Union mit Urteil vom 11. September 2018 (- C-68/17 -) entschieden.

Die Revision der Beklagten hatte vor dem Zweiten Senat des Bundesarbeitsgerichts keinen Erfolg. Die Kündigung ist nicht durch Gründe im Verhalten oder in der Person des Klägers sozial gerechtfertigt (§ 1 Abs. 2 KSchG). Mit seiner Wiederverheiratung verletzte dieser weder eine wirksam vereinbarte Loyalitätspflicht noch eine berechtigte Loyalitätserwartung der Beklagten. Die Vereinbarung im Dienstvertrag der Parteien, mit der die GrO 1993 in Bezug genommen wurde, ist gem. § 7 Abs. 2 AGG unwirksam, soweit dadurch das Leben in kirchlich ungültiger Ehe als schwerwiegender Loyalitätsverstoß bestimmt ist. Diese Regelung benachteiligte den Kläger gegenüber nicht der katholischen Kirche angehörenden leitenden Mitarbeitern wegen seiner Religionszugehörigkeit und damit wegen eines in § 1 AGG genannten Grundes, ohne dass dies nach § 9 Abs. 2 AGG gerechtfertigt ist. Dies folgt aus einer unionsrechtskonformen Auslegung von § 9 Abs. 2 AGG, jedenfalls aber aus dem Anwendungsvorrang des Unionsrechts. Die Loyalitätspflicht, keine nach dem Glaubensverständnis und der Rechtsordnung der katholischen Kirche ungültige Ehe zu schließen, war im Hinblick auf die Art der Tätigkeiten des Klägers und die Umstände ihrer Ausübung keine wesentliche, rechtmäßige und gerechtfertigte berufliche Anforderung.

Nationales Verfassungsrecht (vgl. dazu BVerfG 22. Oktober 2014 – 2 BvR 661/12 -) steht dem nicht entgegen. Das Unionsrecht darf die Voraussetzungen, unter denen die der Kirche zugeordneten Einrichtungen ihre Beschäftigten wegen der Religion ungleich behandeln dürfen, näher ausgestalten. Der Europäische Gerichtshof hat mit seiner Auslegung der Richtlinie 2000/78/EG seine Kom-

petenz nicht überschritten. Es handelt sich nicht um einen „Ultra-Vires-Akt" oder einen solchen, durch den die Verfassungsidentität des Grundgesetzes berührt wird.
Bundesarbeitsgericht, Urteil vom 20. Februar 2019 – 2 AZR 746/14 -
Vorinstanz: Landesarbeitsgericht Düsseldorf, Urteil vom 1. Juli 2010 – 5 Sa 996/09 –
Copyright Bundesarbeitsgericht (Pressemitteilung Nr. 10/19)

Auch wenn Religionsgemeinschaften als Arbeitgeber das Recht haben, besondere Kriterien bei der Personalauswahl anzulegen, so stellt sich dennoch die Frage, wie in Zeiten von Fachkräftemangel mit diesem Sonderrecht umgegangen wird. In Bereichen, in denen ohnehin schon ein extremer Fachkräftemangel herrscht, dürfte es zu einer sehr großen Herausforderung werden, wenn die sehr geringe und knappe Verfügbarkeit von Fachkräften durch weitere Einstellungskriterien der Kirchen noch mehr eingeschränkt wird.

5.3.2 Mitbestimmung bei der Personalbeschaffung

Das Betriebsverfassungsgesetz gewährt dem Betriebsrat im Rahmen der Personalbeschaffung eine Reihe von Mitbestimmungs- und Mitwirkungsrechten. Tab. 5.3 gibt eine Übersicht über diese Beteiligungsrechte.

In Tendenzbetrieben sind die Beteiligungsrechte des Betriebsrates bei der Personalbeschaffung eingeschränkt. Handelt es sich bei dem eingestellten Mitarbeiter um einen Tendenzträger, so muss der Betriebsrat nur informiert werden; eine Einstellung bedarf hier nicht der Zustimmung des Betriebsrates. Gleiches gilt auch für den Inhalt von Personalfragebögen, der Aufstellung allgemeiner Beurteilungsgrundsätze sowie den Auswahlrichtlinien für die Einstellung (vgl. Kap. 2).

Den Mitarbeitervertretungen in Einrichtungen der katholischen und evangelischen Kirche werden ähnliche Beteiligungsrechte zugesprochen wie dem Betriebsrat. Dies zeigt Tab. 5.4.

Tab. 5.3 Beteiligungsrechte des Betriebsrates bei der Personalbeschaffung

Betriebsverfassungsgesetz	Sachverhalt
§ 93	Erzwingbares Initiativrecht hinsichtlich der internen Ausschreibung von Stellen
§ 94	Mitbestimmung bei Personalfragebögen und der Aufstellung allgemeiner Beurteilungsgrundsätze
§ 95	Mitbestimmung bei Auswahlrichtlinien für die Einstellung
§ 99	Eingeschränktes Zustimmungsverweigerungsrecht bei der Einstellung

Tab. 5.4 Beteiligungsrechte der Mitarbeitervertretungen in der katholischen und evangelischen Kirche

MAVO (Katholische Kirche)	
§ 27	Dienstgeber informiert MAV hinsichtlich Stellenausschreibung
§ 34	Eingeschränktes Zustimmungsverweigerungsrecht bei der Einstellung
§ 37	Antragsrecht beim Inhalt von Personalfragebögen
MVG-EKD (Evangelische Kirche)	
§ 39	Mitbestimmung bei Inhalt und Verwendung von Personalfragebogen und sonstigen Fragebogen zur Erhebung personenbezogener Daten
§ 42	Eingeschränktes Zustimmungsverweigerungsrecht bei der Einstellung

5.4 Gewinnung, Motivation und Bindung von Ehrenamtlichen und Freiwilligen

In Deutschland engagieren sich immer mehr Menschen freiwillig. Nach den Ergebnissen des Deutschen Freiwilligensurvey waren im Jahr 2014 mehr als 30 Millionen Menschen in Deutschland freiwillig engagiert (Simonson et al. 2017, S. 31).

Im Rahmen des freiwilligen Engagements ist zu unterscheiden, ob es sich um die Übernahme eines Ehrenamts handelt oder um (temporäre) Freiwilligenarbeit. Beim Ehrenamt findet die unentgeltliche Übernahme einer Funktion statt, eventuell erfolgt die Gewährung einer Aufwandsentschädigung. Kennzeichnend ist aber die Übernahme eines Amtes für eine gewisse Dauer. So wird in einem Verein regelmäßig der Vorstand durch Ehrenamtliche besetzt oder in einer Stiftung der Stiftungsrat. Dagegen kann bei Freiwilligen das Engagement nur anlassbezogen stattfinden (z. B. Mithilfe bei der Organisation eines Flohmarktes im Kindergarten) oder aber über einen längeren Zeitraum andauern (z. B. Übungsleiter in Sportvereinen). Beide Formen des freiwilligen Engagements in Non-Profit-Organisationen werden in Deutschland häufig auch synonym mit dem Begriff des zivilgesellschaftlichen oder bürgerschaftlichen Engagements verwendet (Kausmann et al. 2019, S. 55). Gemein ist allen Begrifflichkeiten, dass die Tätigkeit freiwillig und unentgeltlich erfolgt.

Der Deutsche Freiwilligensurvey
Im Jahr 1999 wurde zum ersten Mal der Deutsche Freiwilligensurvey durchgeführt. Die telefonische Befragung wird alle fünf Jahre wiederholt. Die Grundgesamtheit dieser repräsentativen Befragung stellt die Wohnbevölkerung ab 14 Jahren dar. Der Deutsche Freiwilligensurvey stellt die wesentliche Grundlage für die Sozialberichterstattung in Deutschland dar. Ziel der Befragung ist es, eine solide Datenbasis über die Verbreitung und den Wandel des freiwilligen Engagements in Deutschland zu erhalten (Simonson et al., 2017, S. 21). Die Erhebungsinhalte umfassen drei Bereiche: Angaben zum Engagement, Angaben zur Person und Angaben zum Kontext. Die Ergebnisse der Befragung zeigen, dass der Anteil freiwillig engagierter Menschen in Deutschland steigt.

Im englischen findet der Begriff „Volunteerism" oder „Volunteer Work" Verwendung. Snyder und Omoto (2008, S. 1) definieren „Volunteerism" als „freely chosen helping activities that extend over time and that are often performed through organizations and on behalf of receptive causes or individuals."

5.4 Gewinnung, Motivation und Bindung von Ehrenamtlichen und Freiwilligen

Freiwilliges Engagement spielt für die Funktion und den Erfolg von Non-Profit-Organisationen eine entscheidende Rolle (Brudney & Sink, 2017, S. 204; Drucker, 1989). Die Gewinnung und Bindung von Freiwilligen stellt für Non-Profit-Organisationen somit eine wichtige und herausfordernde Aufgabe dar. Es geht nicht nur darum, Freiwillige für die Organisation zu finden. Sondern insbesondere auch darum, die Freiwilligen zu finden, welche sich mit der sozialen Mission einer Non-Profit-Organisation identifizieren können (Abschn. 5.1).

Für Sportvereine in Deutschland stellt die Gewinnung von ehrenamtlichen Funktionsträgern eine große Herausforderung dar. Hier geht es sowohl um Positionen auf der Vorstandsebene als auch um Positionen auf der Ausführungsebene (Übungsleiter, Schiedsrichter) (Breuer & Feiler, 2017, S. 17).

Im Zuge der Untersuchung von freiwilligem Engagement stellen sich insbesondere zwei Fragen: Warum engagieren sich Menschen freiwillig für eine NPO? Und wie können die Freiwilligen dazu bewegt werden, ihr Engagement aufrecht zu erhalten? (Clary et al., 1998, S. 1517; Snyder & Omoto, 2008, S. 7). Diese beiden Fragen können nicht vollständig getrennt voneinander betrachtet werden. Die Motivation für freiwilliges Engagement spielt sowohl für die Gewinnung als auch für die Bindung von Freiwilligen eine Rolle (Chacón et al., 2017, S. 306).

Um diese beiden Fragen zu beantworten, werden in der Forschung eine Vielzahl von Faktoren untersucht.

Aus einer wissenschaftlichen Perspektive heraus, bieten unterschiedliche Zugänge Erklärungsansätze für das freiwillige Engagement. Aus einer psychologischen Perspektive heraus stehen bei den Motiven für die Aufnahme des freiwilligen Engagements intrinsische Motivationsaspekte im Vordergrund. Soziologische Ansätze betonen den Einfluss soziodemografischer Charakteristika auf das freiwillige Engagement. Ökonomische Theorien betrachten freiwilliges Engagement als eine Form der unbezahlten Arbeit (Wilson, 2012, S. 177 f.).

Studien zeigen, dass soziodemografische und persönliche Merkmale einen Einfluss auf das freiwillige Engagement haben (für einen Überblick Wilson, 2000, 2012). Thematisiert werden hier zum Beispiel Extraversion, Verträglichkeit und Empathie (Wilson, 2012, S. 179 f.).

Auch der Deutsche Freiwilligensurvey untersucht den Zusammenhang zwischen sozioökonomischem Merkmalen und freiwilligem Engagement in Deutschland. Dabei werden folgende Merkmale in einen positiven Zusammenhang mit freiwilligem Engagement gebracht (Simonson & Hameister, 2017, S. 439):

- **Ausbildungsniveau**: Je höher das schulische oder berufliche Ausbildungsniveau ist, desto höher ist der Anteil der freiwillig Engagierten.
- **Erwerbsstatus**: Bei Personen, die erwerbstätig sind und bei Schülern zeigt sich ein höherer Anteil an freiwillig Engagierten als bei Rentnern, Arbeitslosen und sonstigen Nicht-Erwerbstätigen.
- **Haushaltskonstellation**: Menschen, die in Einpersonenhaushalten leben, weisen einen geringeren Anteil an freiwillig Engagierten auf als Personen, die in Mehrpersonenhaushalten leben.
- **Selbst eingeschätzte Einkommenssituation**: Je besser Personen ihre persönliche Einkommenssituation einschätzen, desto höher der Anteil freiwillig Engagierter.

Die Ergebnisse des Deutschen Freiwilligensurveys zeigen auch, dass sich Frauen seltener freiwillig engagieren als Männer. Zudem zeigt sich in den Altersgruppen 14 bis 29 und 30 bis 49 der höchste Anteil an Engagierten (Vogel et al., 2017, S. 91).

Der Deutsche Freiwilligensurvey zeigt, dass etwa die Hälfte der Engagierten in Deutschland aus eigener Initiative heraus tätig wurde. Die andere Hälfte der Engagierten wurde durch die Organisation angefragt. Den häufigsten Anstoß zum freiwilligen Engagement geben dabei direkte soziale Interaktionen. Das heißt zum einen die soziale Interaktion mit Freunden oder Familie aber auch der direkte Kontakt zu Mitarbeitenden oder leitenden Personen einer Organisation (Müller et al., 2017, S. 413).

Wicker und Frick (2016) untersuchen zum Beispiel die Bedeutung von Vorbildern für die Bindung und Gewinnung von ehrenamtlichen Schiedsrichtern in regionalen Fußballvereinen. Ihre Ergebnisse zeigen, dass das Vorhandensein von Vorbildern (Schiedsrichter, die zum Bundesliga oder FIFA-Schiedsrichter befördert wurden) einen statistisch signifikanten Einfluss auf die Anzahl der vorhandenen ehrenamtlichen Schiedsrichter hat. Auf die Gewinnung von neuen ehrenamtlichen Schiedsrichtern hat nur die Beförderung zum Bundesliga-Schiedsrichter einen positiven Einfluss, nicht aber die Beförderung zum FIFA-Schiedsrichter.

Die Motive der Engagierten werden ebenfalls im Rahmen des Deutschen Freiwilligensurveys erfasst. Dabei steht der Spaß an erster Stelle gefolgt von sozialen Motiven wie „mit anderen Menschen zusammenkommen", „Gesellschaft mitgestalten" und „mit anderen Generationen zusammenkommen". Weniger häufig genannt werden Motive, die in Zusammenhang mit einem materiellen oder beruflichen Gewinn stehen oder das Motiv „Ansehen und Einfluss gewinnen" (Müller et al., 2017, S. 427). Betrachtet man diese Motive für die Aufnahme des freiwilligen Engagements, dann verdeutlicht dies die Bedeutung von intrinsischen Motivationsfaktoren für die Aufnahme eines freiwilligen Engagements.

Eines der bekanntesten Instrumente zur Messung der Motivation für Freiwilligenarbeit stellt das **Voluntary Functions Inventory** (VFI) dar. Das VFI (Clary et al., 1998) baut auf dem funktionalen Ansatz auf. Diesem Ansatz folgend, kann dasselbe Verhalten bei verschiedenen Individuen unterschiedliche Funktionen erfüllen (Clary et al., 1998, S. 1517). In Zusammenhang mit freiwilligem Engagement bedeutet dies, dass eben dieses Engagement bei verschiedenen Personen unterschiedliche Funktionen und Bedürfnisse erfüllen kann (Clary et al., 1998, S. 1517 f). Personen können für freiwilliges Engagement gewonnen werden, wenn mit der freiwilligen Arbeit diese individuellen Funktionen angesprochen werden. Und sie können dazu motiviert werden, ihr Engagement weiter aufrecht zu erhalten, wenn ihre individuellen psychologischen Funktionen mit dieser Arbeit erfüllt werden (Clary et al., 1998, S. 1518). Das VFI stellt somit ein Instrument dar, um die eingangs zentralen Fragen hinsichtlich des freiwilligen Engagements zu beantworten. Warum engagieren sich Menschen freiwillig? Wie können sie dazu bewegt werden, ihr freiwilliges Engagement aufrecht zu erhalten?

Das VFI misst die Motivation von freiwilligem Engagement. Eine deutsche Adaption und Validierung findet sich in Oostlander et al. (2014). Anhand des VFIs werden sechs potenzielle Funktionen der Freiwilligenarbeit gemessen (Clary et al., 1998; Oostlander et al., 2014, S. 74):

- **Wertefunktion** (*Values*): Personen können durch ihr freiwilliges Engagement ihre altruistischen und humanistischen Werte zum Ausdruck bringen.
- **Erfahrungsfunktion** (*Understanding*): Individuen üben ein freiwilliges Engagement aus, um neue Lernerfahrungen zu machen und Wissen sowie Fähigkeiten einzusetzen, die sie sonst nicht mehr nutzen würden.
- **Soziale Anpassungsfunktion** (*Social*): Eine freiwillige Tätigkeit erfolgt, weil dadurch Zeit mit Freunden oder der Familie verbracht werden kann oder weil freiwilliges Engagement sozial erwünscht ist.
- **Karrierefunktion** (*Career*): Die Motivation für freiwilliges Engagement liegt darin begründet, dass dadurch neue Fähigkeiten und Kenntnisse erworben werden können, welche für die Karriere relevant sind.
- **Schutzfunktion** (*Protective*): Ein freiwilliges Engagement erfolgt, weil dadurch Schuldgefühle (z. B. aufgrund des eigenen privilegierten Lebens) reduziert oder eigene Probleme besser verarbeitet werden können.
- **Selbstwertfunktion** (*Enhancement*): Das freiwillige Engagement erfolgt zur Verbesserung des eigenen Selbstwertgefühls.

Clary et al. (1998) verweisen auf die Bedeutung einer Beachtung dieser Funktionen für die Gewinnung und Bindung von Freiwilligen. Im Rahmen der Ansprache von Freiwilligen sollten diese Funktionen genutzt werden, um Personal zu gewinnen. Bei der Ausgestaltung der Freiwilligenarbeit kann eine Berücksichtigung dieser Funktionen zu einem Aufrechterhalten des freiwilligen Engagements beitragen (Clary et al., 1998, S. 1528).

Das VFI wird in vielen wissenschaftlichen Studien als Instrument verwendet, um die Motivation, sich freiwillig zu engagieren, zu erfassen (Oostlander et al., 2014, S. 73). Beispielsweise nutzen Burns et al. (2008) das VFI, um geschlechtsspezifische Unterschiede in der Motivation für freiwilliges Engagement bei jungen Erwachsenen zu untersuchen. Auch Fletcher & Major (2004) nutzen das VFI, um geschlechtsspezifische Unterschiede in der Motivation für freiwilliges Engagement bei Medizinstudenten zu untersuchen. Okun und Schultz (2003) verwenden das VFI, um altersspezifische Unterschiede in der Motivation für freiwilliges Engagement zu untersuchen. Dunn et al. (2016) nutzen die Funktionen des VFIs für eine systematische Analyse von Studien zu den Motiven für temporäres freiwilliges Engagement. Für einen systematischen Überblick zur Verwendung des VFI in der NPO-Forschung kann auf die Analyse von Chacón et al. (2017) verwiesen werden.

Weiterhin spielt auch die soziale Mission und die von der Organisation vertretenen Werte und Überzeugungen für die Gewinnung von Freiwilligen eine zentrale Rolle. Einolf und Young zeigen, dass die von einer Non-Profit-Organisation vertretenen Werte ein Entscheidungskriterium für Freiwillige bei der Auswahl einer Non-Profit-Organisation darstellen (Einolf & Young, 2018, S. 789). Auch Englert (2019) zeigt die Bedeutung der sozialen Mission und der damit verbundenen Werte einer Non-Profit-Organisation für die Gewinnung von freiwilligen und hauptamtlichen Mitarbeitern.

Zollo et al. (2020) untersuchen die Bedeutung von Religiosität für die Gewinnung und Bindung von freiwillig Engagierten. Ihre Ergebnisse verweisen auf die Bedeutung einer Passung zwischen den spirituellen Überzeugungen einer Non-Profit-Organisation und den spirituellen Überzeugungen der freiwillig Engagierten.

Mitchell und Clark (2021) gehen der Frage nach, warum sich Individuen für eine bestimmte Non-Profit-Organisation entscheiden. Ihre Ergebnisse zeigen unter anderem die Bedeutung einer starken NPO-Marke für die Gewinnung von Freiwilligen.

Dolnicar und Randle (2007) greifen in einer australischen Studie unter Beachtung der starken Heterogenität von Freiwilligen die Idee der Marktsegmentierung bei der Ansprache von Freiwilligen auf. Sie zeigen, dass sich basierend auf den Motiven für das freiwillige Engagement Segmente bilden lassen, welche sich hinsichtlich ihres soziodemografischen Profils unterscheiden. Solche Erkenntnisse können dann genutzt werden, um das knappe Marketing-Budget effizient für eine zielgruppenspezifische Ansprache einzusetzen (Dolnicar & Randle, 2007, S. 153).

Insgesamt lassen sich aus den Erkenntnissen der Freiwilligenforschung zu Motiven und Anstößen für freiwilliges Engagement die folgenden Aspekte hinsichtlich der Gewinnung und Bindung von Freiwilligen ableiten:

- Es sollte eine klare Kommunikation und Darstellung der sozialen Mission und der vertretenen Werte einer Non-Profit-Organisation erfolgen. Dies kann dazu beitragen, die Personen anzusprechen, die sich für die Organisation ernsthaft interessieren und die sich mit den Werten und Überzeugungen der Organisation identifizieren können.
- Die Rolle der sozialen Interaktion, welche den Anstoß zum freiwilligen Engagement geben kann, sollte beachtet werden.
- Die beschriebenen Funktionen, welche Freiwilligenarbeit für den einzelnen erfüllen kann, sollten für die Werbung für die Freiwilligenarbeit und bei der Ausgestaltung der Freiwilligenarbeit aufgegriffen werden.
- Das Wissen hinsichtlich der soziodemografischen und persönlichen Merkmale, welche in einem Zusammenhang zum freiwilligen Engagement stehen, kann für eine zielgruppenspezifische Ansprache genutzt werden.

Eine neuere Entwicklung im Bereich des Managements von Freiwilligen stellt der Ansatz von Corporate Volunteering dar. Unternehmen bieten ihren Mitarbeitern die Möglichkeit, im Rahmen ihres Arbeitsverhältnisses gemeinnützig tätig zu werden. Dabei kann sowohl die Reputation des Unternehmens gestärkt werden, als auch den Mitarbeitern die Möglichkeit gegeben werden, ihre sozialen Kompetenzen auszubauen. Gleichzeit bietet es auch die Möglichkeit des Teambuildings für Unternehmensabteilungen, welche sich gemeinsam in einem gemeinnützigen Projekt engagieren. Diese können von einem Bau eines Hochbeetes in einer Kindertagesstätte bis hin zu pro bono Beratungsprojekten reichen.

Wiederholungs- und Anwendungsfragen Kap. 5

1. Beschreiben Sie die Relevanz von Employer Branding vor dem Hintergrund des Fachkräftemangels.
2. Worin unterscheidet sich der Marketingmix im Produktmarketing vom Personalmarketingmix? Wo sehen Sie Unterschiede und Gemeinsamkeiten?
3. Was zeichnet den Arbeitsplatz in einer Non-Profit-Organisation aus? Welche Chancen sehen Sie im Hinblick auf die Ansprache von Bewerbern?
4. Welche Aspekte untersucht die Forschung hinsichtlich der Motivation und Bindung von freiwillig Engagierten? Wie können diese Erkenntnisse in der Praxis genutzt werden?

Literatur

Abzug, R. (2017). Recruitment and selection for nonprofit organizations. In J. K. A. Word & J. E. Sowa (Hrsg.), *The nonprofit human resource management handbook. From theory to practice* (S. 87–100). Routledge.

Ambler, T., & Barrow, S. (1996). The employer brand. *Journal of Brand Management, 4*(3), 185–206. https://doi.org/10.1057/bm.1996.42.

Ban, C., Drahnak-Faller, A., & Towers, M. (2003). Human resource challenges in human service and community development organizations. Recruitment and retention of professional staff. *Review of Public Personnel Administration, 23*(2), 133–153. https://doi.org/10.1177/2F0734371X03023002004.

Blum, K., Löffert, S., Offermanns, M., & Steffen, P. (2019). *Krankenhausbarometer. Umfrage 2019.* https://www.dki.de/sites/default/files/2019-12/2019_Bericht%20KH%20Barometer_final.pdf. Zugegriffen am 01.11.2021.

Boemke, B., & Danke, F.-L. (2007). *AGG im Arbeitsrecht*. Springer.

Boenigk, S., & Becker, A. (2016). Toward the importance of nonprofit brand equity. Results from a study of German nonprofit organizations. *Nonprofit Management & Leadership, 27*(2), 181–198. https://doi.org/10.1002/nml.21233.

Borzaga, C., & Tortia, M. (2006). Worker motivations, job satisfaction, and loyalty in public and nonprofit social services. *Nonprofit and Voluntary Sector Quarterly, 35*(2), 225–248. https://doi.org/10.1177/2F0899764006287207.

Breuer, C., & Feiler, S. (2017). Sportvereine in Deutschland – ein Überblick. In C. Breuer (Hrsg.), *Sportentwicklungsbericht 2015/2016. Analyse zur Situation der Sportvereine in Deutschland* (S. 15–36). Sportverlag Strauß.

Brown, W. A., & Yoshioka, C. F. (2003). Mission attachment and satisfaction as factors in employee retention. *Nonprofit Mangement & Leadership, 14*(1), 5–18. https://doi.org/10.1002/nml.18.

Brudney, J. L., & Sink, H. K. (2017). Volunteer management. It all depends. In J. K. A. Word & J. E. Sowa (Hrsg.), *The nonprofit human resource management handbook. From theory to practice* (S. 204–222). Routledge.

Buckley, M. R., Fedor, D. B., Veres, J. G., Wiese, D. S., & Carraher, S. M. (1998). Investigating newcomer expectations and job-related outcomes. *Journal of Applied Psychology, 83*, 452–461.

Bundesministerium für Bildung und Forschung. (2020). *Berufsbildungsbericht 2020.* https://www.bmbf.de/SharedDocs/Publikationen/de/bmbf/3/31609_Berufsbildungsbericht_2020.pdf;jsessionid=5E0A6E297027E39CD5EA131EF0B0EC32.live382?__blob=publicationFile&v=3. Zugegriffen am 22.11.2021.

Chacón, F., Gutiérrez, G., Sauto, V., Vecina, M. L., & Pérez, A. (2017). Volunteer functions inventory: A systematic review. *Psicothema, 29*(3), 306–316. https://doi.org/10.7334/psicothema2016.371.

Clary, E. G., Snyder, M., Ridge, R. D., Copeland, J., Stukas, A. A., Haugen, J., & Miene, P. (1998). Understanding and assessing the motivations of volunteers: A functional approach. *Journal of Personality and Social Psychology, 74*(6), 1516–1530.

Collins, B. K. (2008). What's the problem in public sector workforce recruitment? A multi-sector comparative analysis of managerial perceptions. *International Journal of Public Administration, 31*(14), 1592–1608. https://doi.org/10.1080/01900690802434214.

DEBA. (2006). *DEBA Manifest*. https://employerbranding.org/about/deba-manifest/. Zugegriffen am 11.05.2021.

Dolnicar, S., & Randle, M. (2007). What motivates which volunteers? Psychographic heterogeneity among volunteers in Australia. *Voluntas, 18*, 135–155. https://doi.org/10.1007/s11266-007-9037-5.

Drucker, P. F. (1989). What business can learn from nonprofits. *Harvard Business Review, 67*(4), 88–93.

Dunn, J., Chambers, S. K., & Hyde, M. K. (2016). Systematic review of motives for episodic volunteering. *Voluntas, 27*, 425–464. https://doi.org/10.1007/s11266-015-9548-4.

Einolf, C. J., & Young, C. (2018). Super-volunteers: Who are they and how do we get one? *Nonprofit and Voluntary Sector Quarterly, 47*(4), 789–812. https://doi.org/10.1177/2F0899764018760400.

Englert, B. (2019). *Personalmanagement in Nonprofit-Organisationen. Zur Rolle des Person-Environment Fit*. Springer Gabler.

Fletcher, T. D., & Major, D. A. (2004). Medical students' motivations to volunteer: An examination of the nature of gender differences. *Sex Roles, 51*, 109–114.

Gatewood, R. D., Gowan, M. A., & Lautenschlager, G. J. (1993). Corporate image, recruitment image, and initial job choice decisions. *Academy of Management Journal, 36*(2), 414–427.

Haiven, J. (4–6 November 2004). How do nonprofits recruit paid staff? In *Proceedings of the Atlantic Schools of Business Conference* (S. 81–93).

Handy, F., & Katz, E. (1998). The wage differential between nonprofit institutions and corporations: Getting more by paying less? *Journal of Comparative Economics, 26*(2), 246–261. https://doi.org/10.1006/jcec.1998.1520.

Homburg. (2020). *Marketing management* (7. Aufl.). Springer Gabler.

Kanning, U. P. (2017). *Personalmarketing, Employer Branding und Mitarbeiterbindung. Forschungsbefunde und Praxistipps aus der Personalpsychologie*. Springer.

Kausmann, C., Burkhardt, L., Rump, B., Kelle, N., Simonson, J., & Tesch-Römer, C. (2019). Zivilgesellschaftliches Engagement. In H. Krimmer (Hrsg.), *Datenreport Zivilgesellschaft* (S. 55–92). Springer VS.

Kirchgeorg, M., & Miller, J. (2013). Personalmarketing als Schlüssel zur Gewinnung, Bindung und Wiedergewinnung von Mitarbeitern. In R. Stock-Homburg (Hrsg.), *Handbuch Strategisches Personalmanagement* (2. Aufl., S. 73–90). Springer Gabler.

McCormick, H. (2016). *The real effects of unconscious bias in the workplace*. UNC Kenan Flaggger Business School. Executive Development.

Meffert, H., Burmann, C., & Kirchgeorg, M. (2008). *Marketing – Grundlagen marktorientierter Unternehmensführung* (10. Aufl.).

Mitchell, S.-L., & Clark, M. (2021). Volunteer choice of nonprofit organisation. *European Journal of Marketing, 55*(1), 63–94. https://doi.org/10.1108/EJM-05-2019-0427.

Müller, D., Hameister, N., & Lux, K. (2017). Anstoß und Motive für das freiwillige Engagement. In J. Simonson, C. Vogel & C. Tesch-Römer (Hrsg.), *Freiwilliges Engagement in Deutschland. Der Deutsche Freiwilligensurvey 2014* (S. 413–435). Springer VS.

Nerdinger, F. W., Blickle, G., & Schaper, N. (2019). *Arbeits- und Organisationspsychologie* (4. Aufl.). Springer Gabler.

Nickson, D., Warhurst, C., Dutton, E., & Hurrel, S. (2008). A job to believe in: Recruitment in the Scottish voluntary sector. *Human Resource Management Journal, 18*(1), 20–35.

Oostlander, J., Güntert, S. T., van Schie, S., & Wehner, T. (2014). Volunteer Functions Inventory (VFI): Konstruktvalidität und psychometrische Eigenschaften der deutschen Adaptation. *Diagnostica, 60*(2), 73–85.

Pfeiffer, M., Habibpour, M. M., Jegers, M., & Pepermans, R. (2018). The importance of sector-stereotypical images in relation to job pursuit intentions. *Nonprofit Management and Leadership, 28*(4), 553–564. https://doi.org/10.1002/nml.21304.

Sarrica, M., Michelon, G., Bobbio, A., & Ligorio, S. (2014). Employer branding in nonprofit organizations. An exploration of factors that are related to attractiveness, identification with the organization, and promotion: The case of emergency. *TPM-Testing, Psychometrics, Methodology in Applied Psychology, 21*(1), 3–20.

Scholz, C. (2014). *Personalmanagement. Informationsorientierte und verhaltenstheoretische Grundlagen* (6. Aufl.). Vahlen.

Schuler, H. (2000). Das Rätsel der Merkmals-Methoden-Effekte: Was ist „Potential" und wie lässt es sich messen? In L. von Rosenstiel & T. Lang-von Wins (Hrsg.), *Perspektiven der Potentialbeurteilung* (S. 53–71). Verlag für Angewandte Psychologie.

Schuler, H. (2013). Personalauswahl. Eine eignungsdiagnostische Perspektive. In R. Stock-Homburg (Hrsg.), *Handbuch Strategisches Personalmanagement* (S. 29–58). Springer Fachmedien.

Schuler, H. (2014). Biografieorientierte Verfahren der Personalauswahl. In H. Schuler & U. P. Kanning (Hrsg.), *Lehrbuch der Personalpsychologie* (3. Aufl., S. 257–299). Hogrefe.

Schuler, H., Höft, S., & Hell, B. (2014). Eigenschaftsorientierte Verfahren der Personalauswahl. In H. Schuler & U. P. Kanning (Hrsg.), *Lehrbuch der Personalpsychologie* (3. Aufl., S. 149–213). Hogrefe.

Simon, H., Wiltinger, K., Sebastian, K.-H., & Tacke, G. (1995). *Effektives Personalmarketing*. Gabler.

Simonson, J., & Hameister, N. (2017). Sozioökonomischer Status und freiwilliges Engagement. In J. Simonson, C. Vogel & C. Tesch-Römer (Hrsg.), *Freiwilliges Engagement in Deutschland. Der Deutsche Freiwilligensurvey 2014* (S. 439–464). Springer VS.

Simonson, J., Vogel, C., Ziegelmann, J. P., & Tesch-Römer, C. (2017). Einleitung: Freiwilliges Engagement in Deutschland. In J. Simonson, C. Vogel & C. Tesch-Römer (Hrsg.), *Freiwilliges Engagement in Deutschland. Der Deutsche Freiwilligensurvey 2014* (S. 31–50). Springer VS.

Snyder, M., & Omoto, A. M. (2008). Volunteerism: Social issues perspectives and social policy implications. *Social Issues and Policy Review, 2*, 1–36.

Vogel, C., Hagen, C., Simonson, J., & Tesch-Römer, C. (2017). Freiwilliges Engagement und öffentliche gemeinschaftliche Aktivität. In J. Simonson, C. Vogel & C. Tesch-Römer (Hrsg.), *Freiwilliges Engagement in Deutschland. Der Deutsche Freiwilligensurvey 2014* (S. 91–152). Springer VS.

Warning, A. (2020). Rekrutierungssituation im Beruf der Erzieherin/des Erziehers Engpässe werden immer stärker sichtbar. *IAB-Kurzbericht 2/2020*. http://doku.iab.de/kurzber/2020/kb0220.pdf. Zugegriffen am 11.05.2021.

Weller. (2021). *Kirchliches Arbeitsrecht* (1. Aufl.). Nomos.

Wicker, P., & Frick, B. (2016). Recruitment and retention of referees in nonprofit sport organizations: The trickle-down effect of role models. *Voluntas, 27*, 1304–1322.

Wilson, J. (2000). Volunteering. *Annual Review of Sociology, 26*, 215–240. https://doi.org/10.1146/annurev.soc.26.1.215.

Wilson, J. (2012). Volunteerism research: A review essay. *Nonprofit and Voluntary Sector Quarterly, 41*(2), 176–212.

Winter, V., & Thaler, J. (2016). Does motivation matter for employer choices? A discrete-choice analysis of medical students' decisions among public, nonprofit, and for-profit hospitals. *Nonprofit and Voluntary Sector Quarterly, 45*(4), 762–786.

Wymer, W., Gross, H. P., & Helmig, B. (2015). Nonprofit brand strength: What is it? How is it measured? What are its outcomes? *Voluntas, 27*, 1448–1471.

Zollo, L., Ciappei, C., Faldetta, G., & Pellegrini, M. M. (2020). Does religiosity influence retention strategies in nonprofit organizations? *Voluntas*. https://doi.org/10.1007/s11266-020-00293-8.

Motivation und Bindung von Mitarbeitern 6

> **Zusammenfassung**
>
> Im Mittelpunkt von Kapitel 6 steht die Motivation und Bindung von Mitarbeitern in Non-Profit-Organisationen. Hier wird insbesondere auf die verhaltenswissenschaftliche Perspektive eingegangen. Die Unterscheidung zwischen intrinsischen und extrinsischen Motivationsfaktoren wird dargestellt und auf ein mögliches Zusammenspiel der beiden Motivationsarten eingegangen. Anhand des Job Characteristic Modells wird die inhaltliche Ausgestaltung der Arbeit und deren Implikationen für die Motivation und Arbeitszufriedenheit thematisiert. Es werden zudem theoretische Ansätze der Mitarbeiterbindung aufgegriffen und deren Implikationen für die Mitarbeiterbindung in Non-Profit-Organisationen aufgezeigt.

6.1 Überblick

Neben der Gewinnung von Mitarbeitern stellt deren Motivation und Bindung eine der zentralen Aufgaben für Non-Profit-Organisationen dar. Insbesondere in Zeiten von Fachkräftemangel gilt es, qualifizierte und geeignete Mitarbeiter nicht nur für die eigene Organisation zu gewinnen, sondern diese auch zu motivieren und an die Organisation zu binden. Letzteres stellt die Aufgabe von Retention Management dar. Dabei können unter Retention Management alle systematischen Anstrengungen der Non-Profit-Organisation verstanden werden, welche dazu beitragen, das bestehende Personal an die Organisation zu binden. Diese Aufgabe stellt sich sowohl für die fest angestellten Mitarbeiter als auch für freiwillig Engagierte. Für den Themenbereich der Freiwilligen sei auch auf Kap. 5, insbesondere auf das Voluntary Functions Inventory, verwiesen.

In den vorhergehenden Kapiteln wurde bereits die Bedeutung der sozialen Mission im Rahmen des Personalmanagements beschrieben. Die soziale Mission einer Non-Profit-

Organisation ist nicht nur für die Wahrnehmung der Organisation als Arbeitgeber und damit für die Gewinnung von Mitarbeitern wichtig. Sie kann auch zur Zufriedenheit der Mitarbeiter beitragen und die Mitarbeiterbindung fördern (Brown & Yoshioka, 2003). Drucker (1989, 1992) verweist darauf, dass die Art der Formulierung eine zentrale Rolle spielt für die Mitarbeiter. Sie muss klar und operational formuliert sein: es darf nicht nur um Absichten gehen, sondern jeder Mitarbeiter muss wissen, was die Ziele der Organisation sind und welchen konkreten Beitrag der einzelne Mitarbeiter zur Erreichung dieser sozialen Mission leisten kann: „A mission statement has to be operational, otherwise it's just good intentions. A mission statement hast to focus on what the institution really tries to do and do it so that everybody in the organization can say, This is my contribution to the goal." (Drucker, 1992, S. 4).

Dieses Kapitel stellt ausgewählte Erkenntnisse und Ansätze der Motivationstheorien und Motivationsforschung dar. Zudem werden deren Implikationen für die Anreiz- und Motivationsgestaltung in Non-Profit-Organisationen dargestellt. Die motivationstheoretischen Ansätze sind den Verhaltenswissenschaften zuzuordnen. Neben einer verhaltenswissenschaftlichen Perspektive kann bei der Anreiz- und Motivationsgestaltung auch eine ökonomische Perspektive eingenommen werden. Diese Perspektive bei der Anreiz- und Motivationsgestaltung wurde bereits in Kap. 3 beispielhaft anhand der Prinzipal-Agenten-Theorie dargestellt. Hier liegt der Fokus auf dem Einsatz von extrinsischen Motivationsfaktoren zur Überwindung von Informationsasymmetrien zwischen Prinzipal und Agent.

Für die Gestaltung der Personalarbeit in Non-Profit-Organisationen spielt die Unterscheidung zwischen intrinsischen und extrinsischen Faktoren eine zentrale Rolle. Im Vergleich zu Organisationen der Privatwirtschaft, kommt intrinsischen Faktoren bei der Personalgewinnung, -motivation und -bindung eine hohe Bedeutung zu (Sarrica et al., 2014; Borzaga & Tortia, 2006). Deshalb soll zunächst diese Differenzierung zwischen intrinsischen und extrinsischen Motivationsfaktoren näher erläutert werden und auch auf das Zusammenspiel dieser beiden Motivationsfaktoren eingegangen werden.

6.2 Unterscheidung und Zusammenspiel von intrinsischer und extrinsischer Motivation

Die Pittsburgh Studie kann als wegweisende Studie im Bereich Motivation und Arbeitszufriedenheit bezeichnet werden. Diese Studie legte die Grundlage für die sogenannte „Zwei-Faktoren-Theorie" nach Herzberg (Nerdinger et al., 2019, S. 467).

Herzberg et al. (1959) fanden heraus, dass es unterschiedliche Faktoren sind, die zum Wegfall von Unzufriedenheit führen im Vergleich zu den Faktoren, die zu Zufriedenheit führen. Herzberg et al. (1959) kamen so zu zwei Kategorien von Faktoren:

- Hygienefaktoren (Kontextfaktoren): führen zum Wegfall von Unzufriedenheit (extrinsische Faktoren)
- Motivatoren (Kontentfaktoren): führen zu Zufriedenheit (intrinsische Faktoren)

6.2 Unterscheidung und Zusammenspiel von intrinsischer und extrinsischer Motivation

Die Pittsburgh Studie wurde mehrfach repliziert. Immer wieder zeigte sich die in der Pittsburg Studie gefundene Unterscheidung von Hygienefaktoren und Motivatoren (Herzberg, 1968), welche in Abb. 6.1 dargestellt ist.

Intrinsische Faktoren betreffen demnach die Arbeit selbst, während extrinsische Faktoren von außerhalb einwirken. Die Unterscheidung von intrinsischen und extrinsischen Motivationsfaktoren wird auch in Forschungsarbeiten zu Non-Profit-Organisationen häufig herangezogen (z. B. Ben-Ner et al., 2011; Borzaga & Tortia, 2006).

Nicht nur für den klassischen Fall des bezahlten Mitarbeiters lassen sich extrinsische und intrinsische Motivationsfaktoren unterscheiden. Fiorillo (2011, S. 141) fasst die Motive für freiwilliges Engagement anhand der intrinsischen und extrinsischen Dimension zusammen. Zur intrinsischen Motivation zählen demnach, anderen zu helfen sowie der Spaß und die Freude am freiwilligen Engagement selbst. Zur extrinsischen Motivation zählen die Investition in Humankapital (welche den individuellen Wert auf dem Arbeitsmarkt erhöht) sowie der Nutzen aus dem Aufbau eines sozialen Netzwerkes durch das freiwillige Engagement.

Die Zwei-Faktoren-Theorie wurde vielfach wegen ihrer konzeptionellen, logischen und methodischen Schwachstellen kritisiert (Ulich, 2011, S. 48). Hackman und Oldham (1976, S. 251 f.) bemängeln, dass es vielen Forschern nicht gelungen sei, empirische Evidenz für die Zwei-Faktoren-Theorie selbst zu finden. Zudem kritisieren sie, dass die Theorie nicht unterscheidet, wie der einzelne Mitarbeiter individuell auf die beschriebenen Faktoren reagiert. Weitere Kritik wird von ihnen dahingehend geäußert, dass die Theorie nicht beschreibt, wie das Vorhandensein oder Nicht-Vorhandensein von Motivatoren gemessen werden kann.

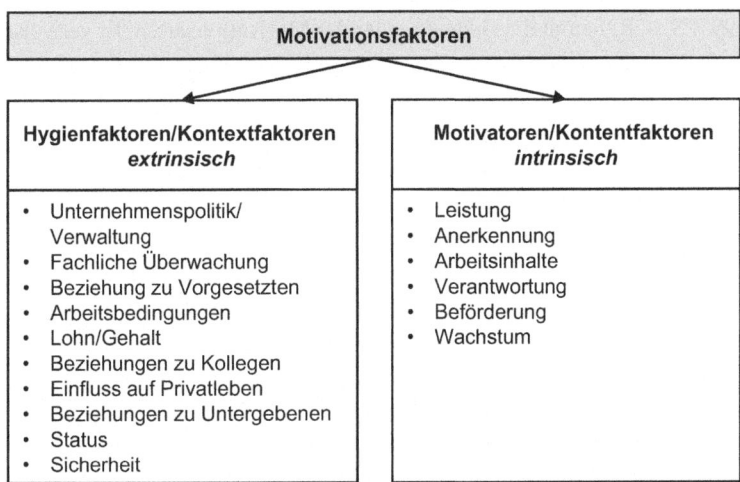

Abb. 6.1 Hygienefaktoren und Kontextfaktoren nach Herzberg (1968). (Quelle: Eigene Darstellung)

Bei aller Kritik an dem Zwei-Faktoren-Ansatz besteht sein Verdienst darin, dass die Relevanz von Arbeitsinhalten für die Zufriedenheit und Motivation erkannt wurde (Ulich, 2011, S. 48). Neben der ökonomischen Anreizgestaltung finden nun auch inhaltliche Aspekte der Tätigkeit Beachtung bei der Frage, wie Motivation und Zufriedenheit von Arbeitnehmern gefördert werden können. Welche konkreten Merkmale einer Tätigkeit relevant für die Zufriedenheit sind, damit beschäftigt sich das „Job Characteristic Modell" von Hackman und Oldham (1976; Nerdinger et al., 2019, S. 468 f.) Hackman und Oldham entwickeln ein Modell, das spezifiziert, wie eine Tätigkeit ausgestaltet sein muss, damit ein Individuum intrinsisch motiviert ist (Hackman & Oldham, 1976). Auf dieses Modell soll in Abschn. 6.3 eingegangen werden.

Für die Anreiz- und Motivationsgestaltung in Non-Profit-Organisationen ist nicht nur die Unterscheidung von intrinsischen und extrinsischen Faktoren der Motivation von Bedeutung, sondern es muss auch das Zusammenspiel und das Zusammenwirken dieser beiden Faktoren betrachtet werden.

Dabei kann unter anderem auf die Arbeiten von Frey (1997) sowie Osterloh und Frey (2000) zurückgegriffen werden. Frey (1997) baut auf der Beschreibung von intrinsischer Motivation im Rahmen der Selbstbestimmungstheorie nach Deci und Ryan (1985) auf. Personen sind demnach intrinsisch motiviert, wenn sie eine Tätigkeit wegen der Tätigkeit selbst durchführen. Dagegen sind Personen extrinsisch motiviert, wenn sie von externen Anreizen geleitetet sind. Dabei können diese externen Anreize sowohl positiv – z. B. finanzielle Anreize – als auch negativ – z. B. Androhung von Entgeltkürzung oder Entlassung – sein (Frey, 1997, S. 429).

Auf diese Formen der extrinsischen Motivationsgestaltung greift die Anreizgestaltung im Rahmen der Prinzipal-Agenten-Theorie zurück, um die Informationsasymmetrien zwischen Prinzipal und Agent zu überwinden (vgl. Abschn. 3.3.1.2). Hier werden beispielsweise finanzielle Anreize gesetzt, um das Verhalten von Führungskräften zu steuern.

Frey (1997, S. 428) betont die Bedeutung beider Motivationsarten. Er verweist aber vor allem darauf, dass das systematische Zusammenspiel von intrinsischer und extrinsischer Motivation von zentraler Bedeutung ist. Insbesondere kann es durch den Einsatz extrinsischer Anreize unter bestimmten Bedingungen zu einer Verdrängung intrinsischer Motivation kommen. Ein sogenannter **Crowding-Out-Effekt** tritt ein.

Der Crowding-Out-Effekt beschreibt das Phänomen, nachdem intrinsische und extrinsische Motivation sich nicht zu einer höheren Gesamtmotivation aufsummieren. Vielmehr führt der Einsatz von extrinsischen Motivationsfaktoren zu einer Reduktion von intrinsischer Motivation und damit in Summe zu einer geringeren Gesamtmotivation.

Damit so ein Effekt eintreten kann, müssen zwei Anforderungen erfüllt werden (Frey, 1997, S. 431).

Erstens muss eine (ausreichend) hohe intrinsische Motivation vorliegen. Osterloh und Frey (2000, S. 543) stellen klar, dass für einfache Tätigkeiten diese Voraussetzung nicht gegeben ist. Frey (1997, S. 431) beschreibt drei Situationen, die für das Vorliegen von intrinsischer Motivation besonders relevant sind:

1) Je interessanter eine Aufgabe ist, desto höher ist die intrinsische Motivation seine Aufgabe gut zu machen und ein gutes Arbeitsergebnis zu erzielen.
2) Das Vorhandensein von persönlichen Beziehungen zwischen Prinzipalen und Agenten
3) Je höher die Partizipationsmöglichkeiten des Agenten sind, desto höher ist die intrinsische Motivation.

Zweitens tritt ein Crowding-Out-Effekt insbesondere dann ein, wenn die extrinsischen Anreize als „kontrollierend" wahrgenommen werden, in diesem Fall kommt es zu einer Verschiebung der „Kontrollüberzeugung" weg vom Agenten. Das heißt, der Agent sieht sich nicht mehr länger als Verantwortlicher seines eigenen Handelns und sieht keine Notwendigkeit die intrinsische Motivation aufrecht zu erhalten. Wenn der externe Anreiz eher als Feedback-Instrument genutzt wird, kommt es dagegen nicht zu einer Verdrängung der intrinsischen Motivation. Sie kann dann konstant bleiben oder sogar steigen (Frey, 1997, S. 432).

Neben dem Crowding-Out-Effekt kann auch ein **Crowding-In-Effekt** auftreten. Dabei kommt es durch den Einsatz externer Anreize zu einer höheren intrinsischen Motivation (Osterloh & Frey, 2000, S. 541). Wenn Personen eine Arbeit ausüben, für welche die extrinsischen Anreize nicht ausreichend sind, dann wird nach Gründen gesucht, warum man die Arbeit trotzdem macht. Finden die Personen dann Gefallen an der Arbeit, führen diese intrinsischen Aspekte zu einem Bedeutungsverlust der externen Anreize. Ein Crowding-In-Effekt kann auch auftreten, wenn externe Anreize als eine Art Wertschätzung für die Arbeit aufgefasst werden. Dann kann der Einsatz von externen Anreizen zu einer Steigerung der intrinsischen Motivation führen (Frey, 1997, S. 430).

Frey (1997, S. 437) verweist auf die Bedeutung bzw. die Gefahr eines Crowding-Out-Effektes insbesondere in Non-Profit-Organisationen.

Das Zusammenspiel von intrinsischer und extrinsischer Motivation wird auch in zahlreichen Studien zur Motivation in Non-Profit-Organisationen aufgegriffen. Grundsätzlich verweisen die Studien auf die hohe Bedeutung der intrinsischen Motivation, vor allem auch im Kontext des freiwilligen Engagements. Allerdings finden nicht alle Studien empirische Evidenz für den beschriebenen Verdrängungseffekt.

Zum Beispiel verweist Leete (2000) auf die Bedeutung einer hohen intrinsischen Motivation von Mitarbeitern im Non-Profit-Sektor. Darauf aufbauend argumentiert Leete, dass es in Non-Profit-Organisationen eine geringere Lohnspreizung bzw. eine größere Lohngleichheit als in anderen Sektoren geben sollte. Sie findet empirische Evidenz dafür, dass im Non-Profit-Sektor eine größere Lohngleichheit vorliegt und führt dies unter anderem auf die hohe Bedeutung intrinsischer Motivation im Non-Profit-Sektor zurück. Leete argumentiert, dass Lohngleichheit und die wahrgenommene Fairness des Arbeitgebers zentral für die Motivationsgestaltung sein könnten. Gerade im Non-Profit-Sektor, der stark auf die intrinsische Motivation seiner Mitarbeiter setzt, sollte dies dazu führen, dass eine größere Lohngleichheit vorliegt als im privatwirtschaftlichen Sektor. Anhand von US-Arbeitsmarktdaten findet sie einen Zusammenhang zwischen Lohngleichheit und der Zugehörigkeit zum Non-Profit-Sektor in den USA.

Deckop und Cirka (2000) untersuchen die Mitarbeitermotivation in einer US-amerikanischen Non-Profit-Organisation vor und nach der Einführung eines leistungsbezogenen Entlohnungssystems. Ihre Ergebnisse zeigen, dass die Einführung einer leistungsorientierten Vergütung zu einem Rückgang der intrinsischen Motivation führt, insbesondere bei Mitarbeitern mit einer anfänglich hohen intrinsischen Motivation. Zudem spielten auch gerechtigkeitsbezogene Aspekte eine Rolle. Bei Mitarbeitern, welche sich für eine leistungsorientierte Entlohnung ausgesprochen hatten und das Gefühl hatten, dass ihre Leistung ungerecht beurteilt wurde, führte die Einführung einer leistungsorientierten Vergütung zu einem Verlust an intrinsischer Motivation.

Fiorillo (2011) untersucht die Bedeutung von monetären Anreizen für die intrinsische Motivation. Diese italienische Studie kommt zu dem Ergebnis, dass sowohl monetäre Anreize als auch intrinsische Motivation eine Rolle spielen bei der Entscheidung, sich freiwillig zu engagieren. Die Studie findet jedoch keine empirische Evidenz für den Verdrängungseffekt.

Die Erkenntnisse der Motivationsforschung zu intrinsischer und extrinsischer Motivation in Non-Profit-Organisationen betonen insgesamt nicht nur die hohe Bedeutung der intrinsischen Motivation, sondern sie verweisen auch darauf, dass der Einsatz von extrinsischen Motivationsfaktoren zu einem Abfall der intrinsischen Motivation führen kann. Dies birgt die Gefahr, dass die Steigerung der extrinsischen Motivation nicht den Verlust an intrinsischer Motivation kompensieren kann und somit die Gesamtmotivation sinkt. Zudem scheint dieser Verdrängungseffekt vor allem bei Mitarbeitern einzutreten, die eine besonders hohe intrinsische Motivation aufweisen und damit besonders wertvoll für Non-Profit-Organisationen sind (Deckop & Cirka, 2000). Weiterhin scheint der Aspekt der Gerechtigkeit eine Rolle zu spielen, wenn es zum Einsatz von leistungsorientierter Vergütung kommt. Insgesamt betrachtet, sollten Non-Profit-Organisation eine Übernahme von leistungsorientierten Vergütungssystemen aus dem gewinnorientierten Sektor sehr kritisch hinterfragen und die Chancen und Risiken vor einer Einführung gründlich abwägen.

Speckbacher (2011, S. 1018) verweist neben dem Faktor der intrinsischen Motivation noch auf zwei weitere Aspekte von Non-Profit-Organisationen, welche sich im Hinblick auf den Einsatz von leistungsorientierter Vergütung als herausfordernd erweisen. Zunächst einmal stellt sich die Frage, wie die Leistung einer Non-Profit-Organisation gemessen werden kann. Zweitens zeichnet sich die Beziehung zwischen Organisation und Stakeholder durch einen vertrauensbasierten und sozialen Charakter aus. Dies passt nicht zur klassischen Prinzipal-Agenten-Beziehung, wie sie in einer gewinnorientierten Unternehmung besteht und für welche die leistungsorientierte Vergütung als Anreizinstrument im Kontext von Informationsasymmetrien zwischen Prinzipal und Agent eingesetzt werden kann (siehe Abschn. 3.3.1.2).

6.3 Die Bedeutung der inhaltlichen Ausgestaltung der Arbeitstätigkeit für die Motivation und Bindung von Mitarbeitern

Das Job Characteristic Modell (Abb. 6.2) beschäftigt sich mit der Frage, welche Charakteristika eine Arbeitstätigkeit aufweisen muss, damit sich entsprechend positive Auswirkungen auf den Mitarbeiter und das Arbeitsergebnis zeigen. Im Mittelpunkt des Modells stehen drei psychologische Erlebniszustände (Hackman & Oldham, 1976, S. 255 f.):

- Erlebte **Bedeutsamkeit** der Aufgabe: Das Ausmaß, zu dem das Individuum die eigene Tätigkeit als bedeutend, wertvoll und lohnend einschätzt.
- Erlebte **Verantwortlichkeit** für die Arbeitsergebnisse: Das Ausmaß, zu dem das Individuum sich persönlich verantwortlich für die Ergebnisse der Arbeit fühlt.
- Wissen über die **Ergebnisse** der Arbeit: Das Ausmaß, zu dem das Individuum die Ergebnisse des eigenen Handels kennt und seine eigene Leistung einschätzen kann.

Eine Aufgabe muss nach dem Modell fünf Charakteristika aufweisen, damit sie diese drei psychologischen Erlebniszustände auslösen kann (Hackman & Oldham, 1976, S. 257):

- **Vielfalt an Fähigkeiten** (*Skill Variety*): Das Ausmaß, zu dem eine Aufgabe eine Vielzahl von verschiedenen Aktivitäten beinhaltet, welche den Einsatz von verschiedenen Fähigkeiten und Talenten der Person erfordert.
- **Aufgabenidentität** (*Task Identity*): Das Ausmaß, zu dem eine Aufgabe von Anfang bis Ende ausgeführt wird. Dies beinhaltet auch ein sichtbares Ergebnis.
- **Bedeutsamkeit der Aufgabe** (*Task Significance*): Das Ausmaß, zu dem eine Aufgabe einen zentralen Einfluss auf das Leben oder die Arbeit anderer Personen hat. Dies kann sowohl in der Organisation selbst sein oder in der externen Umwelt.
- **Autonomie** (*Autonomy*): Das Ausmaß, zu dem eine Aufgabe dem Individuum Freiheit, Unabhängigkeit und Entscheidungsspielraum gewährt. Dies bezieht sich sowohl auf die Planung der Arbeit als auch auf die Wahl der Handlungen und Maßnahmen, um die Aufgabe zu erfüllen.
- **Rückmeldung** (*Feedback*): Das Ausmaß, in dem das Individuum eine direkte und klare Rückmeldung zu seiner Leistung bekommt.

Die ersten drei Aufgabencharakteristika (Vielfalt an Tätigkeiten, Aufgabenidentität und Bedeutsamkeit der Aufgabe) führen zu der erlebten Bedeutsamkeit der Arbeit. Autonomie führt zur erlebten Verantwortlichkeit und Rückmeldung führt zu Wissen über die Ergebnisse der Arbeit (Hackman & Oldham, 1976, S. 256).

Diese drei psychologischen Erlebniszustände können dann die folgenden positiven Auswirkungen für die Arbeit und das Individuum haben (Hackman & Oldham, 1976, S. 256):

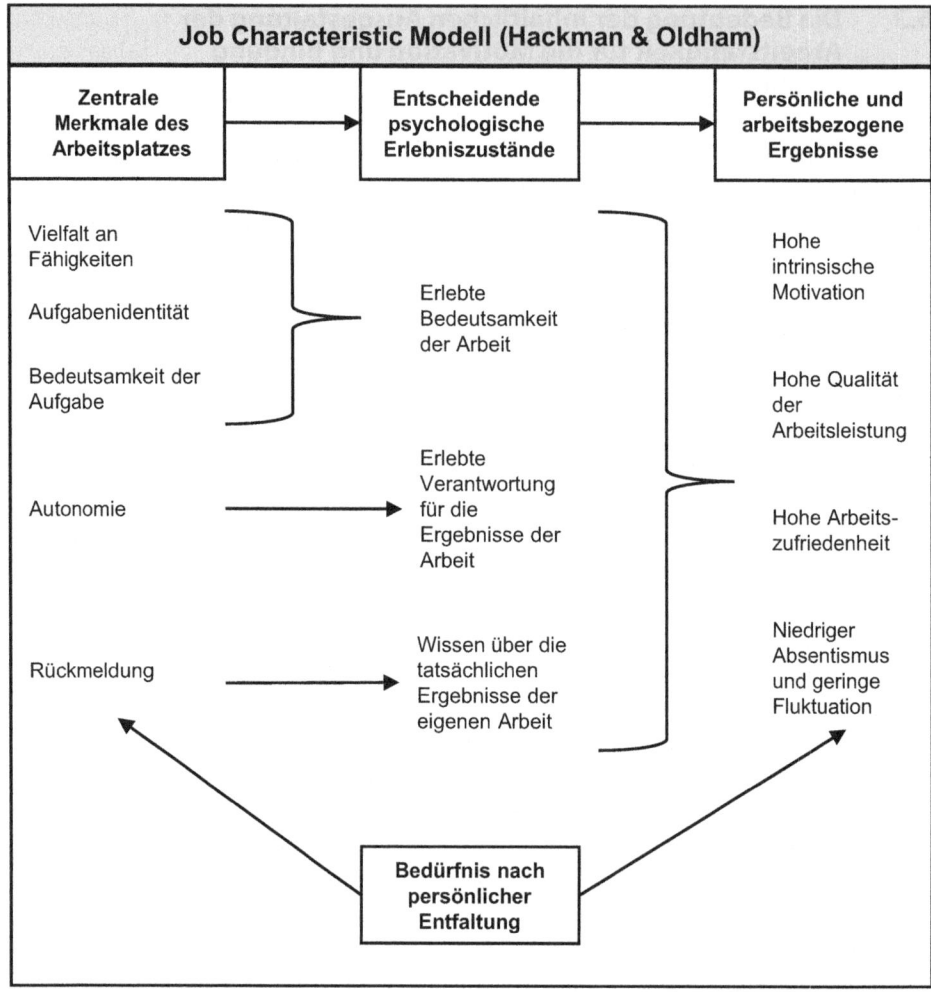

Abb. 6.2 Das Job Characteristic Modell. (Quelle: Hackman & Oldham, 1976, S. 256)

- Hohe intrinsische Motivation
- Hohe Qualität der Arbeitsleistung
- Hohe Arbeitszufriedenheit
- Niedriger Absentismus und geringe Fluktuation

Die beschriebenen Zusammenhänge zwischen Aufgabencharakteristika und psychologischen Erlebniszuständen einerseits und psychologischen Erlebniszuständen und den Auswirkungen andererseits werden beeinflusst durch das Bedürfnis nach persönlicher Entfaltung (Hackman & Oldham, 1976, S. 255 und S. 259). Dies beruht auf der Grundannahme, dass Menschen mit einem starken Bedürfnis nach persönlicher Entfaltung stärker positiv auf das Motivationspotenzial eines Jobs reagieren werden als Menschen mit einem geringer ausgeprägten Bedürfnis nach persönlicher Entfaltung (Hackman & Oldham, 1976, S. 259).

Zur empirischen Erfassung der Aufgabencharakteristika haben die Autoren einen Fragebogen entwickelt, die sogenannte *Job Diagnostic Survey*. Anhand dieses Fragebogens führen die Mitarbeiter eine Selbsteinschätzung durch und darauf aufbauend kann das Motivationspotenzial der Arbeit erfasst werden. Das Instrument der Job Diagnostic Survey dient sowohl zur Bewertung von Arbeitstätigkeiten als auch zur Evaluation von Arbeitsgestaltungsmaßnahmen, wie z. Job Enrichment (Hackman & Oldham, 1975, S. 159 f.).

Betrachtet man die einzelnen Elemente des Job Characteristic Modells, vor allem die Aspekte der intrinsischen Motivation und der erlebten Bedeutsamkeit der Aufgabe, dann wird klar, dass Non-Profit-Organisationen sich für eine Anwendung des Modells eignen. Das Modell kann angewandt werden, um die Faktoren von Arbeitszufriedenheit und Motivation zu untersuchen.

Hobson und Heler (2007) wenden das Modell von Hackman & Oldham beispielsweise an, um den Einfluss der Qualität der Freiwilligentätigkeit („Job Quality") auf die Arbeitszufriedenheit („Job Satisfaction") von Freiwilligen zu messen. Sie bestimmen die Qualität einer Aufgabe für Freiwillige anhand des Job Characteristic Modells. Dafür berechnen sie das Motivationspotenzial der Tätigkeit. Sie finden empirische Evidenz dafür, dass ein starker positiver Zusammenhang zwischen dem Motivationspotenzial einer Tätigkeit und der Arbeitszufriedenheit von Freiwilligen besteht. Diese empirische Evidenz finden sie auch jeweils für den Zusammenhang zwischen den einzelnen Aufgabencharakteristika und der Arbeitszufriedenheit. Dadurch sehen sie ihre Hypothese bestätigt, dass ein positiver Zusammenhang zwischen der Qualität einer Freiwilligenaufgabe („Job Quality") und der Arbeitszufriedenheit („Job Satisfaction") besteht.

Insgesamt betrachtet, kann das Job Characteristic Modell wertvolle Hinweise zur Gestaltung der Arbeitstätigkeit liefern. Auch bietet es die Möglichkeit, die Ursachen für eine gesunkene intrinsische Motivation oder gestiegene Absentismus- und Fluktuationszahlen näher zu analysieren.

6.4 Mitarbeiterbindung in Non-Profit-Organisationen

Im Folgenden sollen zwei Perspektiven hinsichtlich der Bindung von Mitarbeitern in Non-Profit-Organisationen aufgegriffen werden. Zum einen soll die austauschtheoretische Sichtweise anhand der Anreiz-Beitrags-Theorie dargestellt werden. Zum anderen soll die Frage des Commitments von Mitarbeitern anhand des Modells nach Meyer und Allen (1991) diskutiert werden.

Die Anreiz-Beitrags-Theorie ist der verhaltenswissenswissenschaftlichen Entscheidungstheorie zuzuordnen und beschäftigt sich mit dem Entscheidungsverhalten von Organisationsteilnehmern. Die Anreiz-Beitrags-Theorie geht auf Barnard (1938) zurück. Darauf baut das Modell zu Eintritts- und Verbleibentscheidungen in Organisationen von March und Simon (1958) auf (Krill, 2011, S. 403).

Im Mittelpunkt der Theorie steht ein ausgeglichenes Verhältnis von Anreizen und Beiträgen. Die Anreize werden dabei von Organisationsseite erbracht, die Beiträge werden von den Organisationsmitgliedern geleistet. Die Beiträge der Organisationsmitglieder bestehen dabei insbesondere in ihrer Bereitschaft, für die Organisation Beiträge in Form von

Arbeitsleitung und -engagement zu erbringen. Dies gilt sowohl für die Leistung von hauptamtlichen Mitarbeitern als auch für freiwillig Engagierte.

Die Anreize, welche die Organisation bietet, lassen sich dabei in materielle und immaterielle Anreize unterscheiden:

- **Materielle Anreize:** Vergütung, sonstige finanzielle Leistungen, Prestige, Status, Arbeitsplatzsicherheit
- **Immaterielle Anreize**: Interessante Tätigkeit, Aufstiegsmöglichkeiten, Unternehmenskultur, Betriebsklima, Führungsverhalten

Im Rahmen des Personalmanagements lassen sich drei Entscheidungsarten anhand der Anreiz-Beitrags-Theorie untersuchen (Stock-Homburg & Gross, 2019, S. 77):

- **Eintrittsentscheidung** (Gestaltung der Arbeitgebermarke)
- **Leistungsentscheidung** (Motivation und Führung von Mitarbeitern)
- **Verbleibentscheidung/Austrittsentscheidung** (Mitarbeiterbindung)

Zu einer Eintrittsentscheidung kommt es dann, wenn die angebotenen Anreize größer sind als der Beitrag, den der Mitarbeiter leisten kann und möchte. Zu einer Austrittsentscheidung kommt es dann, wenn die Anreize seitens der Organisation als zu gering von dem Mitarbeiter wahrgenommen werden. Der Mitarbeiter wird dann seinen Beitrag in Form einer Arbeitsleistung erbringen, wenn die wahrgenommenen Anreize ausreichend sind.

Eine Mitarbeiterbindung kann nur dann zustande kommen, wenn die gebotenen Anreize seitens der Organisation mindestens so groß sind wie die vom Mitarbeiter geleisteten Beiträge. Dieses Gleichgewicht ist in Abb. 6.3 dargestellt.

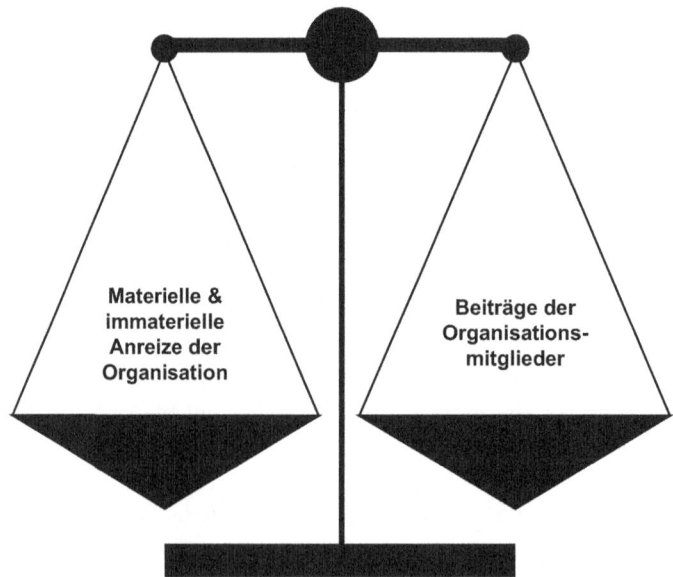

Abb. 6.3 Gleichgewicht von Anreizen und Beiträgen. (Quelle: Eigene Darstellung)

6.4 Mitarbeiterbindung in Non-Profit-Organisationen

Insgesamt sollten bei einer Non-Profit-Organisation die immateriellen Anreize im Vordergrund stehen. Insbesondere auch dann, wenn es um die Gewinnung und Bindung von Freiwilligen geht. Dies wurde bereits anhand der Ausführungen zur Bedeutung der intrinsischen Motivationskomponente in Non-Profit-Organisationen untermauert.

Neben der Frage, welche Anreize eine Organisation ihren Mitarbeitern bieten sollte, stellt sich auch die Frage, wie eine emotionale Bindung der Mitarbeiter an die Non-Profit-Organisation erzielt werden kann. Man spricht hier von affektivem Commitment. Organisationales Commitment kann als ein psychologischer Zustand beschrieben werden (Meyer & Allen, 1991, S. 62). Commitment beschreibt eine Art Verbindung zwischen Individuum und Organisation. Nach Meyer und Allen (1991, S. 67) besteht Commitment aus drei Komponenten, wie in Abb. 6.4 dargestellt.

Alle drei Komponenten begreifen Commitment als psychologischen Zustand, welcher die Beziehung zwischen Mitarbeiter und Organisation beschreibt und Auswirkungen auf die Entscheidung hat, in der Organisation zu bleiben oder diese zu verlassen (Meyer & Allen, 1991, S. 67). Auch wenn alle drei Formen des Commitments die Wahrscheinlichkeit der Fluktuation senken, so kommt diese Verbindung zwischen Fluktuation bei den drei Komponenten aus unterschiedlichen Gründen zustande. Die Autoren fassen dies wie folgt zusammen: „Employees with a strong affective commitment remain because they want to, those with strong continuance commitment because they need to and those with strong normative commitment because they feel they ought to do so" (Allen & Meyer, 1990, S. 4). Die affektive Verbindung kann anhand des *Organizational Commiment Questionnaires* gemessen werden (Porter et al., 1974). Eine deutschsprachige Übersetzung des Fragebogens liegt von Maier und Woschée (2002) vor.

Für Non-Profit-Organisationen hat das organisationale Commitment einen hohen Stellenwert hinsichtlich der Bindung von Mitarbeitern. Dementsprechend beschäftigt die Forschung die Frage, was zu einer Erhöhung dieses organisationalen Commitments beitragen kann (z. B. Wang, 2021; Bahat, 2020).

Drei Komponenten des Commitments		
Affektiv	*Normativ*	*Kalkulatorisch*
Emotionale Verbindung zur Organisation	Empfundene Verpflichtung zur Organisation	Kosten, welche beim Verlassen der Organisation entstehen
Fluktuationsrisiko ⬇		

Abb. 6.4 Die drei Komponenten des Commitments nach Meyer & Allen, 1991. (Quelle: Eigene Darstellung)

Dies gilt besonders für das affektive Commitment. Mitarbeiter verbleiben in der Organisation, weil sie dies möchten und nicht, weil sie dies sollten oder aufgrund der entstehenden Kosten keine andere Wahl haben (Allen & Meyer, 1990, S. 4). Auch in der empirischen Forschung zu Non-Profit-Organisationen wird die Komponente des affektiven Commitments häufig aufgegriffen und untersucht (z. B. Bang et al., 2013; Brimhall, 2019, Erdurmazli, 2019). Gerade im Kontext von Freiwilligen und Ehrenamtlichen wird untersucht, wie dieses Engagement aufrechterhalten werden kann und wie eine Beziehung zwischen Individuum und Organisation erreicht werden kann, die zu einem Verbleib in der Organisation führen kann.

Einen Einfluss auf das Commitment scheinen die von den Freiwilligen gemachten Erfahrungen zu haben. Bennett & Barkensjo (2005) finden einen negativen Zusammenhang zwischen negativen Erfahrungen der Freiwilligen und dem Commitment zur Organisation. Auch Kewes und Munsch (2019) zeigen, dass die von Freiwilligen gemachten Erfahrungen eine Rolle für das Commitment spielen können. Dabei können Erfahrungen das Commitment der Freiwilligen steigern; Erfahrungen können aber auch dazu führen, dass die Freiwilligen die Organisation nicht länger unterstützen möchten (Kewes & Munsch, 2019, S. 1100). Nencini et al. (2016) betrachten im Zusammenhang mit den Erfahrungen auch die sozialen Beziehungen, die dadurch mit anderen Freiwilligen entstanden sind und die eine wichtige Rolle für das Aufrechterhalten der Motivation spielen.

Wiederholungs- und Anwendungsfragen Kap. 6

1. Erläutern Sie anhand eines Beispiels den Verdrängungseffekt in der Motivation.
2. Analysieren Sie einen Arbeitsplatz Ihrer Wahl anhand des Job Characteristic Modells. Wo sehen Sie Grenzen der Ausgestaltung der Arbeit in einer Non-Profit-Organisation?
3. „Wenn die Bezahlung stimmt, dann ist auch die Motivation vorhanden." Diskutieren Sie diese Aussage kritisch vor dem Hintergrund der Zwei-Faktoren-Theorie.
4. Was versteht man unter organisationalem Commitment? Wie kann das Commitment der Mitarbeiter gesteigert werden?

Literatur

Allen, N. J., & Meyer, J. P. (1990). The measurement and antecedents of affective, continuance and normative commitment to the organization. *Journal of Occupational Psychology, 63*(1), 1–18.

Bahat, E. (2020). *Person–organization fit and commitment to volunteer organizations, Voluntas*. https://doi.org/10.1007/s11266-020-00212-x.

Bang, H., Ross, S., & Reio, T. G. (2013). From motivation to organizational commitment of volunteers in non-profit sport organizations: The role of job satisfaction. *Journal of Management Development, 32*(1), 96–112. https://doi.org/10.1108/02621711311287044.

Barnard, C. (1938). *The functions of the executive*. Harvard University Press.

Ben-Ner, A., Ren, T., & Paulson, D. F. (2011). A sectoral comparison of wage levels and wage inequality in human services industries. *Nonprofit and Voluntary Sector Quarterly, 40*(4), 608–633.

Bennett, R., & Barkensjo, A. (2005). Internal marketing, negative experiences, and volunteers' commitment to providing high-quality services in a UK helping and caring charitable organization. *Voluntas: International Journal of Voluntary and Nonprofit Organizations, 16*(3), 251–274.

Borzaga, C., & Tortia, E. (2006). Worker motivations, job satisfaction, and loyalty in public and nonprofit social services. *Nonprofit and Voluntary Sector Quarterly, 35*(2), 225–248. https://doi.org/10.1177/2F0899764006287207.

Brimhall, K. C. (2019). Inclusion and commitment as key pathways between leadership and nonprofit performance. *Nonprofit Management and Leadership, 30*(1), 31–49. https://doi.org/10.1002/nml.21368.

Brown, W. A., & Yoshioka, C. F. (2003). Mission attachment and satisfaction as factors in employee retention. *Nonprofit Management and Leadership, 14*(1), 5–18. https://doi.org/10.1002/nml.18.

Deci, E. L., & Ryan, R. M. (1985). *Intrinsic motivation and self-determination in human behavior*. Plenum Press.

Deckop, J. R., & Cirka, C. C. (2000). The risk and reward of a double-edged sword: Effects of a merit pay program on intrinsic motivation. *Nonprofit and Voluntary Sector Quarterly, 29*(3), 400–418. https://doi.org/10.1177/2F0899764000293003.

Drucker, P. F. (1989). What business can learn from nonprofits. *Harvard Business Review, 67*(4), 88–93.

Drucker, P. F. (1992). *Managing the nonprofit organization*. Harper Collins.

Erdurmazli, E. (2019). Satisfaction and commitment in voluntary organizations: A cultural analysis along with servant leadership. *Voluntas, 30*, 129–146.

Fiorillo, D. (2011). Do monetary rewards crowd out the intrinsic motivation of volunteers? Some empirical evidence for Italian volunteers. *Annals of Public and Cooperative Economics, 82*(2), 139–165.

Frey, B. S. (1997). On the relationship between intrinsic and extrinsic work motivation. *International Journal of Industrial Organization, 15*(4), 427–439.

Hackman, J. R., & Oldham, G. R. (1975). Development of the job diagnostic survey. *Journal of Applied Psychology, 60*(2), 159–170.

Hackman, J. R., & Oldham, G. R. (1976). Motivation through the design of work: Test of a theory. *Organizational Behavior and Human Performance, 16*(2), 250–279.

Herzberg, F. (1968). One more time: How do you motivate employees? *Harvard Business Review, 46*(1), 53–62.

Herzberg, F., Mausner, B., & Snyderman, B. (1959). *The motivation to work*. Wiley.

Hobson, C. J., & Heler, K. (2007). The importance of initial assignment quality and staff treatment of new volunteers: A field test of the Hobson-Heler model of nonprofit agency "volunteer-friendliness". *The International Journal of Volunteer Administration, 14*(6), 47–56.

Kewes, A., & Munsch, C. (2019). Should I stay or should I go? Engaging and disengaging experiences in welfare-sector volunteering. *Voluntas, 30*, 1090–1103. https://doi.org/10.1007/s11266-019-00122-7.

Krill, M. (2011). Mitarbeiterbindung als Umkehrung von Fluktuation: Implikationen der Fluktuationsdeterminantenforschung. *Zeitschrift für Management, 6*(4), 401–425. https://doi.org/10.1007/s12354-011-0153-1.

Leete, L. (2000). Wage equity and employee motivation in nonprofit and for-profit organizations. *Journal of Economic Behavior & Organization, 43*, 423–446.

Maier, G. W., & Woschée, R.-M. (2002). Psychometrische Überprüfung einer deutschsprachigen Fassung des Organizational Commitment Questionnaire (OCQ) von Porter und Smith (1970). *Zeitschrift für Arbeits- und Organisationspsychologie, 46*(3), 126–136.

March, J. G., & Simon, H. A. (1958). *Organizations*. Wiley.

Meyer, J. P., & Allen, N. J. (1991). A three-component conceptualization of organizational commitment. *Human Resource Management Review, 1*(1), 61–89.

Nencini, A., Romaioli, D., & Meneghini, A. M. (2016). Volunteer motivation and organizational climate: Factors that promote satisfaction and sustained volunteerism in NPOs. *Voluntas, 27*, 618–639. https://doi.org/10.1007/s11266-015-9593-z.

Nerdinger, F. W., Blickle, G., & Schaper, N. (2019). *Arbeits- und Organisationspsychologie* (4. Aufl.). Springer Gabler.

Osterloh, M., & Frey, B. S. (2000). Motivation, knowledge transfer and organizational forms. *Organization Science, 11*(5), 538–550.

Porter, L. W., Steers, R. M., Mowday, R. T., & Boulian, P. V. (1974). Organizational commitment, job satisfaction, and turnover among psychiatric technicians. *Journal of Applied Psychology, 59*(5), 603–609. https://doi.org/10.1037/h0037335.

Sarrica, M., Michelon, G., Bobbio, A., & Ligorio, S. (2014). Employer branding in nonprofit organizations. An exploration of factors that are related to attractiveness, identification with the organization, and promotion: The case of emergency. *TPM-Testing, Psychometrics, Methodology in Applied Psychology, 21*(1), 3–20.

Speckbacher, G. (2011). The use of incentives in nonprofit organizations. *Nonprofit and Voluntary Sector Quarterly, 42*(5), 1006–1025. https://doi.org/10.1177/2F0899764012447896.

Stock-Homburg, R., & Gross, M. (2019). *Personalmanagement. Theorien – Konzepte – Instrumente* (4. Aufl.). Springer Gabler.

Ulich, E. (2011). *Arbeitspsychologie* (7. Aufl.). Schäffer Poeschel.

Wang, R. (2021). Organizational commitment in the nonprofit sector and the underlying impact of stakeholders and organizational support. *Voluntas*. https://doi.org/10.1007/s11266-021-00336-8.

Leitungsstrukturen und Führung in Non-Profit-Organisationen 7

Zusammenfassung

Kapitel 7 widmet sich der Führung und Leitung von Non-Profit-Organisationen. Es sollen im Folgenden drei Aspekte näher beleuchtet werden. Erstens soll auf mögliche Rechtsformen einer Non-Profit-Organisation und die daraus resultierenden Leitungsstrukturen eingegangen werden. Näher betrachtet werden sollen in diesem Kontext unter anderem die rechtlichen Grundlagen, Aspekte der Gründung sowie die Organe der Gesellschaft. Es geht um die Frage, welche Leitungs- und Kontrollorgane grundsätzlich bestehen. Zweitens sollen NPO Kodizes vorgestellt und deren Anforderungen an die Governance und an die Leitungsstrukturen von Non-Profit-Organisationen beschrieben werden. Hier geht es um die konkrete Ausgestaltung der durch die Rechtsform vorgegebenen Organe bzw. um Einrichtung weiterer, fakultativer Organe und deren Ausgestaltung. Drittens sollen Besonderheiten der Personalführung in Non-Profit-Organisationen erläutert werden. Hier geht es um die Frage, welche besonderen Aspekte bei der Personalführung in Non-Profit-Organisationen zu beachten sind.

7.1 Rechtsformen und Leitungsstrukturen in Non-Profit-Organisationen

Non-Profit-Organisationen bewegen sich in einer heterogenen Landschaft von Rechtsformen. Durch die Wahl der Rechtsform werden die Rechtsbeziehungen zwischen den Gesellschaftern (Innenverhältnis) sowie die Rechtsbeziehungen zwischen der Organisation und den anspruchsberechtigten Stakeholdern (Außenverhältnis) geregelt (Wöhe et al., 2020, S. 208).

Mit der Wahl der Rechtsform werden Aspekte der Leitungsfunktionen und der Leitungsstruktur einer Non-Profit-Organisation vorgegeben (z. B. Vorstand, Aufsichtsrat, Geschäftsführer oder Mitgliederversammlung). Eine Besonderheit von Non-Profit-Organisation besteht darin, dass die Leitungsfunktionen sowohl im Haupt- als auch im Ehrenamt besetzt sind (Abb. 7.1).

Im Folgenden sollen die gängigsten Rechtsformen von Non-Profit-Organisationen kurz beschrieben werden und die Implikationen für die Gestaltung der Leitungsstrukturen dargestellt werden. Tab. 7.1 fasst die Rechtsformen, deren zentrale Charakteristika sowie die Implikationen für die Leitungsfunktionen und die Leitungsstruktur zusammen. Betrachtet werden sollen im Folgenden nun die rechtlichen Grundlagen, die Organe der Organisation, Haftungsfragen und Besonderheiten der jeweiligen Rechtsform.

Typische Rechtsformen für Non-Profit-Organisationen sind Vereine, Stiftungen, GmbHs und Genossenschaften. Die Rechtsform der Aktiengesellschaft spielt im Non-Profit-Sektor eine eher unbedeutende Rolle. Eine Non-Profit-Organisation kann sich als „gemeinnützige" Organisation anerkennen lassen. Diese Anerkennung der Gemeinnützigkeit erfolgt über das zuständige Finanzamt.

Der Zusatz „gemeinnützig" resultiert nicht in einer anderen Rechtsform. Beispielsweise finden sich die zentralen rechtlichen Regelungen für eine gemeinnützige GmbH (gGmbH) ebenso im GmbH Gesetz wieder, wie dies für eine nicht gemeinnützige GmbH

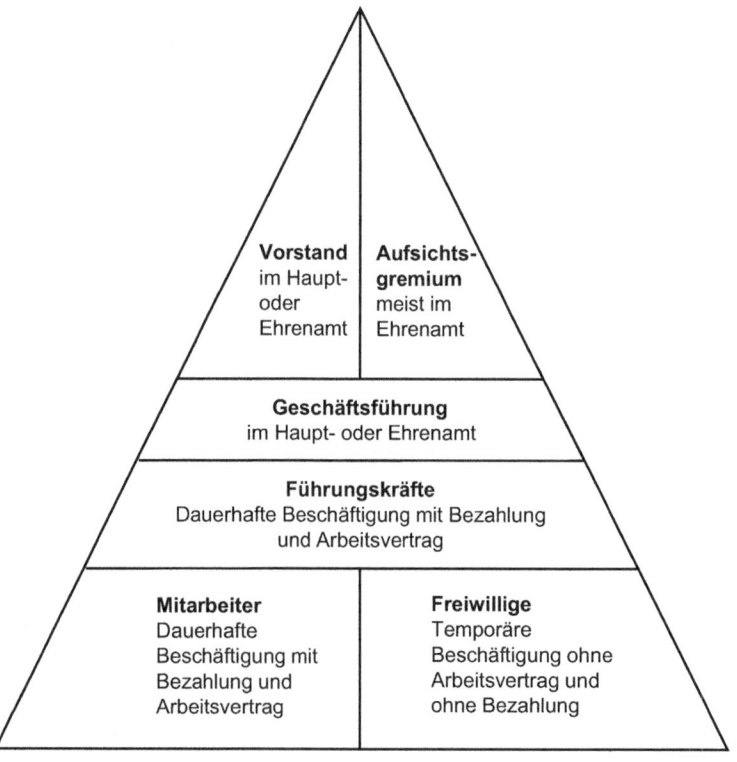

Abb. 7.1 Personalstruktur in Non-Profit-Organisationen. (Quelle: Eigene Darstellung)

Tab. 7.1 Mögliche Rechtsformen im Non-Profit-Sektor in Deutschland

Rechtsform	Zentrale Merkmale
Verein	*Rechtliche Grundlage*: §§ 21–79 BGB *Leitungsrechte*: Vorstand *Kontrollrechte*: Mitgliederversammlung, evtl. Aufsichtsrat *Besonderheiten*: Die Vereinsgründung ist relativ einfach und erfordert keine großen Aufwendungen; kein Anfangskapital erforderlich. *Beispiel NPO*: Deutscher Kinderschutzbund e. V.
Stiftung	*Rechtliche Grundlage*: §§ 80–88 BGB und entsprechende Landesgesetze *Leitungsrechte*: Vorstand (üblicherweise) *Kontrollrechte*: Stiftungsrat (üblicherweise) *Besonderheiten*: Genauere Regelungen zur Ausgestaltung der Organe finden sich in der Satzung einer Stiftung. Hier müssen gemäß § 81 BGB Name, Sitz, Zweck, Vermögen und Vorstandsbildung der Stiftung geregelt sein. *Beispiel NPO*: Stiftung Deutsche Krebshilfe
GmbH	*Rechtliche Grundlage*: GmbHG *Leitungsrechte*: Geschäftsführer, Gesellschafterversammlung mit Weisungsrecht *Kontrollrechte*: Gesellschafterversammlung, ab 500 Beschäftigten ist ein Aufsichtsrat zu bilden. *Besonderheiten*: Mindestkapital von 25.000 Euro *Beispiel NPO*: Körperbehinderte Allgäu gGmbH
Genossenschaft	*Rechtliche Grundlage*: GenG *Leitungsrechte*: Vorstand (kann satzungsmäßig beschränkt werden) *Kontrollrechte*: volle Kontrollrechte für Aufsichtsrat; beschränkte Kontrollrechte für Generalversammlung *Besonderheiten*: Eigenkapital der Genossenschaft besteht aus der Summe der eingezahlten Geschäftsanteile; Schwankungen im Eigenkapital durch den Ein- und Austritt von Mitgliedern. Kein festgeschriebenes Grund- oder Stammkapital. *Beispiel NPO*: Sprint, Gemeinnützige eG, Sprach- und Integrationsvermittlung.
AG	*Rechtliche Grundlage*: Aktiengesetz *Leitungsrechte*: Vorstand *Kontrollrechte*: Aufsichtsrat *Besonderheiten*: hohes Grundkapital von 50.000 Euro; keine Gewinnausschüttung an nicht gemeinnützige Aktionäre möglich. *Beispiel NPO*: Zoologischer Garten Berlin gAG

der Fall ist. Die Gemeinnützigkeit bedeutet allerdings eine andere Behandlung hinsichtlich steuerrechtlicher Aspekte. Dieses steuerrechtliche Privileg ist in wirtschaftlicher Hinsicht für Non-Profit-Organisationen von großer Relevanz.

Die Abgabenordnung (AO) regelt in den §§ 51 bis 68 die Voraussetzungen, unter denen eine Körperschaft Steuerbegünstigungen erhalten kann.

In der Regel sind Körperschaften juristische Personen mit eigenen Rechten und Pflichten (Saenger, 2020, S. 4). Die für eine NPO klassischen Rechtsformen des Vereins, der GmbH und der Genossenschaft sind Körperschaften, ebenso die (noch) untypische Rechtsform der Aktiengesellschaft.

Um als „gemeinnützig" eingestuft zu werden, müssen folgende Voraussetzungen vorliegen. Die Körperschaft muss gemeinnützige, mildtätige oder kirchliche Zwecke verfolgen. Sie muss diese Zwecke selbstlos, ausschließlich und unmittelbar verfolgen (Brinkmeier, 2016, S. 33).

Einzelunternehmen und Personengesellschaften (Gesellschaft bürgerlichen Rechts, Offene Handelsgesellschaft, Kommanditgesellschaft, Stille Gesellschaft) können den Status der Gemeinnützigkeit nicht erreichen.

Abgabenordnung (AO) – § 52 Gemeinnützige Zwecke
(1) *Eine Körperschaft verfolgt gemeinnützige Zwecke, wenn ihre Tätigkeit darauf gerichtet ist, die Allgemeinheit auf materiellem, geistigem oder sittlichem Gebiet selbstlos zu fördern. Eine Förderung der Allgemeinheit ist nicht gegeben, wenn der Kreis der Personen, dem die Förderung zugutekommt, fest abgeschlossen ist, zum Beispiel Zugehörigkeit zu einer Familie oder zur Belegschaft eines Unternehmens, oder infolge seiner Abgrenzung, insbesondere nach räumlichen oder beruflichen Merkmalen, dauernd nur klein sein kann. Eine Förderung der Allgemeinheit liegt nicht allein deswegen vor, weil eine Körperschaft ihre Mittel einer Körperschaft des öffentlichen Rechts zuführt.*
(2) *Unter den Voraussetzungen des Absatzes 1 sind als Förderung der Allgemeinheit anzuerkennen:*
   1. *die Förderung von Wissenschaft und Forschung;*
   2. *die Förderung der Religion;*
   3. *die Förderung des öffentlichen Gesundheitswesens und der öffentlichen Gesundheitspflege, insbesondere die Verhütung und Bekämpfung von übertragbaren Krankheiten, auch durch Krankenhäuser im Sinne des § 67, und von Tierseuchen;*
   4. *die Förderung der Jugend- und Altenhilfe;*
   5. *die Förderung von Kunst und Kultur;*
   6. *die Förderung des Denkmalschutzes und der Denkmalpflege;*
   7. *die Förderung der Erziehung, Volks- und Berufsbildung einschließlich der Studentenhilfe;*
   8. *die Förderung des Naturschutzes und der Landschaftspflege im Sinne des Bundesnaturschutzgesetzes und der Naturschutzgesetze der Länder, des Umweltschutzes, einschließlich des Klimaschutzes, des Küstenschutzes und des Hochwasserschutzes;*
   9. *die Förderung des Wohlfahrtswesens, insbesondere der Zwecke der amtlich anerkannten Verbände der freien Wohlfahrtspflege (§ 23 der Umsatzsteuer-Durchführungsverordnung), ihrer Unterverbände und ihrer angeschlossenen Einrichtungen und Anstalten;*
   10. *die Förderung der Hilfe für politisch, rassistisch oder religiös Verfolgte, für Flüchtlinge, Vertriebene, Aussiedler, Spätaussiedler, Kriegsopfer, Kriegshinterbliebene, Kriegsbeschädigte und Kriegsgefangene, Zivilbeschädigte und Behinderte sowie Hilfe für Opfer von Straftaten; Förderung des Andenkens an Verfolgte, Kriegs- und Katastrophenopfer; Förderung des Suchdienstes für Vermisste, Förderung der Hilfe für Menschen, die auf Grund ihrer geschlechtlichen Identität oder ihrer geschlechtlichen Orientierung diskriminiert werden;*

11. *die Förderung der Rettung aus Lebensgefahr;*
12. *die Förderung des Feuer-, Arbeits-, Katastrophen- und Zivilschutzes sowie der Unfallverhütung;*
13. *die Förderung internationaler Gesinnung, der Toleranz auf allen Gebieten der Kultur und des Völkerverständigungsgedankens;*
14. *die Förderung des Tierschutzes;*
15. *die Förderung der Entwicklungszusammenarbeit;*
16. *die Förderung von Verbraucherberatung und Verbraucherschutz;*
17. *die Förderung der Fürsorge für Strafgefangene und ehemalige Strafgefangene;*
18. *die Förderung der Gleichberechtigung von Frauen und Männern;*
19. *die Förderung des Schutzes von Ehe und Familie;*
20. *die Förderung der Kriminalprävention;*
21. *die Förderung des Sports (Schach gilt als Sport);*
22. *die Förderung der Heimatpflege, Heimatkunde und der Ortsverschönerung;*
23. *die Förderung der Tierzucht, der Pflanzenzucht, der Kleingärtnerei, des traditionellen Brauchtums einschließlich des Karnevals, der Fastnacht und des Faschings, der Soldaten- und Reservistenbetreuung, des Amateurfunkens, des Freifunks, des Modellflugs und des Hundesports;*
24. *die allgemeine Förderung des demokratischen Staatswesens im Geltungsbereich dieses Gesetzes; hierzu gehören nicht Bestrebungen, die nur bestimmte Einzelinteressen staatsbürgerlicher Art verfolgen oder die auf den kommunalpolitischen Bereich beschränkt sind;*
25. *die Förderung des bürgerschaftlichen Engagements zugunsten gemeinnütziger, mildtätiger und kirchlicher Zwecke;*
26. *die Förderung der Unterhaltung und Pflege von Friedhöfen und die Förderung der Unterhaltung von Gedenkstätten für nichtbestattungspflichtige Kinder und Föten.*

Sofern der von der Körperschaft verfolgte Zweck nicht unter Satz 1 fällt, aber die Allgemeinheit auf materiellem, geistigem oder sittlichem Gebiet entsprechend selbstlos gefördert wird, kann dieser Zweck für gemeinnützig erklärt werden. Die obersten Finanzbehörden der Länder haben jeweils eine Finanzbehörde im Sinne des Finanzverwaltungsgesetzes zu bestimmen, die für Entscheidungen nach Satz 2 zuständig ist.

Wird eine Organisation als „gemeinnützig" eingestuft, kommt die Organisation in den Genuss von Steuervorteilen. Insbesondere ist die Organisation im ideellen Bereich von der Körperschaftssteuer und von der Gewerbesteuer befreit (Brinkmeier, 2016, S. 33 f.).

▶ **Körperschafts- und Gewerbesteuer**

Die **Körperschaftssteuer** kann als Einkommenssteuer der juristischen Person gesehen werden. Versteuert werden muss das Einkommen dieser juristischen Person, also die Gewinne der Kapitalgesellschaft. Die Bemessungsgrundlage dieser Steuer ist dabei der nach Einkommens- und Körperschaftssteuergesetzen ermittelte Gewinn aus dem Gewerbebetrieb (Wöhe et al., 2020, S. 225).

Die **Gewerbesteuer** kann als Objektsteuer bezeichnet werden. Steuerbemessungsgrundlage bildet der Gewerbeertrag. Die Gewerbesteuer ist eine Gemeindesteuer. Jede Gemeinde kann hier einen eigenen Hebesatz festlegen (Wöhe et al., 2020, S. 224).

Die Einstufung als gemeinnützige Organisation bedeutet nicht, dass eine Organisation keine Gewinne erzielen darf. Gewinne dürfen nur für die satzungsmäßigen Zwecke eingesetzt werden. Sie dienen zum einen als Rücklage für die Organisation. Zum anderen können Gewinne für notwendige Investitionen verwendet werden. Im Gegensatz zu gewinnorientierten Organisationen dürfen Gewinne nicht an die Eigentümer oder Gesellschafter ausgeschüttet werden, wie dies bei einer Aktiengesellschaft in Form von Dividendenzahlungen erfolgt.

Fehlende Gemeinnützigkeit bei unverhältnismäßig hohen Geschäftsführervergütungen
Non-Profit-Organisationen bewegen sich bei der Vergütung von Geschäftsführern in einem Spannungsfeld. Aufgrund des Fach- und Führungskräftemangels wollen sie ihren Geschäftsführern ein attraktives Gehalt bezahlen, gleichzeitig sind sie aufgrund ihres Status der Gemeinnützigkeit dazu verpflichtet, ein angemessenes Gehalt zu bezahlen.
Der Bundesfinanzhof hat mit seinem Urteil vom 12.03.2020 (V R 5/17) entschieden, dass eine sogenannte Mittelfehlverwendung vorliegt, wenn eine gemeinnützige Körperschaft ihrem Geschäftsführer unverhältnismäßig hohe Tätigkeitsvergütungen gewährt. Diese Mittelfehlverwendung kann zum Entzug der Gemeinnützigkeit führen.
Ob eine unverhältnismäßige Vergütung vorliegt, ist durch einen sogenannten Fremdvergleich zu prüfen. Dabei können zum Vergleich auch nicht gemeinnützige Organisationen herangezogen werden. Beispielsweise können allgemeine Vergütungsstudien auch aus dem privatwirtschaftlichen Bereich zum Vergleich zu Grunde gelegt werden. Der Bereich der angemessenen Vergütung bewegt sich dabei in einer Bandbreite. Nur wenn der obere Rand dabei um mehr als 20 % übersteigt, sind die Bezüge als unangemessen zu bewerten. Ein Entzug der Gemeinnützigkeit kann aber auch dann nicht bei einem geringfügigen Verstoß gegen das Mittelverwendungsgebot erfolgen.
Quelle: Bundesfinanzhof, 2020.

Im Folgenden sollen nun die Rechtsformen des Vereins, der GmbH, der Stiftung und der Genossenschaft dargestellt werden.

7.1.1 Verein

Verbreitung & Rechtliche Grundlage
Insgesamt gibt es in Deutschland über 600.000 eingetragene Vereine (Bundesamt für Justiz, 2020). Die Vereinsgründung ist relativ einfach. Es sind keine großen Aufwendungen und kein Anfangskapital erforderlich. Die rechtliche Grundlage für Vereine bilden insbesondere die §§ 21–79 des BGB.

Ein Verein ist „[…] ein auf eine gewisse Dauer angelegter, körperschaftlich organisierter Zusammenschluss einer Anzahl von Personen, die ein gemeinschaftliches Ziel verfolgen." (Schick, 2014, S. 562). Dabei besteht ein Verein auch bei einem Mitgliederwechsel grundsätzlich unverändert fort. Hierin besteht der Unterschied zwischen Verein und Gesellschaft (Schick, 2014, S. 562 f.). Eine Gesellschaft ist ein „gesellschaftsrechtliches Rechtsverhältnis unter bestimmten Personen" (Schick, 2014, S. 563).

Ein rechtsfähiger Verein kann als Grundtypus der Kapitalgesellschaft angesehen werden (Wien, 2013, S. 171). Ein nicht wirtschaftlicher Verein erlangt seine Rechtsfähigkeit durch einen Eintrag ins Vereinsregister (§ 21 BGB).[1] Ab der Eintragung ins Vereinsregister erhält der Verein den Namenszusatz e. V. – eingetragener Verein. Für eine Eintragung ins Vereinsregister müssen einige Voraussetzungen erfüllt werden. Unter anderem muss der Verein mindestens sieben Mitglieder haben (§ 56 BGB) und der Verein muss eine Satzung haben, welche den Zweck, den Namen und den Sitz des Vereins enthalten (§ 57 BGB) (Wien, 2013, S. 172).

Organe
Vorgeschriebene Organe des Vereins sind der **Vorstand** und die **Mitgliederversammlung** (Wien, 2013, S. 175). Die Satzung eines Vereins stellt seine Grundordnung dar (Wien, 2013, S. 173). Die Satzung soll nach § 58 BGB unter anderem Regelungen über den Ein- und Austritt von Vereinsmitgliedern erhalten. Ein Hauptrecht der Vereinsmitglieder ist das Stimmrecht in der Mitgliederversammlung. Jedes Mitglied, auch eine juristische Person, hat eine Stimme in der Mitgliederversammlung (Schick, 2014, S. 564).

Die Mitgliederversammlung trifft durch ihre Beschlüsse die Entscheidungen über Vereinsangelegenheiten. Nach § 32 (1) BGB gehören zu den Aufgaben der Mitgliederversammlung diejenigen Aufgaben, die nicht vom Vorstand oder einem anderen Vereinsorgan durchzuführen sind. Dazu gehören z. B. Satzungsänderung, Wahl des Vorstands oder Auflösung eines Vereins (Wien, 2013, S. 176).

Das vertretungsberechtige Organ des Vereins ist der Vorstand (Wien, 2013, S. 175). Die Bestellung des Vorstands erfolgt durch den Beschluss der Mitgliederversammlung (§ 27 BGB). Nach § 40 BGB kann in der Satzung des Vereins aber auch vorgesehen werden, dass ein anderes Organ als die Mitgliederversammlung für die Wahl des Vorstandes/der Vorstandsmitglieder zuständig ist (Schick, 2014, S. 565).

Der Vorstand kann entweder auf hauptamtlicher Basis angestellt sein oder auf ehrenamtlicher Basis arbeiten. Ist der Vorstand auf hauptamtlicher Basis angestellt, erhält er dafür eine Vergütung und es besteht zwischen Verein und Vorstand ein Arbeits- oder Dienstvertrag. Insbesondere in kleineren Vereinen arbeitet der Vorstand auf ehrenamtlicher Basis (Wien, 2013, S. 175 f).

---

[1] Ein wirtschaftlicher Verein (z. B. kleine Schauspielhäuser oder Taxiunternehmen) erhalten ihre Rechtsfähigkeit nach § 22 BGB durch staatliche Verleihung (Wien, 2013, S. 172). Der wirtschaftliche Verein ist eher eine Ausnahme, da die staatliche Genehmigung nur in wenigen Sonderfällen erteilt wird.

Nach § 30 BGB kann durch die Satzung festgelegt werden, dass neben dem Vorstand besondere Vertreter für gewisse Geschäfte bestimmt werden können. Dies ist insbesondere für Großvereine relevant. Beispielsweise sind häufig die hauptberuflich tätigen Geschäftsführer der freien Wohlfahrtsverbände solche besonderen Vertreter (Schick, 2014, S. 566).

In der Praxis kommt es häufig zur Bildung weiterer Organe neben dem Vorstand und der Mitgliederversammlung (Schick, 2014, S. 566). Diese tragen z. B. die Bezeichnung Beirat, Ausschuss, Verwaltungsrat oder Aufsichtsrat. Diesen fakultativ eingerichteten Organen können umfassende Aufgaben übertragen werden. Dabei ist zu beachten, dass für die Vertretung des Vereins nach außen zwingend der Vorstand erforderlich ist. Zudem muss es für die Mitgliederversammlung möglich sein, die Kompetenzen, die sie auf weitere Organe übertragen hat, wieder auf sich zurück zu übertragen (Schick, 2014, S. 566).

Haftung
Ein zentraler Vorteil darin, dass ein Verein eingetragen ist, liegt in der Haftung begründet. Die Mitglieder eines eingetragenen Vereins haften nicht für die Schulden des Vereins. Ein ehrenamtlich tätiger Vorstand, dessen Vergütung 840 Euro nicht übersteigt, haftet gegenüber dem Verein nur bei Vorliegen von Vorsatz oder grober Fahrlässigkeit (§ 31a BGB).

7.1.2 GmbH

Verbreitung & Rechtliche Grundlage
In Deutschland gibt es über 25.000 gemeinnützige GmbHs (Priemer et al., 2019, S. 10).[2] Die rechtliche Grundlage für GmbHs bildet das GmbHG.

Organe
Die Organe der GmbH sind der/die Geschäftsführer und die Gesellschafterversammlung. Die Leitung der GmbH liegt bei der Geschäftsführung, die Kontrolle obliegt der Gesellschafterversammlung (Wöhe et al., 2020, S. 222). Der Geschäftsführer vertritt die GmbH nach außen im Rechtsverkehr. Diese Vertretungsmacht im Außenverhältnis kann grundsätzlich nicht beschränkt werden. Der Geschäftsführer unterliegt im Innenverhältnis den Weisungen der Gesellschafterversammlung. Es kann in der Geschäftsordnung für die Geschäftsführung oder im Geschäftsführer-Dienstvertrag festgeschrieben werden, welche Geschäftsführungsmaßnahmen einer vorherigen Zustimmung der Gesellschafter unter-

---

[2] Genutzt werden die Daten des IAB-Betriebspanels. Im Jahr 2016 gab es demnach 25.300 Betriebe in der Rechtsform der GmbH, welche zugleich im Sinne des Steuerrechts als gemeinnützige, mildtätige oder kirchliche Einrichtung steuerbegünstigt sind.

worfen sind (Engelhardt, 2018, S. 29). Dies könnte zum Beispiel für folgende Maßnahmen sinnvoll sein (Engelhardt, 2018, S. 29):

- Unternehmensplanung und Budget
- Arbeits- und Dienstleistungsverträge, die über einen gewissen Betrag hinausgehen
- Miet- und Pachtverträge
- Veräußerung der Gesellschaft ganz oder in Teilen

Die Kontrollkompetenz liegt bei der Gesellschafterversammlung (Wöhe et al., 2020, S. 222). Als weiteres kontrollierendes und beratendes Organ kann für die GmbH ein Aufsichtsrat bestellt werden (Saenger, 2020, S. 426). Bei einer GmbH kann zwischen einem fakultativen und einem obligatorischen Aufsichtsrat unterschieden werden (Saenger, 2020, S. 412):

- **Fakultativer Aufsichtsrat**: Bei einer GmbH, welche weniger als 500 Mitarbeiter hat, kann ein Aufsichtsrat gebildet werden.
- **Obligatorischer Aufsichtsrat**: Hat die GmbH mehr als 500 Mitarbeiter, fällt die GmbH unter das Drittelbeteiligungsgesetz, bei mehr als 2000 Mitarbeitern greift das Mitbestimmungsgesetz. Demnach ist ein Aufsichtsrat zu bilden und mit einem Drittel Arbeitnehmervertreter zu besetzen (Drittelbeteiligungsgesetz) bzw. paritätisch mit Arbeitnehmervertretern (Mitbestimmungsgesetz) zu besetzen. Für Tendenzbetriebe finden weder das Drittelbeteiligungsgesetz noch das Mitbestimmungsgesetz Anwendung (Kap. 2)

Was die Konkretisierung der Pflichten, Aufgaben und Voraussetzungen angeht, verweist das GmbHG auf das Aktiengesetz (§ 52 GmbHG). Allerdings können im Gesellschaftervertrag davon abweichende Regelungen getroffen werden.

Haftung
Bei der Gesellschaft mit beschränkter Haftung ist die Haftung der Gesellschaft auf die Kapitaleinlage beschränkt. Diese muss bei einer GmbH mindestens 25.000 Euro betragen.

7.1.3 Stiftung

Verbreitung & Rechtliche Grundlage
In Deutschland bestanden 2016 knapp 23.000 rechtsfähige Stiftungen bürgerlichen Rechts (Bundesverband Deutscher Stiftungen, 2021, S. 6).

Eine verbindliche legale Definition der Stiftung existiert nicht. Die zentralen Wesensmerkmale einer Stiftung können den §§ 80 und 81 BGB entnommen werden. Demnach ist die Stiftung „[…] eine rechtsfähige Organisation, die mithilfe eines ihr gewidmeten Vermögens den vom Stifter festgelegten Stiftungszweck durch ihre Organe dauerhaft und nachhaltig verfolgt." (Werner, in: Winheller et al., 2020, 3.2 Stiftungen, Rn. 1).

Im Gegensatz zur GmbH oder zum Verein gibt es keine Gesellschafter oder keine Mitglieder (Schick, 2014, S. 570). Die Vermögensmasse einer Stiftung ist dabei auf Dauer einem bestimmten Zweck gewidmet (Stiftungszweck).

Stiftungen können unterschieden werden in (Schick, 2014, S. 571):

- Rechtsfähige und nicht rechtsfähige Stiftungen
- Stiftungen des privaten und des öffentlichen Rechts.

Die rechtliche Grundlage für die rechtsfähige Stiftung bürgerlichen Rechts findet sich in den §§ 80–88 BGB wieder. §§ 80–88 finden keine Anwendung für nicht rechtsfähige Stiftungen, Nennstiftungen[3] und Stiftungen des öffentlichen Rechts (Werner, in: Winheller et al., 2020, 3.2 Stiftungen, Rn. 10). Durch die Landesstiftungsgesetze wird das Verfahren der stiftungsrechtlichen Anerkennung und der Stiftungsaufsicht geregelt (Schick, 2014, S. 570).

Für den Non-Profit-Bereich spielt insbesondere die Stiftung des bürgerlichen Rechts eine Rolle. § 81 BGB regelt, dass ein Stiftungsgeschäft unter Lebenden der Schriftform bedarf. Demnach ist eine verbindliche Erklärung des Stifters notwendig, ein Vermögen zur Erfüllung eines von ihm vorgegebenen Zwecks zu widmen. Durch das Stiftungsgeschäft muss die Stiftung eine Satzung erhalten, welche die folgenden Regelungen enthalten muss:

- Name der Stiftung
- Sitz der Stiftung
- Zweck der Stiftung
- Vermögen der Stiftung
- Bildung des Vorstands der Stiftung

Eine Stiftung kann unter Lebenden oder von Todes wegen errichtet werden. Wird eine Stiftung von Todes wegen errichtet, so geschieht dies durch Testament oder Erbvertrag (Schick, 2014, S. 574).

Die Errichtung einer Stiftung setzt ein sogenanntes Stiftungsgeschäft (Stiftungssatzung) und die staatliche Anerkennung voraus (Schick, 2014, S. 574). Erst durch die staatliche Anerkennung erlangt die Stiftung ihre Rechtsfähigkeit und wird dadurch selbst zur Trägerin von Rechten und Pflichten (Schick, 2014, S. 576).

Um steuerliche Vorteile in Kauf nehmen zu können, muss die Stiftung als gemeinnützig anerkannt werden. Eine Stiftung muss aber nicht unbedingt gemeinnützig sein, sie kann

---

[3] Der Begriff der Stiftung ist nicht für die Stiftung im engeren Sinne geschützt. In der Praxis wird er auch für andere Rechtsformen wie Vereine und Gesellschaften herangezogen. Diese werden in dem Begriff der Nennstiftungen zusammengefasst (Werner, in: Winheller et al., 2020, 3.2 Stiftungen, Rn. 7).

auch anderen privaten Zwecken dienen (Schick, 2014, S. 572). Über 90 % aller Stiftungen verfolgen ausschließlich steuerbegünstigte Zwecke (Bundesverband Deutscher Stiftungen, 2021, S. 33).

Auch eine nicht rechtsfähige Stiftung kann gemeinnützig sein. Dann benötigt sie aber aus steuerlichen Gründen eine Satzung, welche die gemeinnützigkeitsrechtlichen Anforderungen erfüllt (Schick, 2014, S. 581). Ein Sonderfall stellt die kirchliche Stiftung dar. Hier liegt die Stiftungsaufsicht bei der kirchlichen Stiftungsaufsichtsbehörde (Schick, 2014, S. 572).

Organe
Das einzige Organ, über das eine Stiftung verfügen muss, ist der Vorstand. Allerdings kann dies als nicht zweckmäßig betrachtet werden. Scheidet der Vorstand aus, wäre die Stiftung nicht mehr handlungsfähig. Aus diesem Grund hat sich in der Praxis ein mehrköpfiger Vorstand sowie die Einrichtung eines zusätzlichen Organs bewährt. Das zusätzliche Organ kann beispielsweise ein Stiftungsrat oder ein Kuratorium sein (Schick, 2014, S. 575).

Die Arbeit in den Stiftungsgremien wird dabei fast ausschließlich von Ehrenamtlichen ausgeführt (Bundesverband Deutscher Stiftungen, 2021, S. 32).

Haftung
Die rechtsfähige Stiftung hat die Schäden selbst zu tragen, die ein ehrenamtliches oder nur geringfügig vergütetes Organmitglied verursacht hat (Werner, in: Winheller et al., 2020, 3.2 Stiftungen, Rn. 125).

7.1.4 Genossenschaft

Verbreitung & Rechtliche Grundlage
In Deutschland gibt es etwa 8700 Genossenschaften (Bundesamt für Finanzen, S. 8). Die Genossenschaft kann als interessante Rechtsform für Non-Profit-Organisationen angesehen werden, wenn es darum geht, mitgliedschaftlich organisierte Projekte durchzuführen (Krause, in: Winheller et al., 2020, 3.7 Gemeinnützige Genossenschaft, Rn. 1).

Die zentrale rechtliche Grundlage für die Genossenschaft bildet das Genossenschaftsgesetz (GenG).

Eine Genossenschaft kann auf Basis des Genossenschaftsgesetzes definiert werden als „[…] eine Gesellschaft mit eigener Rechtspersönlichkeit, welche die Förderung der Erwerbstätigkeit oder der Haushaltsführung ihrer Mitglieder mittels gemeinschaftlichen Geschäftsbetriebes bezweckt." (Wöhe et al., 2020, S. 223). Dieser Förderzweck ist ein zentrales Merkmal der Genossenschaft. Es geht darum, die Mitglieder der Genossenschaft durch den gemeinschaftlichen Geschäftsbetrieb zu fördern (Krause, in: Winheller et al., 2020, 3.7 Gemeinnützige Stiftungen, Rn. 3).

Die Genossenschaft ist durch die nicht geschlossene Mitgliederanzahl in ihrem Bestand unabhängig vom Ein- und Austritt der Mitglieder (Krause, in: Winheller et al., 2020, 3.7 Gemeinnützige Stiftungen, Rn. 2).

Zur Gründung einer Genossenschaft bedarf es mindestens drei Mitglieder (§ 4 GenG), einer Satzung in schriftlicher Form (§ 5 GenG) sowie einem Eintrag ins Genossenschaftsregister (§ 10 GenG).

Durch den Eintrag ins Genossenschaftsregister, erhält die Genossenschaft ihre Rechtsfähigkeit und sie wird als eG bezeichnet.

Nach § 7 GenG gilt, dass durch seinen Eintritt in die Genossenschaft, jedes Mitglied den Geschäftsanteil leistet, der in der Satzung festgelegt ist. Dieser muss zu mindestens einem Zehntel einbezahlt werden (Wöhe et al., 2020, S. 223).

Das Eigenkapital einer Genossenschaft besteht in der Summe der eingezahlten Geschäftsanteile der Mitglieder. Durch den Ein- und Austritt von Genossenschaftsmitgliedern kommt es hier zu Schwankungen in der Eigenkapitalausstattung. Dies kann gegenüber der GmbH und der Aktiengesellschaft einen Finanzierungsnachteil bedeuten. Sowohl GmbH als auch Aktiengesellschaft verfügen über ein festgeschriebenes Grund- oder Stammkapital (Wöhe et al., 2020, S. 223). Auch Banken zögern häufig bei der Kreditvergabe an Genossenschaften. Durch eine Nachschusspflicht kann der Schutz der Gläubiger gesteigert werden. So kann gemäß § 6 GenG in der Satzung festgelegt werden, dass die Mitglieder im Falle der Insolvenz der Genossenschaft eine beschränkte oder eine unbeschränkte Nachschusspflicht übernehmen müssen (Wöhe et al., 2020, S. 223).

Organe
Die Genossenschaft verfügt über drei Organe: Generalversammlung, Aufsichtsrat und Vorstand. Jedes Mitglied der Genossenschaft hat eine Stimme in der Generalversammlung. Die Generalversammlung wählt den Vorstand und den Aufsichtsrat. Zudem entscheidet die Generalversammlung über die Gewinnverwendung und sie kann Beschlüsse fassen, welche die Satzung der Genossenschaft ändern (Wöhe et al., 2020, S. 223).

Nach § 9 GenG kann durch Bestimmung in der Satzung auf einen Aufsichtsrat verzichtet werden, wenn die Genossenschaft nicht mehr als 20 Mitglieder hat.

Die Bedeutung der Genossenschaft hat in den letzten Jahren zugenommen. Dies ist unter anderem auf eine grundlegende Reform des Genossenschaftsrechts zurückzuführen. Zum Beispiel kann durch die Änderung des Genossenschaftsrechts im Jahr 2006 der Förderungszweck einer Genossenschaft auch auf soziale oder kulturelle Belange der Mitglieder bezogen sein (Krause, in: Winheller et al., 2020, 3.7 Gemeinnützige Genossenschaft, Rn. 4). Die gemeinnützige eingetragene Genossenschaft spielt insbesondere im Bereich des sozialen Wohnungsbaus eine Rolle (Krause, in: Winheller et al. 3.7, Gemeinnützige Genossenschaft, Rn. 11).

Haftung
Die Haftungsfrage der Genossenschaft wird in § 2 GenG geregelt. Für die Verbindlichkeiten der Genossenschaft haftet gegenüber den Gläubigern nur das Vermögen der Genossenschaft.

7.1.5 Aktiengesellschaft

Verbreitung & Rechtliche Grundlage
Die gemeinnützige Aktiengesellschaft ist in Deutschland (noch) sehr selten anzutreffen. Die rechtliche Grundlage der Aktiengesellschaft stellt das Aktiengesetz dar (AktG). Eines der bekanntesten Beispiele ist der 1844 gegründete Berliner Zoo.

Organe der Aktiengesellschaft
Vorstand, Aufsichtsrat und Hauptversammlung bilden die drei Organe der Aktiengesellschaft. Ihre Aufgaben und Pflichten werden durch das Aktiengesetz beschrieben. Im Gegensatz zur GmbH, bei welcher der Geschäftsführer dem Weisungsrecht der Gesellschafterversammlung unterliegt, leitet der Vorstand das Unternehmen nach § 76 AktG Abs. 1 unter eigener Verantwortung. Besteht der Vorstand aus mehreren Personen, so sind die Mitglieder des Vorstands nur gemeinschaftlich zur Geschäftsführung befähigt (§ 76 AktG Abs. 1).

Der Vorstand der Aktiengesellschaft wird durch einen Aufsichtsrat überwacht und kontrolliert. Die Aufgaben und Rechte des Aufsichtsrates werden in § 111 AktG näher beschrieben.

Die Eigentümer des Unternehmens, die Aktionäre, bilden die Hauptversammlung. Die Rechte der Hauptversammlung werden insbesondere in § 119 AktG festgelegt.

Vorteil der gemeinnützigen Aktiengesellschaft ist, dass ein großer Personenkreis als Aktionäre beteiligt werden kann. Zudem ist der Vorstand nicht wie bei der GmbH weisungsgebunden, sondern der Vorstand leitet weisungsfrei in eigener Verantwortung (Krause, in: Winheller et al., 2020, 3.5 gAG, Rn. 1).

Zur Gründung einer Aktiengesellschaft bedarf es eines Grundkapitals von 50.000 Euro. Dieses vergleichsweise hohe Grundkapital kann neben dem hohen Verwaltungsaufwand als eine Erklärung für die geringe Beliebtheit der Aktiengesellschaft als Rechtsform im gemeinnützigen Bereich herangezogen werden (Krause, in: Winheller et al., 2020, 3.5 gAG, Rn. 1).

Im Kontext der Gemeinnützigkeit ist als kritisch anzusehen, dass die Abgabenordnung nach § 55 Abs. 1 Nr. 1 Satz 2 jede Art von Gewinnausschüttung an nicht gemeinnützige Aktionäre untersagt. Das heißt, die Aktien einer gemeinnützigen Aktiengesellschaft eignen sich nicht als Kapitalanlage im Sinne des Kapitalmarktes. Zudem kann keine Orientierung am klassischen Prinzip des Shareholder Values erfolgen. Dies stellt einen weiteren möglichen Grund für die geringe Nutzung der Aktiengesellschaft im gemeinnützigen Sektor dar (Krause, in: Winheller et al., 2020, 3.5 gAG, Rn. 7).

Haftung

Die Haftung gegenüber den Gläubigern beschränkt sich auf das Vermögen der Gesellschaft (§ 1 Abs. 1 Satz 2 AktG). Für den ehrenamtlichen Vorstand besteht keine Haftungsprivilegierung. Allerdings kann er sich nach § 93 Abs. 1 Satz AktG auf die sogenannte *Business Judgement Rule* berufen. Demnach liegt keine Pflichtverletzung vor, wenn der Vorstand annehmen konnte, auf der Grundlage von angemessenen Informationen zum Wohle der Gesellschaft zu handeln (Krause, in: Winheller et al., 2020, 3.5 gAG, Rn. 33). Auch der Aufsichtsrat ist durch den Gemeinnützigkeitsstatus nicht vom Haftungsrisiko befreit. § 116 AktG regelt, dass die Haftungsvorschriften aus § 93 AktG sinngemäß auch für den Aufsichtsrat gelten (Krause, in: Winheller et al., 2020, 3.5 gAG, Rn. 35).

7.1.6 Überblick und Zusammenfassung

Tab. 7.1 fasst mögliche Rechtsformen des Non-Profit-Sektors in Deutschland zusammen und benennt für die einzelnen Organisationsformen Beispiele.

7.2 Kodizes im Non-Profit-Sektor und deren Anforderungen an Governance und Leitungsstrukturen

„Unter Corporate Governance wird der rechtliche und faktische Ordnungsrahmen für die Leitung und Überwachung eines Unternehmens verstanden" (Deutscher Corporate Governance Kodex, 2019, S. 1). Fragen der Corporate Governance adressieren insbesondere „die Funktionsweise der Leitungsorgane, ihre Zusammenarbeit und die Kontrolle ihres Verhaltens" (Baums, 2001, S. 5). Durch zahlreiche Unternehmenspleiten und Unternehmensschieflagen rückte das Thema „Corporate Governance" in den Mittelpunkt der politischen und gesellschaftlichen Diskussion in Deutschland. Es wurde eine „Regierungskommission Corporate Governance" eingesetzt. Diese führte schließlich zur Entwicklung eines **Deutschen Corporate Governance Kodex**. Der Deutsche Corporate Governance Kodex ergänzt die rechtlichen Regelungen und kann als eine Art Soft Law oder Verhaltenskodex beschrieben werden (Welge & Eulerich, 2014, S. 1 f.).

Der Deutsche Corporate Governance Kodex richtet sich an börsennotierte Gesellschaften und Gesellschaften mit Kapitalmarktzugang im Sinne des § 161 Abs. 1 Satz 2 des Aktiengesetzes. Aber auch nicht kapitalmarktorientierten Gesellschaften wird die Beachtung des Kodex empfohlen bzw. der Kodex soll als Anregung dienen (Deutscher Corporate Governance Kodex, 2019, S. 3).

Im Abschlussbericht der Regierungskommission 2001 wird auf die Relevanz einer Diskussion von Governance Aspekten für Non-Profit-Organisationen verwiesen. Konkret heißt es da: „Die Regierungskommission ist gleichwohl der Auffassung, dass rechtspolitischer Diskussionsbedarf vor allem hinsichtlich solcher Vereine besteht, die steuerliche Privilegien in Anspruch nehmen, Spenden einsammeln oder als Idealvereine im Rahmen des so genannten Nebenzweckprivilegs als Wirtschaftsunternehmen tätig sind." (Baums, 2001, S. 5).

Der Deutsche Corporate Governance Kodex gibt zum einen zentrale rechtliche Regelungen wieder. Zum anderen enthält er Empfehlungen und Anregungen, welche sicherstellen sollen, dass die Gesellschaft im Unternehmerinteresse geführt wird. Von Empfehlungen kann mit Begründung abgewichen werden (*comply or explain*). Von Anregungen kann auch ohne Begründung abgewichen werden.

Inhaltlich umfasst der Deutsche Corporate Governance Kodex folgende Themenbereiche (Deutscher Corporate Governance Kodex, 2019):

- Leitung und Überwachung des Unternehmens
- Besetzung des Vorstands
- Zusammensetzung und Arbeitsweise des Aufsichtsrates
- Interessenskonflikte
- Transparenz und externe Berichterstattung
- Vergütung von Vorstand und Aufsichtsrat

Der Kodex hat zum Ziel, die Transparenz gegenüber den Share- und Stakeholdern zu erhöhen und deren Vertrauen zu gewinnen. Der Kodex betont insgesamt die Dualität des deutschen Systems der Corporate Governance.

Im Rahmen von Governance und Leitungsstrukturen kann grundsätzlich zwischen dem **monistischen** und dem **dualistischen** System der Corporate Governance unterschieden werden.

Beim **dualistischen** System findet durch die Einrichtung unterschiedlicher Organe eine Trennung von Leitung und Kontrolle statt. In einer Aktiengesellschaft wird diese Trennung durch unterschiedliche Organe für Leitung und Kontrolle, Vorstand und Aufsichtsrat, vollzogen. Bei einer GmbH kann diese Trennung durch die (fakultative oder obligatorische) Einrichtung eines Aufsichtsrates erreicht werden.

Beim **monistischen** System liegt die Leitung und die Kontrolle in einem Organ vereint. Das monistische System findet sich bei der US-amerikanischen Form der Aktiengesellschaft (eingetragene Public Corporations) wieder. Hier findet keine ausdrückliche und vorgeschriebene Trennung zwischen dem leitenden und dem kontrollierenden Organ statt. Das Board besteht aus unternehmensinternen und unternehmensexternen Mitgliedern (*inside* und *outside directors*). Die Kontrolle erfolgt nicht durch den Aufsichtsrat, sondern durch interne und externe Mechanismen (Welge & Eulerich, 2014, S. 161).

Bei einer Aktiengesellschaft ist das dualistische System per Gesetz vorgegeben. Der Vorstand leitet die Gesellschaft in eigener Verantwortung, der Aufsichtsrat hat die Aufgabe der Überwachung und Kontrolle inne. Wie schon beschrieben, spielt die Rechtsform der gemeinnützigen Aktiengesellschaft im Non-Profit-Sektor eine untergeordnete Rolle. In den bei Non-Profit-Organisationen in Deutschland vorherrschenden Rechtsformen ist die Trennung zwischen Leitung und Kontrolle nicht immer explizit vorgeschrieben. Vielmehr sind in der Praxis Systeme anzutreffen, bei denen Geschäftsführungs- und Aufsichtsfunktionen in einem Organ vereint sind und die dadurch dem monistischen System entsprechen (Schuhen, 2014, S. 537).

Bei **Vereinen** gibt es nur zwei vorgeschriebene Organe: Vorstand und Mitgliederversammlung. Es kann jedoch ein Aufsichtsrat gebildet werden. Hinsichtlich der Ausübung des Kontrollrechts gibt es unterschiedliche Optionen:

1. Der Vorstand leitet den Verein, während die Mitgliederversammlung das Kontrollrecht ausübt. Dieses Recht wird aber nicht immer ausgenützt bzw. die Ausübung kann auch durch die Größe der Mitgliederversammlung erschwert werden. Ein möglicher Aufsichtsrat kann die Kontrollfunktion im Verein übernehmen.
2. Der (ehrenamtliche) Vorstand setzt einen hauptamtlichen Geschäftsführer ein. In diesem Fall übernimmt der Geschäftsführer die Leitung, während der Vorstand den Geschäftsführer berät und überwacht.

Bei einer **GmbH** findet die Trennung zwischen Leitungs- und Kontrollorgan nur bedingt statt, wenn es keinen Aufsichtsrat gibt. Der Geschäftsführer unterliegt im Innenverhältnis den Weisungen der Gesellschafterversammlung; gleichzeitig stellt die Gesellschafterversammlung das alleinige kontrollierende Organ dar, wenn es keinen Aufsichtsrat gibt.

Bei einer **Stiftung** stellt der Vorstand das einzige Organ dar, über welches die Organisation verfügen muss. Die Einrichtung eines Kontrollorgans ist zunächst nicht vorgeschrieben, sondern kann durch Satzung geregelt werden (z. B. Stiftungsrat, Kuratorium, Aufsichtsrat).

Bei einer **Genossenschaft** hingegen gibt es die vorgeschriebenen Organe des Vorstands, der Gesellschafterversammlung sowie des Aufsichtsrates.

Insgesamt gesehen, ist das dualistische System nicht per se in den unterschiedlichen Rechtsformen von Non-Profit-Organisationen vorgesehen.

Schuhen (2014, S. 537 f.) fasst die Anforderungen an das Aufsichtsgremium bzw. das Aufsichtsorgan im Kontext der Non-Profit-Governance in fünf thematischen Bereichen zusammen:

1. **Unabhängigkeit, Eigenständigkeit und Transparenz**
   Es soll ein unabhängiges und eigenständiges Aufsichtsgremium in Form eines Aufsichtsrates, Verwaltungsrates oder Beirates errichtet werden; eine zentrale Aufgabe dieses Gremiums besteht in der Schaffung von Transparenz gegenüber den Stakeholdern. Diese Transparenz betrifft auch die Vergütung und Aufwandsentschädigung von Vorstand und Aufsichtsgremium. Zudem hat das Aufsichtsgremium eine Compliance Funktion inne.
2. **Zusammenarbeit mit dem operativen Management**
   Das Aufsichtsgremium und das operative Management stimmen sich über die strategische Ausrichtung der Organisation ab. Das Aufsichtsgremium ist zuständig für die Aufgabenbeschreibung des strategischen Managements. Dies beinhaltet auch eine Einschränkung der Freiheiten des operativen Managements insbesondere dann wenn es

um strategischen Entscheidungen geht. Hinsichtlich der Informationsversorgung besteht sowohl eine Hol- als auch eine Bringschuld des Aufsichtsgremiums gegenüber dem operativen Management.

3. **Größe, Repräsentanz und Diversität**
Die Mitglieder sollten über ausreichend Zeit und entsprechende Qualifikationen verfügen. Mögliche Interessenskollisionen sind zu beachten. Die Mitglieder sollten die Werte der Organisation vertreten und das Gremium sollte eine entsprechende Diversität hinsichtlich Alter und Geschlecht aufweisen.

4. **Selbstorganisation, Selbstkontrolle und notwendige Ressourcen**
Es wird eine Sitzungshäufigkeit von mindestens zwei bis maximal sechs Sitzungen pro Jahr empfohlen. Zudem soll eine Erfolgskontrolle stattfinden sowie eine zeitliche Befristung des Aufsichtsamtes. Die Anzahl der „geborenen" Mitglieder sollte begrenzt sein. Das Aufsichtsgremium sollte sich eine Geschäftsordnung geben sowie gegebenenfalls in Ausschüssen arbeiten.

5. **Einsatz geeigneter Instrumente der Aufsicht**
Es ist die Aufgabe des Aufsichtsgremiums dafür zu sorgen, dass geeignete Instrumente der Aufsicht eingesetzt werden (z. B. Risikomanagement, Qualitätsmanagement, Kennzahlensysteme). Zudem bestimmt das Aufsichtsgremium den Abschlussprüfer.

Während für den Bereich der Aktiengesellschaft der Deutsche Corporate Governance Kodex gilt, findet dieser keine oder nur eine sehr eingeschränkte Anwendung bei Non-Profit-Organisationen. Der Deutsche Corporate Governance Kodex kann auch nicht ohne Weiteres auf Non-Profit-Organisationen übertragen werden.

Mehrere größere Verbände haben inzwischen eigene Governance Kodizes aufgestellt und weiterentwickelt, welche Grundsätze einer guten Unternehmensführung beinhalten. Diese sind zum Beispiel:

- Diakonischer Corporate Governance Kodex
- AWO Governance – Kodex
- Corporate Governance Kodex der Lebenshilfe
- Arbeitshilfe 182 (Caritas)

Dabei unterscheiden sich die verschiedenen Kodizes hinsichtlich der von ihnen kommunizierten Werte und Überzeugungen sowie der inhaltlichen Schwerpunktsetzung. Folgende Aspekte werden aber in allen Kodizes thematisiert.

- Bedeutung und Wichtigkeit eines **dualen Führungssystems** als Grundlage einer guten und verantwortungsvollen Organisationsführung
- Festlegung der Rollen und Funktionen des **Leitungs- und Kontrollgremiums** sowie Leitlinien zur Zusammenarbeit dieser beiden Organe
- **Unabhängigkeit** des (meist ehrenamtlichen) **Aufsichtsgremiums**
- Zusammenarbeit mit dem **Spitzenverband**

- **Vermeidung** von **Interessenskonflikten**
- **Transparenz** und **Offenlegung** relevanter Informationen der Unternehmensführung, welche über die gesetzlichen Vorgaben hinausgeht
- **Vergütung** von Vorständen und Mitgliedern von Aufsichtsgremien
- **Anforderungen an Mitglieder von Aufsichtsgremien**
- **Gleichstellung** und **Chancengleichheit** der Geschlechter, auch im Hinblick auf die Besetzung von Führungspositionen und Aufsichtsgremien
- **Compliance Regelungen**

Dabei ist zu beachten, dass es bei den Kodizes nicht primär um die Wiedergabe von geltenden rechtlichen Regelungen geht. Vielmehr geht es um freiwillige Verhaltensweisen, die zur Gestaltung einer guten und nachhaltigen Unternehmensführung herangezogen werden sollen.

Neben den Kodizes, welche die einzelnen Verbände entwickelt haben, geben auch Zertifizierungen wie zum Beispiel das Deutsche Spendensiegel (s. Abschn. 3.3.1.2) einen Rahmen zur Gestaltung der Leitungsstrukturen in gemeinnützigen Organisationen. Das DZI Spendensiegel setzt die Einrichtung eines dualen Führungssystems mit einem unabhängigen Aufsichtsgremium für die Zertifizierung voraus.

7.3 Führung in Non-Profit-Organisationen

7.3.1 Überblick Führungstheorien

Führungstheoretische Ansätze versuchen zu erklären, wie Führungserfolg entsteht und worauf dieser Erfolg zurückzuführen ist. Dabei muss zunächst der Frage nachgegangen werden, was unter Führungserfolg zu verstehen ist.

Berthel und Becker (2017, S. 172 f.) unterscheiden hier die beiden Dimensionen des wirtschaftlichen und des sozialpsychologischen Erfolgs von Führung (Abb. 7.2). Bei der ersten Dimension steht die Erreichung von institutionellen Zielen im Vordergrund. Zur Messung des Zielerreichungsgrades können klassische Kennzahlen (z. B. Umsatz oder Rentabilität) herangezogen werden. Im Rahmen der zweiten Dimension wird Führungserfolg anhand von weichen Faktoren erfasst. Hierzu gehören Arbeitszufriedenheit oder Mitarbeiterbindung. Beide Dimensionen des Führungserfolgs können nicht getrennt voneinander betrachtet werden. Vielmehr kann davon ausgegangen werden, dass sowohl wirtschaftlicher als auch sozialpsychologischer Erfolg angestrebt werden (Berthel & Becker, 2017, S. 173).

Die Forschung zu führungstheoretischen Ansätzen lässt sich in vier Phasen unterteilen (Becker, 2013, S. 349).

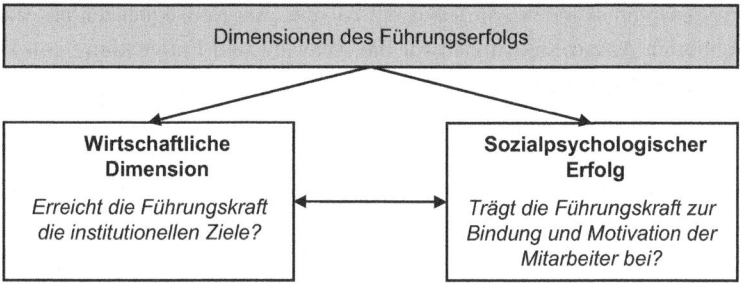

Abb. 7.2 Dimensionen des Führungserfolg nach Berthel & Becker, 2017, S. 172 ff. (Quelle: Eigene Darstellung)

Phase 1: Eigenschaftsorientierte Führungsansätze
Hier geht es um die Frage, ob erfolgreiche Führungskräfte bestimmte Eigenschaften gemeinsam haben. Ziel ist es, herauszufinden, welche Eigenschaften einer Führungsperson für den Führungserfolg relevant sind (Becker, 2013, S. 349; Weibler, 2016, S. 98).

Ein Beispiel für die eigenschaftsorientierte Führungsforschung ist das sogenannte Big-Five-Modell von Costa und McCrae (1992). Basierend auf einem Fragebogen erfassen Costa und McCrae Persönlichkeitseigenschaften. Das Persönlichkeitsinventar NEO-PI-R ist ein Verfahren zur Erfassung der Big-Five-Persönlichkeitseigenschaften (Schuler et al., 2014, S. 175). Eine deutsche Version dieses Persönlichkeitsinventars findet sich in Ostendorf und Angleitner (2004).

Nach diesem werden die fünf Dimensionen einer Persönlichkeit durch folgende fünf Faktoren charakterisiert (Ostendorf & Angleitner, 2004 zitiert nach Schuler et al., 2014, S. 174):

- Neurotizismus
- Extraversion
- Offenheit für Erfahrungen
- Verträglichkeit
- Gewissenhaftigkeit

Diesen fünf Dimensionen der Persönlichkeit werden bestimmte Facetten zugeordnet (Schuler et al., 2014, S. 174). Der Katalog von Persönlichkeitseigenschaften von Costa und McCrae (1992) führte dazu, dass Führungsforschung zunehmend versuchte, einzelne Eigenschaften oder Kombinationen von Eigenschaften hinsichtlich ihrer Fähigkeit, Führungserfolg vorherzusagen, zu untersuchen. Hier scheint es, dass starke Ausprägungen der Dimensionen Gewissenhaftigkeit und Extraversion sowie eine geringe Ausprägung der Dimension Neurotizismus in einem positiven Zusammenhang zum Führungserfolg stehen (Oechsler & Paul, 2019, S. 293). Weibler (2016, S. 103) verweist darauf, dass die Big Five zu einem besseren Verständnis der persönlichkeitsorientierten Grundlagen einer transformationalen Führung beitragen. Gerade der Ansatz der transformationalen Führung scheint für Non-Profit-Organisationen von Relevanz zu sein. Als Konsequenzen aus dem eigenschaftsorientierten Ansatz stellen sich für die Auswahl und Entwicklung von Führungskräften die folgenden Fragen:

- Wie lassen sich diese erfolgsrelevanten Eigenschaften in der Personalauswahl erkennen?
- Wie können diese erfolgsrelevanten Eigenschaften im Rahmen der Entwicklung von Führungskräften verbessert werden?

Basierend auf der Kritik, dass es kein allgemein gültiges Set an Eigenschaften für eine erfolgreiche Führungskraft gibt, wurden die verhaltensorientierten Führungsansätze entwickelt (Becker, 2013, S. 350; Weibler, 2016, S. 106).

Phase 2: Verhaltensorientierte Führungsansätze
In dieser Phase ging es nicht mehr (nur) um die Identifikation von erfolgsrelevanten Eigenschaften, sondern vielmehr darum, erfolgsrelevante Verhaltensweisen zu erkennen. Im Rahmen der verhaltensorientierten Führungsforschung steht dabei der Führungsstil (Oechsler & Paul, 2019, S. 296).

Weibler (2016, S. 309 f.) beschreibt den Führungsstil als Verhaltenszug einer Führungskraft, "[...] sofern er klar konturiert ist und sich in beständiger Wiederkehr über alle Situationen hinweg zeigt."

Es gibt eine Vielzahl von Studien zur Führungsstilforschung. Für einen umfassenden Überblick dazu kann auf Weibler (2016) verwiesen werden.

Bei den Studien geht es um die Frage nach erfolgsrelevanten Führungsstilen. Untersucht werden beispielsweise die Erfolgswirkungen von autokratischer vs. demokratischer Führung (Iowa Studien, dazu Lewin et al., 1939) oder ein aufgabenorientierter vs. ein beziehungsorientierter Führungsstil (sogenannte Ohio-Studien, dazu Fleishman, 1953).

Als Konsequenz für die Auswahl und Entwicklung von Führungskräften stellen sich die folgenden Fragen:

- Wie lassen sich diese erfolgsrelevanten Verhaltensweisen in der Personalauswahl erkennen?
- Wie lassen sich diese erfolgsrelevanten Verhaltensweisen im Rahmen der Entwicklung von Führungskräften verbessern?

Eine wesentliche Kritik an der verhaltensorientierten Führungsforschung bezieht sich auf die Kausalität. Führt beispielsweise ein bestimmter Führungsstil zur Effizienz und Zufriedenheit der Mitarbeiter oder kann die Führungskraft einen bestimmten Führungsstil anwenden, da das Team effizient arbeitet und zufrieden ist (Becker, 2013, S. 350)?

Phase 3: Situative Führungsansätze
Ausgangspunkt war die Erkenntnis, dass es nicht generell erfolgsrelevante Führungseigenschaften und -verhaltensweisen gibt, sondern dass Verhaltensweisen vielmehr situativ eingesetzt werden müssen. Die situativen Ansätze versuchen, die an den eigenschafts- und verhaltensorientierten Ansätzen geäußerten Kritikpunkte zu überwinden (Becker, 2013, S. 360).

Zu den situativen Führungsansätzen gehören beispielsweise das Entscheidungsmodell von Vroom und Yetton (1973) oder das Kontingenzmodell der Führung nach Fiedler (1967) (Weibler, 2016, S. 311).

Im Rahmen der Personalauswahl geht es darum zu erkennen, wie eine Führungskraft die Situation einschätzen kann und an die Situation angepasst reagieren kann. Erkannt werden kann das im Rahmen von Simulationen (z. B. Rollenspiele) oder durch verhaltensbasierte Interviews. Trainiert werden kann der adäquate Einsatz von Verhaltensweisen im Rahmen von Rollenspielen in Führungskräfteseminaren.

Phase 4: Neuere Ansätze der Führungsforschung
Neuere Ansätze umfassen unter anderem den Ansatz der transformationalen Führung, welcher auch in der Führungsforschung bei Non-Profit-Organisationen starke Beachtung findet (z. B. Brimhall, 2019).

Im Rahmen der transformationalen Führung geht es darum, dass durch den Führenden eine Wandlung des Geführten erfolgt; es geht um eine Transformation von Idealen, Werten und Zielen auf ein höheres Level. Wenn dies erreicht werden kann, dann hat dies positive Auswirkungen auf die Zufriedenheit und die Arbeitsleistung der Mitarbeiter (Weibler, 2016, S. 341). Der Ansatz der transformationalen Führung muss dabei von der transaktionalen Führung abgegrenzt werden.

Der Ansatz der transaktionalen Führung sieht zwischen Mitarbeiter und Führungskraft eine Austauschbeziehung. Dabei tauschen Mitarbeiter ihre Leistung gegen eine Belohnung ein; die Führungskraft steuert die Mitarbeiter durch Belohnungen und Bestrafungen (quid pro quo Transaktionen). Diese Transaktionen dienen der Erfüllung der eigenen Ziele und Bedürfnisse. Bei der transformationalen Führung geht es nicht darum, dass der einzelne Mitarbeiter seinen eigenen Nutzen maximiert. Es geht vielmehr darum, dass der Mitarbeiter so sehr von den Zielen der Organisation begeistert und inspiriert ist, dass er die eigenen Erwartungen übertrifft (Weibler, 2016. S. 339).

Nach Bass und Avolio (1990, S. 22) und Avoilio et al. (1991, S. 9) ist transformationale Führung durch vier Komponenten geprägt; diese werden als vier „I's" beschrieben, welche in Abb. 7.3 dargestellt sind.

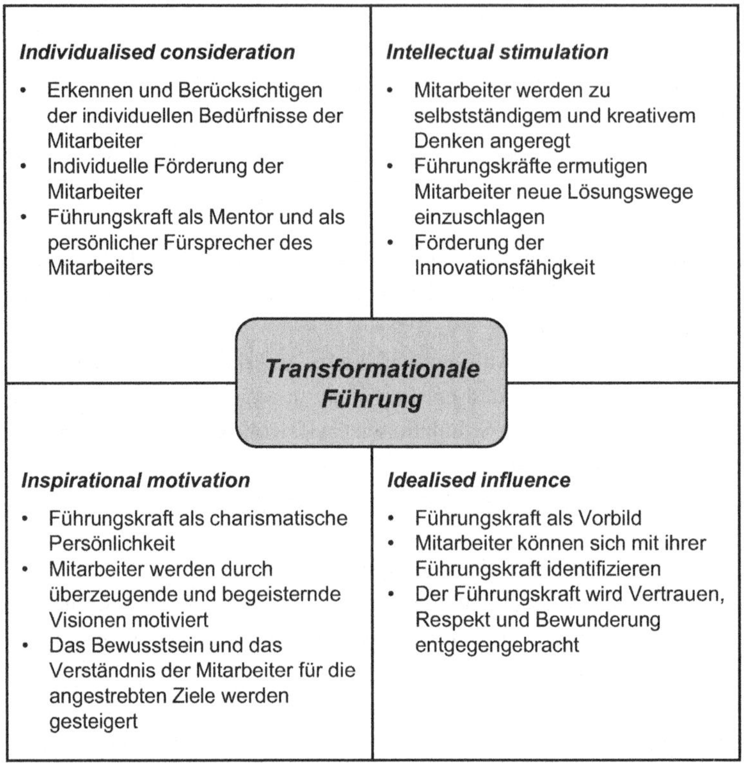

Individualised consideration	Intellectual stimulation
• Erkennen und Berücksichtigen der individuellen Bedürfnisse der Mitarbeiter • Individuelle Förderung der Mitarbeiter • Führungskraft als Mentor und als persönlicher Fürsprecher des Mitarbeiters	• Mitarbeiter werden zu selbstständigem und kreativem Denken angeregt • Führungskräfte ermutigen Mitarbeiter neue Lösungswege einzuschlagen • Förderung der Innovationsfähigkeit
Inspirational motivation	**Idealised influence**
• Führungskraft als charismatische Persönlichkeit • Mitarbeiter werden durch überzeugende und begeisternde Visionen motiviert • Das Bewusstsein und das Verständnis der Mitarbeiter für die angestrebten Ziele werden gesteigert	• Führungskraft als Vorbild • Mitarbeiter können sich mit ihrer Führungskraft identifizieren • Der Führungskraft wird Vertrauen, Respekt und Bewunderung entgegengebracht

Zentrum: *Transformationale Führung*

Abb. 7.3 Komponenten der transformationalen Führung nach Bass & Avolio, 1990. (Quelle: Eigene Darstellung)

7.3.2 Empirische Erkenntnisse der NPO-Forschung

Im Bereich der Non-Profit-Organisationen wird insbesondere die Anwendbarkeit und Bedeutung sowie die Implikationen eines transformationalen Führungsstils untersucht und diskutiert. Dies gilt sowohl für die Führung von Freiwilligen als auch für die Führung von fest angestellten Mitarbeitern. Zur Verdeutlichung sollen im Folgenden beispielhafte Erkenntnisse der NPO-Forschung zur transformationalen Führung dargestellt werden.

Brimhall (2019) untersucht die Bedeutung von transformationaler Führung in einer NPO im Gesundheitswesen. Die Ergebnisse zeigen, dass transformationale Führung, über die Wahrnehmung von Inklusion, das Commitment der Mitarbeiter zur Organisation beeinflusst und die wahrgenommene Arbeitsleistung der Gruppe verbessert. Bish und Becker (2016) untersuchen in einer explorativen Studie in einer australischen Non-Profit-Organisation die Erwartungen, welche an Managementfähigkeiten gestellt werden. Auch wenn sich Überschneidungen zu den beiden anderen Sektoren ergeben, so zeigen sich für den Non-Profit-Sektor doch auch Besonderheiten, u. a. ein Commitment zum Non-Profit-Sektor und zu den Werten der Organisation. Diese beiden Aspekte sind zentrale Bestandteile des transformationalen Führungsstils.

Insbesondere auch für die Führungsarbeit bei Freiwilligen zeigt sich eine hohe Relevanz eines transformationalen Führungsstils. So untersuchen Kammerhoff et al. (2019) den Zusammenhang zwischen transformationalem Führungsstil und Arbeitsleistung und -zufriedenheit in einem Laienorchester. Ihre Ergebnisse zeigen einen positiven Zusammenhang zwischen dem transformationalen Führungsstil des Dirigenten und der Leistung und der Zufriedenheit der Musiker. Der transformationale Führungsstil steht zudem in einem negativen Zusammenhang mit Aufgaben- und Beziehungskonflikten. Dwyer et al. (2013) finden einen positiven Zusammenhang zwischen transformationalem Führungsstil und der Zufriedenheit von Freiwilligen. Mayr (2017) untersucht die Auswirkungen von transformationaler Führung bei der freiwilligen Feuerwehr. Seine Ergebnisse zeigen einen positiven Zusammenhang zwischen transformationaler Führung und dem Engagement der Freiwilligen. Dieses Engagement ist widerum in einem positiven Zusammenhang mit einer Fortführung des freiwilligen Engagements und der Rekrutierung von anderen Freiwilligen. Auch die Ergebnisse der Studie von Almas et al. (2020) verdeutlichen die Relevanz des transformationalen Führungsstils für die Bindung von Freiwilligen.

Insgesamt betrachtet, weisen die Ergebnisse darauf hin, dass ein transformationaler Führungsstil zur Motivation, Zufriedenheit und Bindung von Mitarbeitern und Freiwilligen in Non-Profit-Organisationen beitragen kann. Diese Erkenntnisse verwundern nicht. Denn im Mittelpunkt der transformationalen Führung steht die Fähigkeit der Führungskraft die Mitarbeiter für die Ziele der Organisation zu begeistern. Im Mittelpunkt einer Non-Profit-Organisation steht die soziale Mission. Gelingt es der Führungskraft, die Mitarbeiter und freiwillig Engagierten für diese soziale Mission zu begeistern, so entsteht eine intrinsische Motivation, deren Relevanz zentral für Non-Profit-Organisationen ist.

Wiederholungs- und Anwendungsfragen Kap. 7

1. Was sind typische Rechtsformen einer Non-Profit-Organisation? Worin unterscheiden sie sich?
2. Was bedeutet der Status der Gemeinnützigkeit für eine Organisation?
3. Was kennzeichnet das dualistische und das monistische System der Corporate Governance? Wie kann das dualistische System in einer Non-Profit-Organisation realisiert werden?
4. Welche Zielsetzung hat Führungsforschung? Welche Implikationen ergeben sich daraus für das Personalmanagement?
5. Was versteht man unter transformationaler Führung? Wie lässt sich deren Relevanz für Non-Profit-Organisationen erklären?

Literatur

Almas, S., Chacón-Fuertes, F., & Pérez-Muñoz, A. (2020). Direct and indirect effects of transformational leadership on volunteers' intention to remain at non-profit organizations. *Psychosocial Intervention, 29*(3), 125–132.

Avoilio, B. J., Waldmann, D. A., & Yammarina, F. J. (1991). Leading in the 1990s: The four I's of transformational leadership. *Journal of European Industrial Training, 15*(4), 9–16.

Bass, B. M., & Avolio, B. J. (1990). Developing transformational leadership: 1992 and beyond. *Journal of European Industrial Training, 14*(5), 21–27.

Baums, T. (2001). *Bericht des Vorsitzenden. In: Deutscher Bundestag: Bericht der Regierungskommission „Corporate Governance" Unternehmensführung – Unternehmenskontrolle – Modernisierung des Aktienrechts* (S. 5–6). https://dserver.bundestag.de/btd/14/075/1407515.pdf. Zugegriffen am 09.11.2021.

Becker, M. (2013). *Personalentwicklung* (6. Aufl.). Schäffer-Poeschel.

Berthel, J., & Becker, F. G. (2017). *Personal-Management. Grundzüge für Konzeptionen betrieblicher Personalarbeit* (11. Aufl.). Schäffer-Poeschel.

Bish, A., & Becker, K. (2016). Exploring expectations of nonprofit management capabilities. *Nonprofit and Voluntary Sector Quarterly, 45*(3), 437–457.

Brimhall, K. C. (2019). Inclusion and commitment as key pathways between leadership and nonprofit performance. *Nonprofit Management and Leadership, 30*(1), 31–49. https://doi.org/10.1002/nml.21368.

Brinkmeier, T. (2016). *Vereinsbesteuerung* (2. Aufl.). Springer Gabler.

Bundesamt für Justiz. (2020). *Zusammenstellung der Geschäftsübersichten der Amtsgerichte für die Jahre 1995 bis 2019.* Stand 16. Oktober 2020. Zugegriffen am 27.07.2021.

Bundesfinanzhof. (2020). *Fehlende Gemeinnützigkeit bei unverhältnismäßig hohen Geschäftsführervergütungen.* https://www.bundesfinanzhof.de/de/presse/pressemeldungen/detail/fehlende-gemeinnuetzigkeit-bei-unverhaeltnismaessig-hohen-geschaeftsfuehrerverguetungen/. Zugegriffen am 09.11.2021.

Bundesverband Deutscher Stiftungen. (2021). *Zahlen, Daten, Fakten zum Deutschen Stiftungswesen.* https://www.stiftungen.org/fileadmin/stiftungen_org/Verband/Was_wir_tun/Publikationen/Zahlen-Daten-Fakten-zum-deutschen-Stiftungswesen.pdf. Zugegriffen am 27.02.2021.

Costa, P. T., & McCrae, R. R. (1992). Multiple uses for longitudinal personality data. *European Journal of Personality, 6*(2), 85–102.

Deutscher Corporate Governance Kodex. (2019). https://www.dcgk.de//files/dcgk/usercontent/de/download/kodex/191216_Deutscher_Corporate_Governance_Kodex.pdf. Zugegriffen am 09.11.2021.

Dwyer, P. C., Bono, J. E., Snyder, M., Nov, O., & Berson, Y. (2013). Sources of volunteer motivation: Transformational leadership and personal motives influence volunteer outcomes. *Nonprofit Management and Leadership, 24*(2), 181–205.

Engelhardt. (2018). *Gesellschaftsrecht. Grundlagen und Strukturen.* Springer Gabler.

Fiedler. (1967). *Theory of leadership effectiveness.* McGraw-Hill Inc.

Fleishman, E. (1953). The description of supervisory behavior. *Journal of Applied Psychology, 37*(1), 1–6.

Kammerhoff, J., Lauenstein, O., & Schütz, A. (2019). Tuning into performance and satisfaction in nonprofit orchestras: One link between transformational leadership and satisfaction is through reduction in conflict. *Nonprofit Management and Leadership., 30*(1), 321–338.

Lewin, K., Lippitt, R., & White, R. K. (1939). Patterns of aggressive behavior in experimentally created social climates. *Journal of Social Psychology, 10*, 271–299.

Mayr, M. L. (2017). Transformational leadership and volunteer firefighter engagement. *Nonprofit Management and Leadership, 28*(2), 259–270.

Oechsler, W. A., & Paul, C. (2019). *Personal und Arbeit. Einführung in das Personalmanagement* (11. Aufl.). de Gruyter.

Ostendorf, F., & Angleitner, A. (2004). *NEO-Persönlichkeitsinventar nach Costa und McCrae.* Hogrefe.

Priemer, J., Bischoff, A., Hohendanner, C., Krebstakies, R., Rump, B., & Schmitt, W. (2019). Organisierte Zivilgesellschaft. In H. Krimmer (Hrsg.), *Datenreport Zivilgesellschaft* (S. 7–53). Springer VS.

Saenger, I. (2020). *Gesellschaftsrecht* (5. Aufl.). Vahlen.

Schick, S. (2014). Rechts- und Organisationsformen. In U. Arnold, K. Grunwald & B. Maelicke (Hrsg.), *Lehrbuch der Sozialwirtschaft* (4. Aufl., S. 546–584). Nomos.

Schuhen, A. (2014). Corporate Governance in sozialwirtschaftlichen Organisationen. In U. Arnold, K. Grunwald & B. Maelicke (Hrsg.), *Lehrbuch der Sozialwirtschaft* (4. Aufl., S. 525–545). Nomos.

Schuler, H., Höft, S., & Hell, B. (2014). Eigenschaftsorientierte Verfahren der Personalauswahl. In H. Schuler & U. P. Kanning (Hrsg.), *Lehrbuch der Personalpsychologie* (3. Aufl., S. 149–213). Hogrefe.

Vroom, V. H., & Yetton, P. W. (1973). *Leadership and decision-making*. Pitt University of Pittsburgh Press.

Weibler, J. (2016). *Personalführung* (3. Aufl.). Vahlen.

Welge, M. K., & Eulerich, M. (2014). *Corporate-Governance-Management. Theorie und Praxis der guten Unternehmensführung* (2. Aufl.). Springer Gabler.

Wien, A. (2013). *Handels- und Gesellschaftsrecht. Eine praxisorientierte Einführung*. Springer Gabler.

Winheller, S., Geibel, S. J., & Jachmann-Michel, M. (2020). *Gesamtes Gemeinnützigkeitsrecht* (2. Aufl.). Nomos.

Wöhe, G., Döring, U., & Brösel, G. (2020). *Einführung in die Allgemeine Betriebswirtschaftslehre* (27. Aufl.). Vahlen.

Entgeltgestaltung

8

> **Zusammenfassung**
>
> Kapitel 8 behandelt ausgewählte Aspekte der Entgeltgestaltung in Non-Profit-Organisationen. Hier sind einige Besonderheiten zu beachten. So unterscheidet zunächst die Gewährung einer Bezahlung die angestellten Mitarbeiter von den freiwillig Engagierten. Dies führt zur bereits beschriebenen Personalstruktur von Non-Profit-Organisationen. Das Kapitel stellt zunächst die grundlegende Systematik der Entgeltfindung dar. Das sozialwirtschaftliche Dreieck wird als Rahmenbedingung der Entgeltgestaltung vorgestellt, die Rechte der Mitarbeitervertretungen werden dargestellt und die Bedeutung von Tarifverträgen wird diskutiert. Zudem wird auf die Möglichkeit einer Anreizgestaltung durch eine leistungsorientierte Vergütung eingegangen. Die Bedeutung des Mindestlohngesetzes für Non-Profit-Organisationen wird als abschließender Punkt dieses Kapitels aufgegriffen.

8.1 Systematik der Entgeltgestaltung

Bei der Entgeltgestaltung müssen die einzelnen Bestandteile des Entgelts betrachtet werden. Abb. 8.1 zeigt die (möglichen) Bestandteile des Entgelts.

Zur Findung des Grundentgelts können grundsätzlich drei gängige Methoden unterschieden werden (Oechsler & Paul, 2019, S. 378):

- **Anforderungsorientierte** Grundentgeltfindung anhand einer Arbeitsbewertung
- **Qualifikationsorientierte** Grundentgeltfindung basierend auf der Qualifikation des Arbeitnehmers
- **Marktorientierte** Grundentgeltfindung basierend auf Benchmarking oder Vergütungsstudien

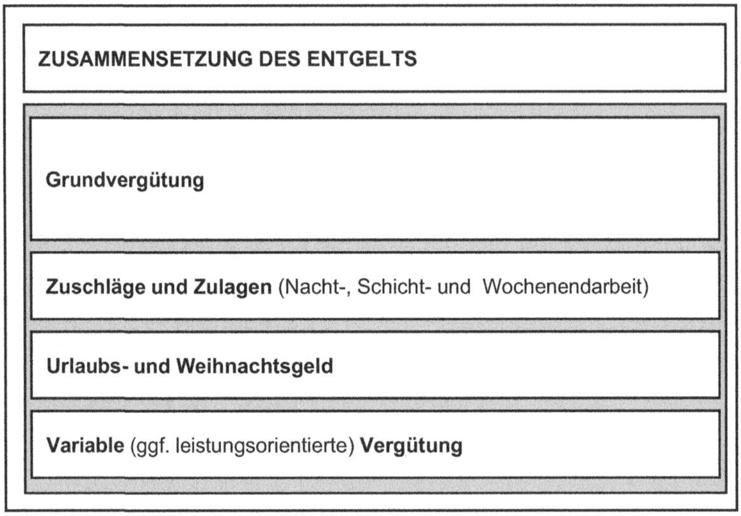

```
┌─────────────────────────────────────────────────────────────┐
│           ZUSAMMENSETZUNG DES ENTGELTS                      │
│  ┌───────────────────────────────────────────────────────┐  │
│  │  Grundvergütung                                        │  │
│  └───────────────────────────────────────────────────────┘  │
│  ┌───────────────────────────────────────────────────────┐  │
│  │  Zuschläge und Zulagen (Nacht-, Schicht- und Wochenendarbeit) │  │
│  └───────────────────────────────────────────────────────┘  │
│  ┌───────────────────────────────────────────────────────┐  │
│  │  Urlaubs- und Weihnachtsgeld                          │  │
│  └───────────────────────────────────────────────────────┘  │
│  ┌───────────────────────────────────────────────────────┐  │
│  │  Variable (ggf. leistungsorientierte) Vergütung       │  │
│  └───────────────────────────────────────────────────────┘  │
└─────────────────────────────────────────────────────────────┘
```

Abb. 8.1 Zusammensetzung des Entgelts. (Quelle: Eigene Darstellung)

Im Folgenden sollen nun die einzelnen Methoden kurz erläutert werden.

8.1.1 Anforderungsorientierte Grundentgeltfindung

Bei der anforderungsorientierten Grundentgeltfindung muss eine Arbeitsplatzbewertung durchgeführt werden. Es muss die Höhe der Anforderungen eines Arbeitsplatzes ermittelt werden (Arbeitswert), um daraus dann die Entgelthöhe ableiten zu können. Anhand der Verfahrensweise der Arbeitsplatzbewertung lassen sich eine summarische und eine analytische Verfahrensweise unterscheiden. Die Schwierigkeit eines Arbeitsplatzes kann durch Reihung oder Stufung bestimmt werden (Oechsler & Paul, 2019, S. 382).

Beim summarischen Ansatz findet eine globale Betrachtung des Arbeitsplatzes statt, d. h. der Arbeitsplatz wird als Ganzes betrachtet (Scholz, 2014, S. 854). Dagegen findet beim analytischen Ansatz eine Betrachtung der einzelnen Arbeitsaspekte statt, welche dann zu einem Gesamtarbeitswert aufsummiert werden. Dies kann z. B. nach den Anforderungsmerkmalen des Genfer Schemas erfolgen. Nach dem Genfer Schema werden die Anforderungen differenziert nach Fachkönnen, geistiger Beanspruchung, Umgebungseinflüssen und Verantwortung (Scholz, 2014, S. 848 f.).

Bei der Reihung wird der Gesamtarbeitswert oder die einzelnen Arbeitsaspekte in eine Reihenfolge gebracht und miteinander verglichen. Bei der Stufung findet dagegen eine Einstufung in Anforderungsklassen statt. Kombiniert man diese Ansätze, so ergeben sich vier Verfahrensweisen der Arbeitsbewertung (Oechsler & Paul, 2019, S. 382):

- Summarischer Ansatz & Reihung: Rangfolgeverfahren
- Summarischer Ansatz & Stufung: Lohngruppenverfahren (Katalogmethode)

8.1 Systematik der Entgeltgestaltung

- Analytischer Ansatz & Reihung: Rangreihenverfahren
- Analytischer Ansatz & Stufung: Stufenwertzahlverfahren

Das **Lohngruppenverfahren** (auch Katalogmethode genannt) bei welcher der Arbeitsplatz als Ganzes betrachtet wird und eine Einstufung in Anforderungsklassen stattfindet, wird gerne in Tarifverträgen genutzt. Richtbeispiele werden gerne genutzt, um das Verfahren zu ergänzen (Scholz, 2014, S. 854).

Ein Beispiel dafür findet sich in den Arbeitsvertragsrichtlinien des Diakonischen Werkes Bayern (AVR Bayern). Hier werden für 14 Entgeltgruppen Beschreibungen mit Tätigkeitsbereichen dargestellt sowie Richtbeispiele für alle Entgeltgruppen aufgeführt. Tab. 8.1 stellt ausgewählte Beispiele für die Beschreibung von einzelnen Entgeltgruppen dar.[1] Die Richtbeispiele zeigen, dass hier eine Einstufung nicht nur anhand der Anforderungen er-

Tab. 8.1 AVR-Bayern, Eingruppierungsordnung. (Quelle: Diakonisches Werk Bayern, 2021, S. 44–55)

E 1	**Beschreibung**: Dienstnehmer und Dienstnehmerinnen mit Tätigkeiten, die erst nach einer kurzen Einweisung ausgeführt werden können. **Richtbeispiele**: Reinigungshilfskraft, Wäschereihilfskraft, Gärtnerische Hilfskraft
E 5	**Beschreibung**: Dienstnehmer und Dienstnehmerinnen mit Tätigkeiten, die Fertigkeiten und Kenntnisse voraussetzen. **Richtbeispiele**: Fachpflegehelferin (Altenpflege), Heilerziehungshelferin, Bürohelferin
E 10	**Beschreibung**: Dienstnehmer und Dienstnehmerinnen mit Tätigkeiten, die anwendungsbezogene wissenschaftliche Kenntnisse voraussetzen. **Richtbeispiele**: Sozialpädagogin, Controllerin, Personalreferentin
E 12	**Beschreibung**: Dienstnehmer und Dienstnehmerinnen mit Tätigkeiten, die vertiefte und erweiterte anwendungsbezogene wissenschaftliche Kenntnisse voraussetzen. **Richtbeispiel**: Psychologin mit Diplom- oder Masterabschluss
E 14	**Beschreibung**: Dienstnehmer und Dienstnehmerinnen mit Tätigkeiten, die vertiefte oder erweiterte wissenschaftliche Kenntnisse und Methodenkompetenz voraussetzen. **Richtbeispiele**: Pflegedirektorin, Fachabteilungsleiterin in einer großen Komplexeinrichtung.

---

[1] Die Tabelle stellt nicht die vollständigen Beschreibungen der AVR Bayern dar, sondern nur eine sehr zusammengefasste Darstellung. Im AVR finden sich in manchen Entgeltgruppen noch weitere Beschreibungen und Richtbeispiele.

folgt. Es finden auch qualifikationsorientierte Elemente Beachtung (z. B. Sozialpädagogin, Psychologin mit Diplom- oder Masterabschluss).

Der Vorteil analytischer Verfahren gegenüber summarischen Verfahren liegt aufgrund ihrer differenzierten Betrachtungsweise in ihrer Transparenz. Beim **Rangreihenverfahren** wird für jede Teilanforderung einer Stelle eine Rangreihe aller zu bewertenden Stellen gebildet. Die Position einer Stelle innerhalb einer Rangreihe führt zu Teilwerten, die dann zu einem Gesamtwert aufsummiert werden (Scholz, 2014, S. 850). Im Rahmen des **Stufenwertzahlverfahren** findet für jede Teilanforderung einer Stelle eine Bewertung anhand einer Einstufung statt. Die daraus resultierenden Teilwerte werden zu einem Gesamtwert summiert (Scholz, 2014, S. 851).

8.1.2 Qualifikationsorientierte Verfahren

Bei den qualifikationsorientierten Verfahren basiert die Grundentgeltfindung auf den Qualifikationen des Arbeitnehmers. Diese Vorgehensweise entspricht dem Gedanken der humankapitaltheoretischen Betrachtungsweise wonach das Humankapital und damit auch die Produktivität eines Arbeitnehmers durch Bildungsanstrengungen erhöht werden kann. So erhöht sich auch der Nutzen für den Arbeitgeber, was eine höhere Entlohnung zur Folge hat (Anger et al., 2010, S. 7).

Im Kontext der Humankapitaltheorie und der Entlohnung können zwei Begrifflichkeiten herangezogen werden, welche eine Messbarkeit der Investitionen in Humankapital ermöglichen.

Die **Bildungsrendite** gibt den Prozentsatz an, um den das Einkommen einer Person im Durchschnitt durch eine private Bildungsinvestition steigt (Anger et al., 2010, S. 7). Mit der **Lohnprämie** wird der Prozentsatz angegeben, um den das Einkommen einer Person mit einem bestimmten Bildungsabschluss höher ist als das Einkommen von einer Person mit einem geringeren Bildungsabschluss (Anger et al., 2010, S. 7).

Diese beschriebenen Bildungs- und Lohnprämien bestätigen sich auch empirisch. So zeigt eine Studie des IABs, dass sich die durchschnittlichen Lebensverdienste nach Bildungsabschluss deutlich unterscheiden (Schmillen & Stüber, 2014). Bispinck et al. (2013) zeigen mit einer Auswertung des Einkommens für Pflegeberufe (2006 bis 2012), dass das durchschnittliche Monatseinkommen mit einem höheren Ausbildungsabschluss ansteigt. Schäfer und Gottschall (2016) untersuchen basierend auf SOEP-Daten für die Jahre 2010–2013 die Einkommensniveaus und die Einkommenszugewinne durch eine höhere Bildung für Fachkräfte in der Alten- und Krankenpflege und im ärztlichen Berufsfeld. Dabei untersuchen sie insbesondere auch geschlechtsspezifische Unterschiede. Sie finden positive Bildungsrenditen, allerdings auch deutlich höhere Bildungsrenditen für Männer.

Der Zusammenhang zwischen Qualifikation und Entlohnung zeigt sich auch in den Tarifverträgen. Auch hier wird neben der Anforderung eines Arbeitsplatzes (Leitungsverantwortung, verantwortungsvolle Tätigkeit) die Qualifikation des Arbeitnehmers berücksichtigt.

Ein Beispiel dafür liefert der Tarifvertrag für den öffentlichen Dienst (TVöD) für den Sozial- und Erziehungsdienst (SuE), welcher vielen freigemeinnützigen Trägern als Grundlage für die Vergütung im Sozial- und Erziehungsdienst dient. Hier wird bei der Eingruppierung zum einen die Anforderung der Aufgabe berücksichtigt, zum anderen auch die Qualifikation des Arbeitnehmers (z. B. Kinderpflegerin, Erzieherin, Sozialarbeiterin, Sozialpädagogin).

8.1.3 Marktorientierte Grundentgeltfindung

Bei der marktorientierten Grundentgeltfindung wird anhand von Benchmarks die Vergütung festgelegt. Gerade in Zeiten von Fachkräftemangel scheint der Aspekt der Marktorientierung und der Wettbewerbsfähigkeit als Arbeitgeber sicherlich durchaus relevant. Allerdings spielt dieser Ansatz aufgrund begrenzter finanzieller Ressourcen in Non-Profit-Organisation eine eher untergeordnete Rolle. Insbesondere auch vor dem Hintergrund des sozialrechtlichen Dreiecks (Abschn. 8.2) ist die Finanzierung einer höheren Vergütung nicht ohne weiteres möglich.

8.2 Sozialrechtliches Dreieck und Entgeltfindung in NPOs

Das sozialrechtliche Dreieck muss als eine Rahmenbedingung für die Entgeltfindung in Organisationen der Sozial- und Gesundheitswirtschaft Beachtung finden. Das sozialrechtliche Dreieck beschreibt das Verhältnis zwischen Leistungsträger, Leistungserbringer und Leistungsempfänger.

Die Non-Profit-Organisation (z. B. Krankenhaus) erbringt eine Dienstleistung für einen Leistungsempfänger (z. B. Patient). Die Vergütung für diese Dienstleistung erhält die Non-Profit-Organisation aber nicht vom Leistungsempfänger direkt, sondern vom Leistungsträger (z. B. Krankenkasse). Dabei ist diese Höhe der Vergütung gesetzlich geregelt und es gilt das Wirtschaftlichkeitsgebot.

Abb. 8.2 stellt das sozialrechtliche Dreieck beispielhaft für das Gesundheitswesen dar (Kostorz, 2019, S. 762).

Das Budget für die Personalkosten (und damit für die Entgeltgestaltung) des Leistungserbringers wird so stark beschränkt. Dies stellt einen großen Unterschied zum profitorientierten Sektor dar, indem ein sehr viel größerer finanzieller Spielraum hinsichtlich der Entgeltgestaltung besteht.

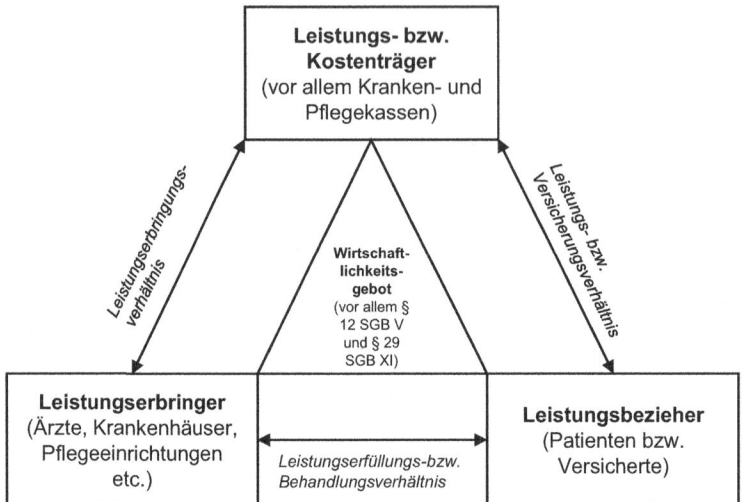

Abb. 8.2 Das sozialrechtliche Dreieck. (Quelle: Kostorz, 2019, S. 762)

8.3 Die Bedeutung von Tarifverträgen für die Entgeltgestaltung in NPOs

8.3.1 Grundlegendes zur tarifvertraglichen Regelungsebene

Die Tarifautonomie leitet sich aus dem Grundgesetz und der darin festgeschriebenen Koalitionsfreiheit ab (§ 9 Abs. 3 GG). Geregelt werden das Tarifvertragssystem und die überbetriebliche Beteiligung der Arbeitnehmer durch das Tarifgesetz. Dieses bildet die rechtliche Grundlage für den Abschluss von Tarifverträgen. Im Sinne dieses Gesetzes ist ein Tarifvertrag demnach „der schriftliche Vertrag zwischen einem oder mehreren Arbeitgebern oder Arbeitgeberverbänden und einer oder mehreren Gewerkschaften zur Regelung von arbeitsrechtlichen Rechten und Pflichten der Tarifvertragsparteien und zur Festsetzung von Rechtsnormen über Inhalt, Abschluss und Beendigung von Arbeitsverhältnissen sowie über betriebliche und betriebsverfassungsrechtliche Fragen und gemeinsame Einrichtungen der Vertragsparteien" (Hromadka & Maschmann, 2020, § 13, Rz. 1).

Tarifautonomie meint, dass die Tarifvertragsparteien die Arbeits- und Wirtschaftsbedingungen selbstständig und im Wesentlichen ohne staatliche Eingriffe aushandeln und in Tarifverträgen festlegen können (Hromadka & Maschmann, 2020, § 13, Rz. 47).

Laut Hromadka und Maschmann kommen einem Tarifvertrag vier wesentliche Funktionen zu (Hromadka & Maschmann, 2020, § 13, Rz. 43–46):

- **Schutzfunktion**: Der Arbeitnehmer wird durch einen Tarifvertrag davor geschützt, dass der Arbeitgeber seine wirtschaftliche Überlegenheit ausnutzt und einseitig die Arbeitsbedingungen festlegt.

- **Verteilungsfunktion**: Tarifverträge sollen eine angemessene Beteiligung der Arbeitnehmer am Sozialprodukt sicherstellen. Gleichzeitig soll durch die Differenzierung in Einkommensgruppen eine angemessene Verteilung zwischen den Arbeitnehmern sichergestellt werden.
- **Ordnungsfunktion**: Durch Tarifverträge können Arbeitsverträge typisiert werden und so wird der Abschluss von Arbeitsverträgen erleichtert. Auch sind die Personalkosten, für die Laufzeit des Tarifvertrags, planbar.
- **Friedensfunktion**: Während der Laufzeit eines Tarifvertrags darf nicht über darin geregelte Inhalte gestreikt werden; Arbeitskämpfe können somit über die Laufzeit eines Tarifvertrags hinweg für darin geregelte Inhalte ausgeschlossen werden.

Ein Tarifvertrag besteht aus zwei Teilen: dem schuldrechtlichen Teil und dem normativen Teil. Der schuldrechtliche Teil beinhaltet Regelungen über die Rechtsbeziehungen der Tarifvertragsparteien zueinander (Hromadka & Maschmann, 2020, § 13, Rz. 2). Im schuldrechtlichen Teil werden die Rechte und Pflichten der Tarifvertragsparteien festgelegt (Treber, in Schaub, 2021, § 199, Rz. 1). Hier werden beispielsweise Inkrafttreten, Laufzeit und Kündigung sowie die Friedens- und Durchführungspflicht geregelt (Hromadka & Maschmann, 2020, § 13, Rz. 6).

Bei der **Friedenspflicht** ist zwischen der absoluten und der relativen Friedenspflicht zu unterscheiden. Wird eine absolute Friedenspflicht festgelegt, dann sind während der Laufzeit des Tarifvertrages sämtliche Arbeitskampfmaßnahmen verboten. Dies gilt auch dann, wenn sich die Forderung nicht auf im Tarifvertrag festgelegte Inhalte bezieht. Durch die relative Friedenspflicht wird geregelt, dass Arbeitskampfmaßnahmen zu unterlassen sind, welche sich auf Inhalte beziehen, die im Tarifvertrag geregelt sind (Treber, in: Schaub, 2019, § 192, Rz. 18).

Der normative Teil des Tarifvertrages enthält Rechtsnormen über die Arbeitsverhältnisse der Arbeitnehmer und Arbeitgeber, welche an den Tarifvertrag gebunden sind (Hromadka & Maschmann, 2020, § 13, Rz. 2). Dieser Teil wirkt wie ein Gesetz. In diesen Bereich fallen auch inhaltliche Regelungen, z. B. die Regelungen von Entgelten, Leistungszulagen, Arbeitszeit oder Sonn- und Feiertagsarbeit (Hromadka & Maschmann, 2020, § 13, Rz. 21). Abb. 8.3 stellt den schuldrechtlichen und normativen Teil für einen Verbandstarifvertrag dar.

Von einer tarifvertraglichen Regelung darf auf betrieblicher Ebene nur abgewichen werden, wenn eine sogenannte Öffnungsklausel besteht (§ 77 Abs. 3 und § 87 Abs. 1 BetrVG).

Ein Tarifvertrag kann für allgemein verbindlich erklärt werden (§ 5 TVG). Er gilt dann auch für nicht tarifgebundene Arbeitgeber und Arbeitnehmer. Mit einer Allgemeinverbindlichkeitserklärung geht es insbesondere um die Sicherung angemessener Arbeitsbedingungen („tarifgestützte Mindestlöhne") (Treber, in: Schaub, 2021, § 205 Rz. 4).

Inhaltlich lassen sich Tarifverträge wie folgt unterteilen (Hromadka & Maschmann, 2020, § 13, Rz. 31):

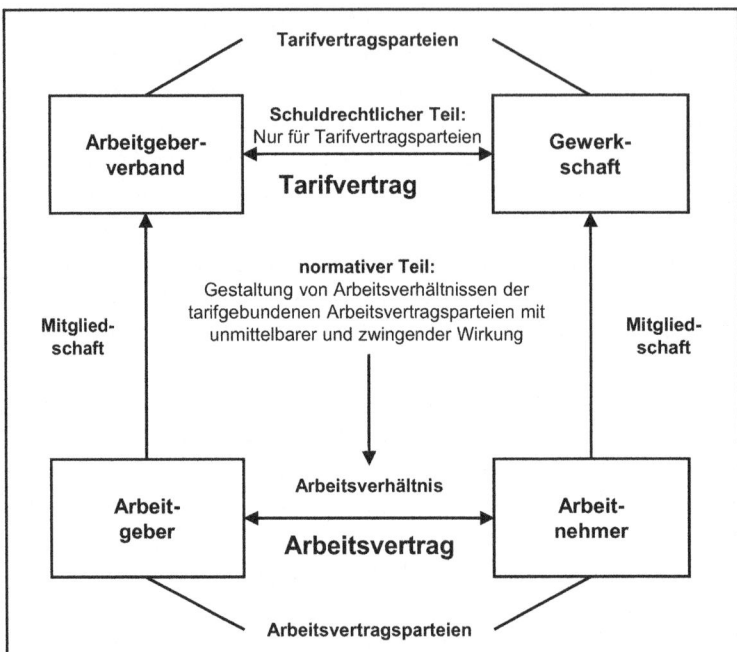

Abb. 8.3 Der schuldrechtliche und normative Teil eines Verbandtarifvertrages. (Quelle: Hromadka & Maschmann, 2020, § 13, Rz. 21)

- **Entgelttarifverträge** regeln die Vergütung
- **Entgeltrahmentarifverträge** regeln Fragen im Zusammenhang mit der Vergütung (z. B. Entgeltarten und Entgeltgruppen)
- **Manteltarifverträge** (Rahmentarifverträge) regeln die übrigen Arbeitsbedingungen (z. B. Urlaub und Arbeitszeit) sofern diese nicht in anderen Tarifverträgen geregelt sind
- **Tarifverträge über einzelne Materien** regeln zum Beispiel vermögenswirksame Leistungen oder Jahresabschlusszahlungen

8.3.2 Tarifbindung in Deutschland

Ende 2019 gab es in Deutschland knapp 79.000 gültige Tarifverträge. Davon waren ca. 49.000 Firmentarifverträge und ca. 29.000 Verbandstarifverträge (Flächentarifverträge) (Hans-Böckler-Stiftung, 2020, S. 11). Firmentarifverträge werden zwischen Arbeitgeber und Gewerkschaft, Verbandstarifverträge werden zwischen Arbeitgeberverbänden und Gewerkschaften geschlossen.

In Deutschland ist insgesamt eine sinkende Tarifbindung zu beobachten. Daten des IAB-Betriebspanels zeigen, dass 1998 noch 73 % der Beschäftigten in tarifgebundenen

Unternehmen beschäftigt waren. Im Jahr 2019 waren es nur noch 52 % (Hans-Böckler-Stiftung, 2020, S. 14).

Eine weitere Entwicklung im Tarifvertragssystem ist der sinkende gewerkschaftliche Organisationsgrad. Im Jahr 2014 lag dieser nur noch bei knapp 18 %, was einen neuen Tiefstand in Deutschland bedeutet (Biebeler & Lesch, 2015). Unter dem gewerkschaftlichen Organisationsgrad wird der Anteil der Mitarbeiter verstanden, welche Mitglieder in einer Gewerkschaft sind. Ist ein Unternehmen tarifgebunden, dann erhalten nicht nur Gewerkschaftsmitglieder die tarifvertraglich festgelegte Entlohnung. Vielmehr profitieren alle Mitarbeiter des tarifgebundenen Unternehmens von dem Verhandlungsergebnis (Trittbrettfahrereffekt). Die meisten Unternehmen bezahlen auch den nicht-gewerkschaftlich organisierten Mitarbeitern das tarifvertraglich ausgehandelte Entgelt. So soll den nicht-gewerkschaftlich organisierten Mitarbeitern kein Anreiz geboten werden in eine Gewerkschaft einzutreten (Guertzgen, 2010, S. 2837). Dies stellt die Gewerkschaften vor eine Herausforderung. Denn durch die Mitgliedsbeiträge finanzieren sich die Gewerkschaften.

Die Mitgliedschaft in einem Arbeitgeberverband bedeutet für den Arbeitgeber, dass er von der Verhandlungsmacht und -kompetenz des Arbeitgeberverbandes profitieren kann. Gleichzeitig gilt aber auch der ausgehandelte Tarifvertrag für die Mitglieder des Arbeitgeberverbandes. Dies kann für den einzelnen Arbeitgeber dann problematisch sein, wenn sich der Tarifvertrag an den Möglichkeiten der größeren und finanzstärkeren Mitglieder des Arbeitgeberverbandes orientiert.

Für den Bereich der Non-Profit-Organisationen lässt sich keine allgemeine Aussage zur Tarifbindung oder zu deren Entwicklung treffen. Vielmehr müssen die einzelnen Tätigkeitsbereiche von Non-Profit-Organisationen differenziert betrachtet werden.

Daten des statistischen Bundesamtes zeigen, dass 2018 der Anteil der tarifgebundenen Arbeitnehmer für die Gesamtwirtschaft bei 43 % lag. Tab. 8.2 zeigt die Tarifbindung nach Arbeitnehmern und Wirtschaftszweigen in Deutschland. Für den Bereich des Sozial- und Gesundheitswesens liegt diese Zahl mit 39 % knapp unter dem Wert für die Gesamtwirtschaft (Statistisches Bundesamt, 2021, S. 22). Die Statistik differenziert allerdings nur nach Branchen, nicht aber nach Trägerart (privat, gemeinnützig oder öffentlich). Insofern ist für die anderen relevanten Branchen des Non-Profit-Sektors (Erziehung und Unterricht, Kunst, Unterhaltung und Erholung) eine Aussage eher schwierig und die dargestellten Zahlen können hier lediglich einen Anhaltspunkt geben.

Eine Studie zum Thema Tarifbindung in der Sozialwirtschaft („PESSIS") (vgl. Kap. 1 zur begrifflichen Abgrenzung der Sozialwirtschaft zu Non-Profit-Organisationen) zeigt folgende zentrale Ergebnisse (Evans et al., 2013, S. 213):

- 32 % der Betriebe und 52 % der Beschäftigten werden durch Branchentarifverträge erfasst,
- 5 % der Betriebe und 11 % der Beschäftigten werden durch Haus- oder Firmentarifverträge abgedeckt
- 63 % der Betriebe sowie 37 % der Beschäftigten arbeiten ohne einen Tarifabschluss bzw. eine arbeitsrechtliche Vereinbarung im Hintergrund.

Tab. 8.2 Tarifbindung nach Arbeitnehmern und Wirtschaftszweigen in Deutschland (ohne geringfügig Beschäftigte). (Quelle: Statistisches Bundesamt, 2021, S. 22)

Bezeichnung der Wirtschaftszweige	Prozentualer Anteil der tarifgebundenen Arbeitnehmer
Gesamtwirtschaft	43
Land- und Forstwirtschaft, Fischerei	17
Bergbau, Gewinnung von Steinen und Erden	45
Verarbeitendes Gewerbe	41
Energieversorgung	77
Wasserversorgung; Entsorgung u. Beseitigung v. Umweltverschmutzungen	47
Baugewerbe	35
Handel, Instandhaltung und Reparatur von Kraftfahrzeugen	22
Verkehr und Lagerei	34
Gastgewerbe	24
Information, Kommunikation	16
Finanz- und Versicherungsdienstleistungen	65
Grundstücks- und Wohnungswesen	22
Freiberufliche, wissenschaftliche und technische Dienstleistungen	16
Sonstige wirtschaftliche Dienstleistungen	53
Öffentliche Verwaltung, Verteidigung; Sozialversicherung	100
Erziehung und Unterricht	83
Gesundheits- und Sozialwesen	39
Kunst, Unterhaltung und Erholung	25
Sonstige Dienstleistungen	35

Insgesamt betrachtet, liegt nach diesen Ergebnissen die Tarifbindung der Sozialwirtschaft damit etwas über der durchschnittlichen Tarifbindung in Deutschland. Evans et al. (2013) verweisen allerdings auf die großen Unterschiede zwischen den verschiedenen Bereichen der Sozialwirtschaft: Während bei der Caritas und der Diakonie von einer sehr hohen Tarifbindung bzw. einem Bezug zu einem Tarifvertrag ausgegangen werden könne, sei anzunehmen, dass bei den privaten Anbietern mehr als 80 % der Beschäftigten ohne Tarifbindung arbeiten (Evans et al., 2013, S. 213). Die Studie skizziert ein fragmentiertes Bild von den Arbeitgeber-Arbeitnehmer-Beziehungen in der Sozialwirtschaft. Dabei hängt die Gestaltung der Arbeitsbedingungen vom jeweiligen Träger ab. Tab. 8.3 zeigt die Verhandlungs- und Entscheidungsarenen der Sozialwirtschaft und gibt eine kurze Beschreibung der jeweiligen Arena.

Krankenhaussektor

Etwa ein Drittel des Krankenhaussektors ist dem Non-Profit-Sektor zuzuordnen. Die anderen Häuser befinden sich in öffentlicher oder in privater Hand (vgl. Kap. 1). Die Arbeitsbeziehungen im Krankenhaussektor sind deshalb alleine schon aufgrund ihrer heterogenen Trägerstruktur stark fragmentiert.

8.3 Die Bedeutung von Tarifverträgen für die Entgeltgestaltung in NPOs

Tab. 8.3 Arbeits- und sozialpolitische Verhandlungs- und Entscheidungsarenen in der Sozialwirtschaft in Deutschland. (Quelle: Eigene Darstellung in Anlehnung an Evans et al., 2012, S. 33)

Verhandlungs- und Entscheidungsarena	Beschreibung
(freigemeinnützige) katholische Caritas	Kirchenrechtliche Regulierung
(freigemeinnützige) evangelische Diakonie	Kirchenrechtliche Regulierung
(freigemeinnützige) jüdische Wohlfahrtspflege	Orientierung an Abschlüssen der Kommunen
(freigemeinnützige) Arbeiterwohlfahrt (AWO)	Zentral, aber vielfältige betriebliche Spezialregelungen
(freigemeinnütziges) Deutsches Rotes Kreuz (DRK)	Zentral, aber vielfältige betriebliche Spezialregelungen
(freigemeinnützige) Deutsche Paritätische Wohlfahrtspflege	Unübersichtliche Vielfalt an betriebsspezifischen Regelungen
Öffentliche Anbieter (Kommunen)	Orientierung an bundesweiten Rahmenabschlüssen
Private Anbieter	Große Teile ohne Tarifabschlüsse

Glassner et al. (2015, S. 7 f.) sprechen sogar von einer dreifachen Fragmentierung der Arbeitsbeziehungen im Krankenhaussektor:

1. Zwischen den verschiedenen Trägerarten (öffentlich, privat, freigemeinnützig)
2. Zwischen Stammbelegschaft und ausgegliederten Bereichen
3. Zwischen verschiedenen Berufsgruppen (Ärzte, Pflegepersonal)

Die Fragmentierung zwischen den verschiedenen Trägerarten zeigt sich durch die unterschiedlichen Tarifbindungsraten, wie die in Tab. 8.4 dargestellten Zahlen für die Beschäftigten in nicht-ärztlichen Berufsgruppen zeigen. Dabei wird deutlich, dass bei den Krankenhäusern in freigemeinnütziger Trägerschaft die Sonderregelungen in kirchlichen Krankenhäusern dominieren (Arbeitsvertragsrichtlinien) und dass bei den privaten Trägern der größte Anteil an Krankenhäusern zu finden ist, die keiner tarifvertraglichen Bindung unterliegen. Im öffentlichen Bereich dominieren TVÖD und TV-L.

Die Fragmentierung zwischen Kernbelegschaft und Beschäftigte in ausgegliederten Bereichen ergibt sich durch den Aufbau einer Randbelegschaft (vgl. Kap. 10). Durch den zunehmenden Kostendruck werden einfache Dienstleistungen ausgelagert (Glassner et al., 2015, S. 9), welche nicht an die bestehenden Tarifabschlüsse gebunden sind.

Die Fragmentierung zwischen verschiedenen Berufsgruppen ergibt sich insbesondere zwischen den Ärzten und anderen Berufsgruppen. Dies zeigt sich durch die Vertretung der verschiedenen Berufsgruppen durch unterschiedliche Gewerkschaften. So werden die Ärzte von der Gewerkschaft Marburger Bund vertreten, die anderen Berufsgruppen durch andere Gewerkschaften, insbesondere durch die Dienstleistungsgewerkschaft ver.di (Glassner et al., 2015, S. 35 f.). Dabei weist ver.di bei den freigemeinnützigen Trägern im Vergleich zu den öffentlichen und privaten Trägern den geringsten gewerkschaftlichen Organisationsgrad auf; dieser wird auf höchstens 20 % geschätzt (Glassner et al., 2015, S. 41).

Tab. 8.4 Tarifsituation (Anteil Beschäftigte) in nicht ärztlichen Berufsgruppen nach Krankenhausträger. (Quelle: Blum et al., 2007, S. 62)

Träger	TVöD KH oder TV-L	Unternehmensgruppen- oder Haustarifvertrag	Tarifvertrag der privaten Krankenanstalten	Arbeitsvertragsrichtlinien	Sonstige Tarifverträge	Kein Tarifvertrag
Öffentliche Träger	85,7 %	3,1 %	-	-	10,7 %	0,5 %
Freigemeinnützige Träger	8,1 %	-	-	73,6 %	17,3 %	1,0 %
Private Träger	14,1 %	20,3 %	14,3 %	-	27,3 %	24 %

8.3.3 Arbeitskampfmaßnahmen und der kirchliche Sonderweg

Arbeitskampfmaßnahmen
Kommt es bei Verhandlungen zwischen den Tarifvertragsparteien zu keiner Einigung, kann es auch zu Arbeitskämpfen in Form von Streiks und Aussperrungen kommen.

Der Begriff des Arbeitskampfes wird zwar in Gesetzen erwähnt, aber nicht definiert (Treber, in: Schaub, 2021, § 191 Rz. 5).

Sowohl Arbeitnehmer als auch Arbeitgeber können auf Möglichkeiten des Arbeitskampfes zurückgreifen. Der Streik stellt für den Arbeitnehmer das wichtigste Arbeitskampfmittel dar (Treber, in: Schaub, 2021, § 191 Rz. 8).

Aussperrungen als Arbeitskampfmittel des Arbeitgebers spielen in Deutschland kaum eine Rolle und sollen deshalb nicht näher beschrieben werden. Im Folgenden soll näher auf das Mittel des Streiks eingegangen werden.

Es ist gesetzlich nicht klar geregelt, wann gestreikt werden darf. Die Grenze zwischen rechtmäßigen und unrechtmäßigen Arbeitskämpfen ist nicht klar definiert. Die Antwort auf die Frage, wann ein Arbeitskampf rechtmäßig ist, richtet sich nach der aktuellen Rechtsprechung und den entwickelten Grundsätzen. Streik wird rechtlich als „Ultima Ratio"-Mittel angesehen (Hromadka & Maschmann, 2020, § 14, Rz. 1). Folgende Voraussetzungen lassen sich aus der Rechtssprechung ableiten, unter denen ein Arbeitskampf als rechtmäßig bezeichnet werden kann (Hromadka & Maschmann, 2020, § 13, Rz. 25):

- Der Streik darf nur durch befugte Kampfparteien geführt werden.
- Der Streik darf nur geführt werden, um eine Zielsetzung zu erreichen, die tarifvertraglich geregelt werden kann.
- Die absolute und die relative Friedenspflicht ist zu beachten.
- Der Streik muss verhältnismäßig sein.

Im internationalen Vergleich sind Arbeitskämpfe in Deutschland relativ selten. In den Jahren 2007 bis 2016 gingen in Deutschland pro Jahr im Durchschnitt 7 Arbeitstage pro 1000 Arbeitnehmer durch Arbeitskämpfe verloren. Deutlich mehr ausgefallene Arbeitstage pro 1000 Arbeitnehmer gibt es z. B. in Frankreich (123 Arbeitstage), in Dänemark (118 Arbeitstage) und in Kanada (87 Arbeitstage). Schlusslichter bilden in dieser Auswertung Japan, Slowakei und die Schweiz. Begründet werden können diese internationalen Diskrepanzen durch Unterschiede in den historisch gewachsenen Streikkulturen und durch unterschiedliche rechtliche Regelungen zu Arbeitskämpfen (Lesch, 2017).

Der „Dritte Weg" der Kirchen
Die Arbeitsbedingungen der Mitarbeiter von evangelischer und katholischer Kirche in Deutschland können theoretisch auf drei Wegen geregelt werden. Im Rahmen des **„Ersten Weges"** findet eine einseitige Festlegung der Arbeitsbedingungen und Entgelte durch den Arbeitgeber statt. Dieser „Erste Weg" wird auch von den Kirchen nicht mehr beschritten. Der **„Zweite Weg"** beschreibt den Ansatz der Verhandlung zwischen den Tarifvertragspar-

teien und die Regelung der Arbeitsbedingungen durch Tarifverträge. Dieser „Zweite Weg" wird von der katholischen Kirche abgelehnt. Einige Landeskirchen der evangelischen Kirche gehen diesen Weg. Im Rahmen des **„Dritten Weges"** werden Mitarbeiter bei der Festsetzung der Arbeitsbedingungen beteiligt (Linck, in: Schaub, 2021, § 184, Rz. 8).

Dieser „Dritte Weg" wird von den Kirchen und den beiden kirchlichen Wohlfahrtsverbänden (Caritas und Diakonie) beschritten, wenn es um die Aushandlung von Arbeitsbedingungen und Entgelten geht. Hier beschließen paritätisch besetzte arbeitsrechtliche Kommissionen Arbeitsvertragsrichtlinien. Kommt es zu keiner Einigung, werden Schlichtungsverfahren angewandt. Arbeitskämpfe sind nicht erlaubt, da die kirchlichen Träger dies als nicht vereinbar mit dem Gebot der Nächstenliebe ansehen.

Allerdings hat das Bundesverfassungsgericht hier geregelt, dass eine Streikfreiheit nur dann zulässig ist, „soweit Gewerkschaften in dieses Verfahren organisatorisch eingebunden sind und das Verhandlungsergebnis für die Dienstgeberseite als Mindestarbeitsbedingung verbindlich ist." (Bundesarbeitsgericht, 2012, 1 AZR 179/11; dazu auch Richardi, 2020, S. 167).

Zwischen der evangelischen und der katholischen Kirche sind hier Unterschiede bei der Ausgestaltung des „Dritten Weges" anzutreffen.

Evangelische Kirche (Linck, in: Schaub, 2021, § 184, Rz. 9):

- Arbeitsrechtliche Kommissionen haben die Aufgabe, Regelungen zu erarbeiten, welche sich um den Abschluss, den Inhalt und die Beendigung von Arbeitsverhältnissen drehen. Die Regelungen werden als Arbeitsvertragliche Regelungen bezeichnet (AVR).
- Diese arbeitsrechtlichen Kommissionen sind zu gleichen Teilen aus Vertretern von Dienstnehmern und Dienstgebern besetzt. Den Vorsitz hat ein neutraler Dritter inne.

Katholische Kirche (Linck, in: Schaub, 2021, § 184, Rz. 9):

- In der katholischen Kirche wird das Arbeitsvertragsrecht auf Basis der KODA-Ordnungen gestaltet. Als KODA werden paritätisch besetzte Kommissionen zur Ordnung des Arbeitsvertragsrechts bezeichnet (Richardi, 2020, S. 169).

Mitarbeiter von kirchlichen Einrichtungen dürfen sich in Gewerkschaften ihrer Wahl organisieren. Relevant sind im Bereich der kirchlichen Einrichtungen insbesondere die Dienstleistungsgewerkschaft ver.di sowie die Ärztegewerkschaft Marburger Bund und in der evangelischen Kirche der Hauptverband von Verbänden kirchlicher Mitarbeiter im Bereich der ev. Kirche in Deutschland, Hannover. Auch der „Dritte Weg" verhindert nicht die Unterstützung der Dienstnehmer durch eine Gewerkschaft (Linck, in: Schaub, 2021, § 184, Rz. 6).

Für die Einrichtungen der katholischen Kirche bzw. der Caritas haben einheitliche, nationale Arbeitsvertragsrichtlinien Gültigkeit. Für die Einrichtungen der evangelischen

Tab. 8.5 Gegenüberstellung der Arbeitsvertragsrichtlinien von Caritas und Diakonie

Caritas	Diakonie
Es gelten einheitliche, nationale Arbeitsvertragsrichtlinien (AVR) für die ca. 620.000 MitarbeiterInnen	Keine einheitlichen nationalen Arbeitsvertragsrichtlinien für die rund 600.000 MitarbeiterInnen
AVR legen Arbeitsbedingungen verbindlich fest; Bestandteil des einzelnen Arbeitsvertrags durch individuelle Bezugnahme.	AVR.DD: Leitrichtlinien und Leittarif (ca. 25 % der Mitarbeiter) Plus regionale Richtlinien einschließlich Tarife
AVR entstehen durch einen Beschluss der Arbeitsrechtlichen Kommission (paritätisch besetzt)	Paritätisch besetzte arbeitsrechtliche Kommission berät über Arbeitsrecht und Arbeitsvertragsrichtlinien.

Kirche bzw. der Diakonie gelten hingegen keine einheitlichen Arbeitsvertragsrichtlinien. Letztendlich entscheidet der einzelne Arbeitgeber, welche Regelungen in kirchlichen Einrichtungen angewendet werden (Glassner et al., 2015, S. 47 f.).

Die bei der Caritas und bei der Diakonie geltenden Arbeitsvertragsrichtlinien sind keine Tarifverträge und haben daher auch keine normative Wirkung. Sie gelten erst durch eine Bezugnahme in den einzelnen Arbeitsverträgen (Linck, in: Schaub, 2021, § 184, Rz. 9).

In Tab. 8.5 werden die zentralen Aspekte der Regelungen der Caritas (Richtlinien für Arbeitsverträge in den Einrichtungen des Deutschen Caritasverbandes, kurz: AVR) und der Diakonie zusammengefasst (Caritas 2021; Diakonie 2021).

8.4 Anreizgestaltung durch leistungsorientierte Vergütung

Die Grundidee der leistungsorientierten Vergütung („Pay for Performance") ist es, einen Teil der Vergütung mit der Leistung zu verknüpfen. Dies kann erfolgen durch die Kopplung der Vergütung an die individuelle Leistung des Mitarbeiters oder an die Leistung der Organisation.

Bei der Ausgestaltung der leistungsorientierten Vergütung stehen der Organisation verschiedene Möglichkeiten zur Verfügung:

- Individueller Bonus/Leistungsprämie: kann gewährt werden in Abhängigkeit vom Zielerreichungsgrad der Ziele, welche in einer Zielvereinbarung festgelegt wurden.
- Bonus in Abhängigkeit des Erfolgs einer Organisation
- Sonderbonuszahlungen

Durch die Gewährung von individuellen leistungsorientierten Vergütungsbestandteilen soll zum einen ein motivationaler Effekt erzielt werden, gleichzeitig kann auch bereits gezeigte Leistung honoriert werden. Bei der Verknüpfung von Vergütung und organisationaler Leistung können im Sinne eines systematischen Beschäftigungsmanagements zudem die Personalkosten an den wirtschaftlichen Erfolg der Organisation gekoppelt werden.

Bei der Diskussion um die Anreizwirkung und motivationsfördernde Effekte durch eine leistungsorientierte Bezahlung treffen zwei theoretische Denkschulen des Personalmanagements aufeinander: die verhaltenswissenschaftliche Perspektive und die Sichtweise der ökonomischen Theorien, insbesondere der Prinzipal-Agenten-Theorie. Diese beiden Denkschulen wurden bereits in Kap. 3 und 6 aufgegriffen.

Auch für den Profit-Bereich ist umstritten, ob eine leistungsorientierte Vergütung förderlich für die Leistung des Mitarbeiters oder der Gesamtorganisation ist. Eine Meta-Analyse von Rost und Osterloh (2009) zeigt, dass in Aktiengesellschaften langfristig kein positiver Zusammenhang zwischen leistungsorientierter Vergütung und der Unternehmensleistung besteht. Dies widerspricht der agenturtheoretischen Perspektive und betont eine Erweiterung der Betrachtungsperspektive um eine verhaltenswissenschaftliche Sichtweise. Zur Erklärung dieser mangelhaften Anreizwirkung gibt es verschiedene Erklärungsansätze:

- Intrinsische Motivation kann durch extrinsische Motivation verdrängt werden und die Gesamtmotivation sinkt.
- Es findet eine Konzentration auf die Ziele statt, bei denen eine Zielerreichung monetär honoriert wird. Andere Ziele, deren Erreichung nicht monetär honoriert wird, werden vernachlässigt.
- Es wird erwartet, dass eine besondere Leistung immer finanziell honoriert wird.
- Ein Gewöhnungseffekt tritt ein, d. h. die Anreizwirkung verliert mit der Zeit an Wirkung.
- In höheren Führungsebenen (z. B. Vorstand) besteht ohnehin schon ein hohes Vergütungslevel, so dass kein zusätzlicher Anreiz erzielt wird.

Auf die Unterscheide der Motivation zwischen Non-Profit-Organisationen und Profit-Organisationen wurde bereits in den vorausgegangenen Kapiteln hingewiesen. Nun kann im Profit-Bereich eine durchschnittlich höhere Bedeutung der extrinsischen Motivationskomponente erwartet werden. Wenn schon hier der Zusammenhang zwischen leistungsorientierter Vergütung und einer höheren Mitarbeiter-/Unternehmensleistung diskutiert wird, dann ist klar, dass die Bewertung für den Non-Profit-Bereich noch kritischer ausfällt (vgl. dazu auch Abschn. 6.2).

Es ist höchst umstritten, ob die Prinzipal-Agenten-Theorie und daraus resultierende Handlungsempfehlungen zum Einsatz von leistungsorientierter Vergütung für den Non-Profit-Bereich geeignet sind. Folgt man jedoch der Argumentation der Prinzipal-Agenten-Theorie, so kann eine leistungsorientiere Vergütung als Anreiz dafür eingesetzt werden, dass sich der Agent (Mitarbeiter, Führungskraft) im Sinne des Prinzipals (Führungskraft, Organisation) verhält. Die Idee ist dabei, die Ziele so zu setzen, dass es zu einer Zielkongruenz (Zielübereinstimmung) von Agent und Prinzipal kommt. Dadurch hat der Agent einen Anreiz, die Ziele der Organisation umzusetzen. Die Problematik der bestehenden Informationsasymmetrien kann dadurch verringert werden.

Legt man der Diskussion über die Anreizwirkung von leistungsorientierter Vergütung nicht die ökonomische, sondern die verhaltenswissenschaftliche Denkschule zugrunde, kommt man zu einem anderen Ergebnis. Der in Abschn. 6.2 beschriebene Crowding-Out-Effekt könnte eintreten und zu einer Zerstörung oder zumindest einer Verringerung der intrinsischen Motivation und damit zu einer geringeren Gesamtmotivation führen.

8.5 Mitbestimmungsrechte im Rahmen der Entgeltgestaltung

Das Zusammenspiel von betrieblicher und tariflicher Regelungsebene wird durch das Betriebsverfassungsgesetz geregelt. Fragen hinsichtlich der Entgeltfindung, welche in einem Tarifvertrag geregelt sind oder üblicherweise geregelt werden, können nicht Gegenstand einer Betriebsvereinbarung sein, es sei denn, eine Öffnungsklausel erlaubt dies (§ 77 Abs. 3 BetrVG).

Dennoch hat der Betriebsrat bei Fragen der betrieblichen Entgeltfindung Möglichkeiten der Einflussnahme. Nach § 87 Abs. 1 Satz 1 BetrVG hat der Betriebsrat ein Mitbestimmungsrecht im engeren Sinne bei Fragen der betrieblichen Lohngestaltung, insbesondere bei der Aufstellung von Entlohnungsgrundsätzen und der Einführung und Anwendung von neuen Entlohnungsmethoden und deren Änderung. Zudem bedürfen Richtlinien über die personelle Auswahl bei Umgruppierungen der Zustimmung des Betriebsrates (§ 95 Abs. 1 Satz 1). Ein eingeschränktes Zustimmungsverweigerungsrecht bei Ein- und Umgruppierungen wird dem Betriebsrat in § 99 Abs. 1 Satz 1 zugestanden.

In einem Tendenzbetrieb sind hier Einschränkungen zu beachten (dazu auch Kap. 2). Der Betriebsrat muss bei einem Tendenzträger nicht zustimmen bei der Aufstellung von Richtlinien nach § 95 BetrVG. Im Rahmen der Eingruppierung nach § 99 Abs. 1 Satz 1 BetrVG findet keine Einschränkung der Mitbestimmung statt (Koch, in: Schaub, 2021, § 214 Rz. 16). Wenn das Entgeltsystem keinen Tendenzbezug hat, dann entziehen sich Fragen der betrieblichen Lohngestaltung nicht dem Mitbestimmungsrecht des Betriebsrates (Koch, in: Schaub, 2021, § 214 Rz. 15).

Die Mitarbeitervertretungsordnung der katholischen Kirche legt für den Bereich der Entgeltgestaltung ebenfalls fest, dass die Mitarbeitervertretung ein eingeschränktes Zustimmungsverweigerungsrecht bei einer Eingruppierung, Höhergruppierung oder Rückgruppierung hat (§ 35 MAVO).

Für die Mitarbeitervertretung in der evangelischen Kirche gilt ein eingeschränktes Zustimmungsverweigerungsrecht für die privatrechtlich angestellten Mitarbeiter bei der Eingruppierung sowie der Übertragung einer höher oder niedriger bewerteten Tätigkeit von mehr als drei Monaten Dauer (§ 42 MVG-EKD).

8.6 Die Bedeutung des Mindestlohngesetzes für den Non-Profit-Sektor

Am 16. August 2014 ist das „Gesetz zur Stärkung der Tarifautonomie" in Kraft getreten, ein flächendeckender Mindestlohn wurde zum 01.01.2015 eingeführt. Ziel des Gesetzes ist die Stärkung der Tarifautonomie sowie die Sicherstellung angemessener Arbeitsbedingungen für Arbeitnehmer. Begründet wird das Gesetz durch einen schwindenden Einfluss von Tarifverträgen, einer Fragmentierung der Beschäftigungsverhältnisse und einer Zunahme der Beschäftigung im Niedriglohnsektor (Bundesregierung, 2014, S. 1).

Das Gesetz beinhaltet unter anderem das Mindestlohngesetz (MiLog). Das „Gesetz zur Stärkung der Tarifautonomie" erleichtert zudem die Allgemeinverbindlichkeitserklärung von Tarifverträgen sowie eine Öffnung des Geltungsbereiches des Arbeitnehmerentsendegesetzes für alle Branchen (Bundesregierung, 2014, S. 2).

Bei der Einführung des flächendeckenden gesetzlichen Mindestlohns zum 01.01.2015 lag dieser bei 8,50 Euro; dieser Mindestlohn wird regelmäßig angepasst. Seit dem 01.07.2021 beträgt der Mindestlohn 9,60 Euro. Über die Anpassung des Mindestlohns entscheidet eine unabhängige Kommission der Tarifpartner. Diese Kommission setzt sich aus Vertretern von Gewerkschaften und Arbeitgebern zusammen und wird von Wissenschaftlern beraten (§§ 4–7 MiLoG).

Ein Mindestlohn stellt eine Lohnuntergrenze dar, die vom Arbeitgeber nicht unterschritten werden darf (Franz, 2013, S. 340).

In die Berechnung des Mindestlohns fließt alles ein, was der Arbeitnehmer als Gegenleistung für seine Arbeit erhält (Vogelsang, in: Schaub, 2021, § 66, 29).

Der Mindestlohn findet grundsätzlich Anwendung für alle Arbeitnehmerinnen und Arbeitnehmer (§ 1 MiLog). Der Mindestlohn gilt demnach auch für Praktikanten, geringfügige Beschäftigungsverhältnisse und Beschäftigte in Inklusionsbetrieben[2] (Griese, 2021, Rn. 5–8):

Allerdings werden im Gesetz auch Ausnahmen definiert:

- Zu ihrer **Berufsausbildung** Beschäftigte (§ 22 Abs. 3 MiLog)
- **Ehrenamtlich Tätige** (§ 22 Abs. 3 MiLoG), hierzu zählen auch Personen, die einen freiwilligen Dienst leisten, wie z. B. freiwilliges soziales Jahr, freiwilliges ökologisches Jahr, Freiwilligendienst (Vogelsang, in: Schaub, 2021, § 66, Rz. 6). Im Gesetz wird nicht klar definiert was ein „ehrenamtlich" Beschäftigter ist. Klar ist aber, dass die ehrenamtlich beschäftigte Person unentgeltlich oder nur gegen eine geringe Aufwandsentschädigung tätig sein darf (Bayreuther, 2014, S. 872).
- **Personen unter 18 Jahren ohne abgeschlossene Berufsausbildung** (§ 22 Abs. 2 MiLoG); Personen unter 18 Jahren mit einer abgeschlossenen Berufsausbildung haben

---

[2] Im Gegensatz dazu gilt der Mindestlohn für Beschäftigte in Werkstätten für Behinderte nicht, da diese keine Arbeitnehmer darstellen (Griese, 2021, Rn. 5).

8.6 Die Bedeutung des Mindestlohngesetzes für den Non-Profit-Sektor

dagegen einen Anspruch auf Zahlung des Mindestlohns (Vogelsang, in: Schaub, 2021, § 66, Rz. 7).

- **Arbeitnehmer, die unmittelbar vor der Beschäftigung langzeitarbeitslos** (im Sinne des § 18 Absatz 1 des Dritten Buches Sozialgesetzbuch) **waren**; sie haben in den ersten sechs Monaten ihrer Beschäftigung keinen Anspruch auf Zahlung des Mindestlohns (§ 22 Abs. 4 MiLoG). Mit dieser Regelung sollen die Beschäftigungschancen von Langzeitarbeitslosen verbessert werden (Vogelsang, in: Schaub, 2021, § 66, Rz. 8).
- **Praktikanten**, wenn diese
    - ein **Pflichtpraktikum** oder ein **Orientierungspraktikum** leisten,
    - ein **Praktikum von max. 3 Monaten** begleitend zu einer Berufs- oder Hochschulausbildung leisten oder
    - an einer **Einstiegsqualifizierung** oder einer **Berufsbildungsvorbereitung** teilnehmen.

Durch das Gesetz werden in bestimmten Branchen auch Dokumentationspflichten des Arbeitgebers festgelegt (§ 17 MiLoG). Diese Dokumentationspflicht gilt nur für geringfügig Beschäftigte und für Wirtschaftsbereiche, die im Schwarzarbeitsbekämpfungsgesetz genannt werden. Dazu gehören zum Beispiel das Baugewerbe, das Gaststätten- und Beherbergungsgewerbe sowie das Gebäudereinigungsgewerbe. Der Arbeitgeber muss Beginn und Ende der Arbeitszeit sowie die Dauer der täglichen Arbeitszeit dokumentieren.

Kontrovers diskutiert wird im Rahmen der Einführung eines gesetzlich vorgeschriebenen Mindestlohns die Beschäftigungswirkung. Kritiker eines gesetzlichen Mindestlohns argumentieren, dass ein Mindestlohn oberhalb des Gleichgewichtslohns zu einem Rückgang der Nachfrage nach Arbeitskräften führt. Dies würde zu einem Anstieg der Arbeitslosigkeit führen.

Erste Analysen zu den Auswirkungen des Mindestlohngesetzes in Deutschland zeigen, dass sich die Befürchtung, dass es durch die Einführung eines Mindestlohns zu einem starken Abbau von Arbeitsplätzen kommen würde, bislang nicht bewahrheitet hat. Es zeigten sich insgesamt nur geringe Beschäftigungseffekte (Schröder & Lesch, 2020).

Neben dem allgemeinen gesetzlichen Mindestlohn, gibt es zudem einen speziellen Pflegemindestlohn. Geregelt ist dieser Mindestlohn (neben zusätzlich bezahltem Erholungsurlaub) in der „Vierten Verordnung über zwingende Arbeitsbedingungen für die Pflegebranche". Diese Verordnung gilt für alle Pflegebetriebe. Als Pflegebetriebe gelten Betriebe oder selbstständige Betriebsabteilungen, die überwiegend Pflegedienstleistungen erbringen. Grundsätzlich gelten die Mindestarbeitsbedingungen für den gesamten Pflegebetrieb. Es werden jedoch bestimmte Beschäftigungsgruppen, die üblicherweise keine pflegerischen Tätigkeiten ausüben, zunächst aus der Verordnung ausgenommen. Dazu zählen z. B. Arbeitnehmer in der Verwaltung, Haustechnik, Küche, hauswirtschaftlichen Versorgung, Gebäudereinigung, Empfangs- und Sicherheitsdienst, Garten- und Geländepflege, Wäscherei und Logistik. Allerdings gilt diese Verordnung auch für diese genannten Beschäftigungsgruppen, wenn mindestens 25 % ihrer vereinbarten Arbeitszeit gemeinsam mit Beziehern von Pflegeleistungen für Tätigkeiten aufgewendet wird, die tagesstrukturierend, aktivierend, betreuend oder pflegend sind. Dies kann insbesondere der Fall sein, wenn die genannten Beschäftigungsgruppen als Alltagsbegleiter, Betreuungskräfte, Assistenzkräfte oder Präsenzkräfte tätig sind. Privathaushalte als Arbeitgeber fallen nicht in den Geltungsbereich der Verordnung. In Privathaushalten gelten die Regeln des allgemeinen gesetzlichen Mindestlohns (BMAS, 2020).

> **Wiederholungs- und Anwendungsfragen Kap. 8**
>
> 1. Welche grundsätzlichen Möglichkeiten der Grundentgeltfindung bestehen und wie können diese in Tarifverträgen umgesetzt werden?
> 2. Beschreiben Sie, was unter einer Fragmentierung der Arbeitsbeziehungen in der Sozial- und Gesundheitswirtschaft zu verstehen ist.
> 3. Erläutern Sie, was unter dem „Ersten", „Zweiten" und „Dritten Weg" der Entgeltfindung zu verstehen ist.
> 4. Wer hat Anspruch auf den gesetzlichen Mindestlohn? Welche Ausnahmen werden im Gesetz definiert, die für Non-Profit-Organisationen von Relevanz sind?

Literatur

Anger, C., Plünnecke, A., & Schmidt, J. (2010). *Bildungsrenditen in Deutschland. Einflussfaktoren, politische Optionen und ökonomische Effekte*. Forschungsberichte aus dem Institut der deutschen Wirtschaft Köln, Nr. 65.

Bayreuther, F. (2014). Der gesetzliche Mindestlohn. *Neue Zeitschrift für Arbeitsrecht, 16*, 865–873.

Biebeler, H., & Lesch, H. (2015). Organisationsdefizite der deutschen Gewerkschaften. *Wirtschaftsdienst, Zeitschrift für Wirtschaftspolitik, 95*(10), 710–715.

Bispinck, R., Dribbusch, H., Öz, F., & Stoll, E. (2013). *Einkommens- und Arbeitsbedingungen in Pflegeberufen. Eine Analyse auf Basis der WSI-Lohnspiegel-Datenbank. Arbeitspapier 21.* Wirtschafts- und Sozialwissenschaftliches Institut. Hans-Böckler.Stiftung. https://www.boeckler.de/pdf/ta_lohnspiegel_2013_21_pflegeberufe.pdf. Abgerufen am 05.08.2021.

Blum, K., Offermanns, M., & Perner, P. (2007). *Krankenhaus Barometer. Umfrage 2007. Deutsches Krankenhausinstitut e. V.* https://www.dki.de/sites/default/files/2019-01/krankenhaus-barometer-2007.pdf. Zugegriffen am 18.11.2021.

BMAS. (2020). *Mindestlöhne und Mehrurlaub in der Pflege. Fragen & Antworten*. https://www.bmas.de/SharedDocs/Downloads/DE/Publikationen/a763-ml-pflegebranche-broschuere-pdf.pdf?__blob=publicationFile&v=1. Zugegriffen am 10.11.2021.

Bundesregierung. (2014). *Entwurf eines Gesetzes zur Stärkung der Tarifautonomie (Tarifautonomiestärkungsgesetz)*, BT-Drucksache 18/1558 vom 28. Mail 2014.

Caritas. (2021). *AVR- Tarifrecht der Caritas*. https://www.caritas.de/glossare/avr%2D%2Dtarifrecht-der-caritas. Zugegriffen am 05.12.2021.

Diakonie. (2021). *Das Arbeitsrecht der Diakonie*. https://karriere.diakonie.de/arbeitsrecht. Zugegriffen am 05.12.2021.

Diakonisches Werk Bayern. (2021). *AVR – Bayern, Arbeitsvertragsrichtlinien des Diakonischen Werkes Bayern*, Stand vom 01. Januar 2021. https://www.diakonie-bayern.de/fileadmin/user_

upload/Mitarbeiten_bei_der_Diakonie/Arbeitsvertragsrichtlinien/1.Daten/2021_01_01_AVR_Bayern_Onlineversion.pdf. Zugegriffen am 05.08.2021.

Evans, M., Galchenko, V., & Hilbert, J. (2012). *Projekt PESSIS: Promoting employers' social services organisations in social dialogue. Befund „Sociosclerose": Arbeitgeber-Arbeitnehmerbeziehungen in der Sozialwirtschaft in Deutschland in Modernisierungsverantwortung.* Insitut für Arbeit und Technik.

Evans, M., Galchenko, V., & Hilbert, J. (2013). Befund Sociosclerose – Sozialwirtschaft in der Interessensblockade? *Sozialer Fortschritt, 8–9*, 209–216.

Franz, W. (2013). *Arbeitsmarktökonomik* (8. Aufl.). Springer Gabler.

Glassner, V., Pernicka, S., & Dittmar, P. (2015). *Arbeitsbeziehungen im Krankenhaussektor, Reihe Study der Hans-Böckler-Stiftung*. Nummer 306, Dezember 2015.

Griese, T. (2021). Mindestlohn. In J. Röller (Hrsg.), *Personalbuch 2021* (28. Aufl.). Beck.

Guertzgen, N. (2010). Rent-sharing and collective wage contracts-evidence from German establishment-level data. *Applied Economics, 42*(22), 2835–2854.

Hans-Böckler-Stiftung. (2020). *2020 Tarifpolitik. Statistisches Taschenbuch.* p_ta_tariftaschenbuch_2020.pdf (boeckler.de). Zugegriffen am 14.09.2021.

Hromadka, W., & Maschmann, H. (2020). *Arbeitsrecht Band 2, Kollektivarbeitsrecht* (7. Aufl.). Springer.

Kostorz, P. (2019). Gesundheitsrecht. In R. Haring (Hrsg.), *Gesundheitswissenschaften* (S. 761–778). Springer Nature.

Lesch, H. (2017). Internationaler Arbeitskampfvergleich, IW-Kurzberichte, 71.2017.

Oechsler, W. A., & Paul, C. (2019). *Personal und Arbeit. Einführung in das Personalmanagement* (11. Aufl.). de Gruyter Oldenbourg.

Richardi, R. (2020). *Arbeitsrecht in der Kirche. Staatliches Arbeitsrecht und kirchliches Dienstrecht* (8. Aufl.). C.H. Beck.

Rost, K., & Osterloh, M. (2009). Management fashion pay-for-performance for CEOs. *Schmalenbach Business Review, 61*, 119–149.

Schäfer, A., & Gottschall, K. (2016). Zahlt sich Akademisierung aus? *Arbeit, 25*, 125–145.

Schaub, G. (2021). *Handbuch Arbeitsrecht* (19. Aufl.). Beck.

Schmillen, A., & Stüber, H. (2014). *Lebensverdienste nach Qualifikation: Bildung lohnt sich ein Leben lang*, IAB- Kurzbericht 01/2014. Institut für Arbeitsmarkt- und Berufsforschung.

Scholz, C. (2014). *Personalmanagement. Informationsorientierte und verhaltenstheoretische Grundlagen* (6. Aufl.). Vahlen.

Schröder, C., & Lesch, H. (2020). *Auswirkungen des gesetzlichen Mindestlohns*, IW-Report 18/2020.

Statistisches Bundesamt. (2021). *Verdienste und Arbeitskosten. Tarifbindung in Deutschland.* https://www.destatis.de/DE/Themen/Arbeit/Verdienste/Tarifverdienste-Tarifbindung/Publikationen/Downloads-Tarifverdienste-Tarifbindung/tarifbindung-5622103189004.pdf?__blob=publicationFile. Zugegriffen am 05.12.2021.

Personalentwicklung in Non-Profit-Organisationen

9

> **Zusammenfassung**
>
> Kapitel 9 greift ausgewählte Aspekte der Personalentwicklung in Non-Profit-Organisationen auf. Dazu findet zunächst eine Einführung in den Themenbereich der Personalentwicklung statt. Dann werden theoretische Ansätze der Personalentwicklung vorgestellt und deren Relevanz und Anwendbarkeit im Non-Profit-Bereich diskutiert. Als Ansätze zur Ermittlung des Bedarfs an Personalentwicklung werden Instrumente zur Bedarfserfassung auf individueller und auf organisationaler Ebene erläutert. Im Rahmen der Aus- und Weiterbildung wird auf die Besonderheiten der Ausbildungsberufe im Sozial- und Gesundheitswesen eingegangen sowie ein Überblick über das Thema Weiterbildung gegeben. Die Beteiligungsrechte des Betriebsrates und der Mitarbeitervertretungen werden dargestellt. Einen weiteren relevanten Aspekt der Personalentwicklung in Non-Profit-Organisationen stellt die Qualifizierung von freiwillig Engagierten dar. Weiterhin wird auf den Zusammenhang von Organisations- und Personalentwicklung in Non-Profit-Organisationen eingegangen. Das Kapitel schließt mit den Möglichkeiten der Erfolgskontrolle der Personalentwicklung.

9.1 Einführung in die Personalentwicklung von Non-Profit-Organisationen

Wie in Kap. 1 dargestellt, weisen Non-Profit-Organisationen eine hohe Personalkostenintensität auf. Vielfältige Dienstleistungen und Angebote werden durch Mitarbeiter dieser Organisationen erbracht. Die Qualität dieser Dienstleistungen und die Zufriedenheit der Empfänger dieser Dienstleistungen hängt von den Mitarbeitern bzw. deren erbrachter Leistung ab (Chang et al., 2015, S. 25). Dadurch wird klar, dass der Mitarbeiter sowie sein

Wissen und seine Fähigkeiten essenziell für die Leistungs- und Wettbewerbsfähigkeit einer Non-Profit-Organisationen sind.

Gleichzeitig sind Non-Profit-Organisationen dynamischen Veränderungen in den verschiedenen Gesellschaftsbereichen ausgesetzt, in denen sie aktiv sind. Diese Gesellschaftsbereiche unterliegen politischen, wirtschaftlichen und technologischen Veränderungen. Non-Profit-Organisationen stehen vor der Aufgabe, sich an diese Veränderungen anzupassen, diese zu bewältigten oder sogar vor der Aufgabe, diese externen gesellschaftlichen Veränderungen proaktiv voranzutreiben und zu gestalten. Dementsprechend müssen sich auch die Kompetenzen und Fähigkeiten einer Non-Profit-Organisation kontinuierlich weiterentwickeln. Träger dieser Kompetenzen und Fähigkeiten sind die Mitarbeiter der Non-Profit-Organisation. Diese Weiterentwicklung von Wissen und Fähigkeiten ist die Zielsetzung der Personalentwicklung. Damit bildet die Personalentwicklung die Voraussetzung für den Erfolg und die Wettbewerbsfähigkeit von Non-Profit-Organisationen.

Trotz ihrer hohen Relevanz steht die Professionalisierung der Personalentwicklung in Non-Profit-Organisationen noch am Anfang. Während in Unternehmen der Privatwirtschaft eigene Stellen oder sogar ganze Abteilungen für das Thema Personalentwicklung verantwortlich sind, ist in Non-Profit-Organisationen die Verantwortlichkeit für die Personalentwicklung häufig eine weitere Aufgabe neben anderen Personalthemen oder neben der Verwaltung. Der Stand der Professionalisierung ist aber auch differenziert in Abhängigkeit der Größe der Non-Profit-Organisation oder des Trägers zu sehen.

Es gibt wenig Forschungsarbeiten, die sich speziell mit dem Thema der Personalentwicklung in Non-Profit-Organisationen auseinandersetzen. Häufig geht es um eine Anwendung sektorübergreifender Konzepte auf den Non-Profit-Sektor (Egan, 2017, S. 245).

Zusätzlich zu der noch am Anfang stehenden Professionalisierung der Personalentwicklung im Non-Profit-Sektor ist ein weiterer Unterschied zur Personalentwicklung in der Privatwirtschaft zu nennen. Non-Profit-Organisationen sind inhaltlich mit anderen, teilweise sehr speziellen Fragestellungen beschäftigt, welche in einer spezifischen inhaltlichen Ausgestaltung der Personalentwicklung münden. Konkret kann es dabei zum Beispiel um Fragen des Fundraisings, des Gemeinnützigkeitsrechts oder des Managements von Freiwilligen gehen.

Personalentwicklung wird in der Praxis häufig mit Aktivitäten rund um die Weiterbildung, z. B. das Seminar- und Trainingsangebot einer Organisation, verbunden. Nicht selten werden die Begriffe Personalentwicklung und Weiterbildung sogar als Synonyme verwendet. Tatsächlich umfasst Personalentwicklung sehr viel mehr als die reine Weiterbildung, die Vermittlung von Wissen oder bloße Trainingsaktivitäten.

Laut Becker (2013, S. 4) kann Personalentwicklung im engen Sinn, im erweiterten Sinn und im weiten Sinn definiert werden. **Personalentwicklung im engen Sinn** kann mit dem Begriff der **Bildung** gleichgesetzt werden und umfasst dann Berufsausbildung inklusive dualer Hochschulbildung, Fachhochschul- und Hochschulbildung, berufliche und allgemeine Weiterbildung, Führungskräfte- und Führungskräftenachwuchskräftebildung, arbeitsplatznahes und integriertes systematisches Anlernen und Umschulung. **Personal-**

entwicklung im erweiterten Sinn umfasst den Bereich der Bildung und zusätzlich den Bereich der Förderung. Folgende Themen sind dann zum Beispiel der Personalentwicklung im erweiterten Sinn zuzuordnen: Auswahl und Einarbeitung, Arbeitsplatzwechsel, Auslandseinsatz, Nachfolge- und Karriereplanung, Strukturiertes Mitarbeitergespräch, Coaching und Mentoring sowie Supervision. **Personalentwicklung im weiten Sinne** schließt zusätzlich zur Bildung und Förderung noch den Bereich der Organisationsentwicklung mit ein und beinhaltet dann zum Beispiel die Bereiche der Teamentwicklung, des Change Managements und der Projektarbeit.

▶ **Personalentwicklung in Non-Profit-Organisationen** umfasst alle Maßnahmen, die dem Erhalt und der Weiterentwicklung von Wissen, Kompetenzen und Fähigkeiten der angestellten Mitarbeiter und der freiwillig Engagierten in einer Non-Profit-Organisation dienen.

Neben der Breite von Inhalten und Themen der Personalentwicklung ist auch zu beachten, dass die einzelnen Maßnahmen und Instrumente der Personalentwicklung nicht isoliert und losgelöst voneinander betrachtet werden dürfen. Vielmehr bedarf es einer Abstimmung und einer Integration der einzelnen Instrumente und Methoden der Personalentwicklung. Auch der Zusammenhang zur Organisationsentwicklung und zum Veränderungsmanagement (Change Management) muss Beachtung finden.

Zur Durchführung einer systematischen Personalentwicklung muss zunächst eine Bedarfsermittlung stattfinden. Nach Abschluss der Personalentwicklungsmaßnahme sollte dann eine Erfolgskontrolle durchgeführt werden.

Abb. 9.1 zeigt den Kreislauf der Personalentwicklung für Non-Profit-Organisationen auf.

Personalentwicklung muss im Zusammenspiel mit der Organisationsentwicklung betrachtet werden und vor dem Hintergrund der Besonderheiten von Non-Profit-Organisationen. Zudem müssen die besonderen rechtlichen Rahmenbedingungen Beachtung finden und theoretische Grundlagen können herangezogen werden, um Aufgabenstellungen der Personalentwicklung systematisch zu betrachten und zu analysieren.

Vor der eigentlichen Durchführung der Personalentwicklung muss zunächst eine Bedarfsermittlung stattfinden. Diese Bedarfsentwicklung kann sowohl auf einer individuellen Ebene (z. B. durch eine Leistungsbeurteilung oder ein Mitarbeiterentwicklungsgespräch) oder auf organisationaler Ebene (z. B. durch eine Mitarbeiterbefragung) stattfinden.

Nach Abschluss der Personalentwicklungsmaßnahme sollte eine Erfolgskontrolle der Maßnahmen der Personalentwicklung durchgeführt werden.

In Non-Profit-Organisationen müssen bei der Planung und Gestaltung von Personalentwicklung die sektorspezifischen Besonderheiten Beachtung finden:

- Die **Knappheit an finanziellen Ressourcen** erschwert die Ausgestaltung der Personalentwicklung.
- Der **hohe Teilzeitanteil** an Beschäftigten stellt die Personalentwicklung im Zusammenspiel mit der Personalplanung vor eine große Herausforderung.

- **Eng getaktete Dienstpläne** erschweren die Planung und Integration von Personalentwicklungsmaßnahmen in den Arbeitsalltag.
- Neben den fest angestellten Mitarbeitern sind ggf. auch **freiwillig Engagierte** bei der Planung und Ausgestaltung von Maßnahmen der Personalentwicklung zu beachten.

Trotz der beschriebenen Herausforderungen muss die Bedeutung einer kontinuierlichen Personalentwicklung in Non-Profit-Organisationen betont werden, da Personal die wichtigste Ressource darstellt.

Personalentwicklung kann nicht isoliert betrachtet werden (Abb. 9.1). Vielmehr muss eine Abstimmung mit den anderen Teilfunktionen des Personalmanagements erfolgen.

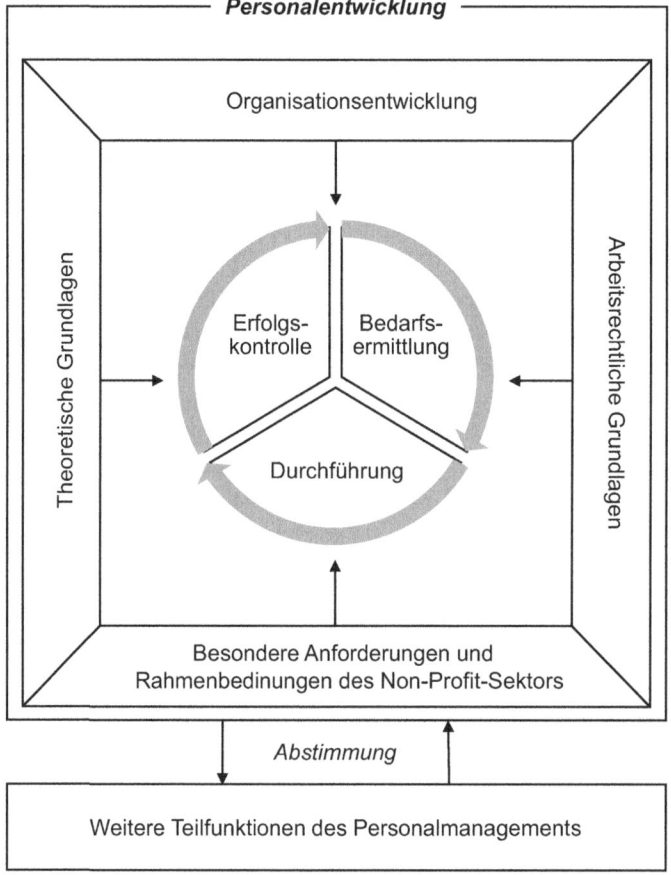

Abb. 9.1 Kreislauf der Personalentwicklung in Non-Profit-Organisationen. (Quelle: Eigene Darstellung)

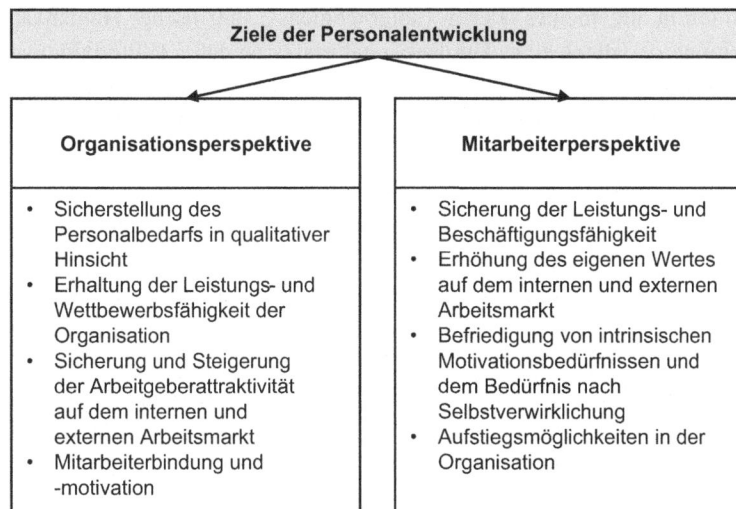

Abb. 9.2 Ziele der Personalentwicklung aus Organisations- und Mitarbeiterperspektive. (Quelle: Eigene Darstellung)

Abb. 9.2 zeigt die Ziele von Personalentwicklung aus Sicht der Non-Profit-Organisation und aus Sicht des Mitarbeiters auf.

9.2 Theoretische Ansätze der Personalentwicklung

Wie bereits in Kap. 3 dargestellt, können theoretische Ansätze dazu beitragen, komplexe Sachverhalte aus dem Bereich der Praxis und Wissenschaft zu strukturieren, vereinfacht darzustellen, einzugrenzen und Hypothesen aufzustellen. Dies gilt auch für den Themenbereich der Personalentwicklung.

Im Rahmen der Personalentwicklung sollen dabei drei theoretische Ansätze aufgegriffen werden. Erstens die Humankapitaltheorie, welche unter anderem zur Beantwortung der Frage der Kostenübernahme der Weiterbildung herangezogen werden kann. Zweitens der ressourcenorientierte Ansatz, welcher die Bedeutung von Personalentwicklung für die Wettbewerbssituation einer Organisation verdeutlicht. Drittens die motivationstheoretischen Ansätze, welche die Bedeutung von Personalentwicklung für die Anreiz- und Motivationsgestaltung verdeutlichen. Während die Humankapitaltheorie und der ressourcenorientierte Ansatz den ökonomischen Ansätzen zugerechnet werden können, sind die motivationstheoretischen Ansätze der verhaltenswissenschaftlichen Denkschule zuzuordnen.

9.2.1 Humankapitaltheorie

Die Humankapitaltheorie (Becker, 1962) sieht Ausgaben für Bildung als Investitionen in Humankapital an (vgl. dazu auch Abschn. 3.3.2). Dabei wird unterschieden, ob es sich um eine Investition in allgemeines oder in (unternehmens-) spezifisches Humankapital handelt. Investitionen in allgemeines Humankapital umfassen dabei Weiterbildungsmaßnahmen, die allgemeine und keine unternehmensspezifischen Inhalte und Fähigkeiten vermitteln. Das vermittelte Wissen kann somit nicht nur in einem Unternehmen, sondern auch unternehmensübergreifend eingesetzt werden. Die Investition steigert den Wert des Mitarbeiters nicht nur auf dem internen Arbeitsmarkt, sondern auch auf dem externen Arbeitsmarkt. Dagegen umfassen Investitionen in spezifisches Humankapital Weiterbildungsmaßnahmen, die unternehmensspezifische Inhalte vermitteln. Das hierdurch erworbene Wissen kann somit nur in einem Unternehmen, aber nicht unternehmensübergreifend eingesetzt werden. Folglich steigert es den Wert des Mitarbeiters nur in einem Unternehmen, nicht aber auf dem externen Arbeitsmarkt (Becker, 2013, S. 44 f.).

Die Humankapitaltheorie kann herangezogen werden, wenn es um die Frage geht, wer die Kosten für eine Weiterbildungsmaßnahme tragen soll (Becker, 2013, S. 45; Süß, 2004, S. 232; Seyda et al., 2018). Möglich wäre eine öffentliche Finanzierung oder eine Übernahme der Kosten durch Unternehmen oder Individuum.

Eine öffentliche Finanzierung von Weiterbildungen für Erwachsene ist meist nicht notwendig, da sowohl Individuum als auch Arbeitgeber einen Nutzen aus dieser Investition ziehen. Es gibt allerdings Fälle, in denen eine vollständige oder teilweise Finanzierung von öffentlicher Seite aus humankapitaltheoretischer Sicht gerechtfertigt sein kann. Dazu gehört zum Beispiel die Förderung der Weiterbildung von Arbeitslosen. Arbeitslose haben keine Möglichkeit der Teilnahme an betrieblicher Weiterbildung. Weiterbildung kann aber eben wichtig sein, um aus dieser Arbeitslosigkeit herauszukommen. Deshalb macht an dieser Stelle die Übernahme der Weiterbildungskosten durch die öffentliche Hand Sinn, da die Reduktion von Arbeitslosigkeit aus gesamtgesellschaftlicher Sicht einen positiven Nutzen hat (Seyda & Placke, 2020, S. 113).

Öffentliche Förderung von Weiterbildung
Die öffentliche Förderung von Weiterbildung erfolgt beispielsweise durch Bildungsgutscheine. Bildungsgutscheine können erhalten werden, wenn mit einer Bildungsmaßnahme eine Arbeitslosigkeit beendet werden kann oder eine drohende Arbeitslosigkeit abgewendet werden kann. Bildungsgutscheine können auch ausgegeben werden, um einen fehlenden Berufsabschluss nachzuholen. Bei arbeitslosen Arbeitnehmern kann ein Bildungsgutschein auch ausgegeben werden, um die Beschäftigungschancen auf dem Arbeitsmarkt zu erhöhen (Bundesagentur für Arbeit, 2021). Die Einlösung dieser Bildungsgutscheine kann bei einem anerkannten Träger der beruflichen Weiterbildung erfolgen. Diese Träger sind häufig dem Non-Profit-Sektor zuzuordnen.

Bei der Entscheidung, ob die Weiterbildung in einer Organisation durch den Arbeitgeber oder den Mitarbeiter finanziert werden soll, muss die Art des Humankapitals betrachtet werden. Es geht um die Frage, ob es sich bei der Weiterbildung um eine Investition in unternehmensspezifisches oder in allgemeines Humankapital handelt.

Handelt es sich um eine Investition in unternehmensspezifisches Humankapital, sollten die Kosten vom Unternehmen übernommen werden. Der Mitarbeiter könnte diese Investition in sein Humankapital in keinem anderen Unternehmen einsetzen. Folglich hätte der Mitarbeiter keinen Anreiz, die Kosten dieser Investition selbst zu tragen. Handelt es sich dagegen um eine Investition in allgemeines Humankapital, dann sollte die Investition (Kosten der Weiterbildung) nicht vom Arbeitgeber übernommen werden. Vielmehr sollte der Mitarbeiter die Kosten selbst tragen, und sich hierdurch eine Entgeltsteigerung „erkaufen", für welche dann das Unternehmen aufkommen sollte. Würde das Unternehmen die Weiterbildung bezahlen, bestünde das Risiko, dass der Arbeitnehmer nach Abschluss der Weiterbildung das Unternehmen verlässt, und sein aufgebautes Humankapital bei einem anderen Unternehmen einsetzt. In der Praxis findet eine Umsetzung dieser Handlungsempfehlung nicht immer statt. Aufgrund von Fachkräftemangel und der hohen Bedeutung von Arbeitgeberattraktivität und Mitarbeiterbindung und -motivation werden Weiterbildungen häufig vom Arbeitgeber übernommen, auch wenn sie eine Investition in allgemeines Humankapital darstellen. Zur Absicherung von sehr hohen Bildungsinvestitionen in allgemeines Humankapital (z. B. berufsbegleitendes Studium, MBA) können auch Rückzahlungsvereinbarungen getroffen werden, wenn der Mitarbeiter innerhalb eines bestimmten Zeitraums nach Abschluss einer Weiterbildungsmaßnahme kündigt (Becker, 2013, S. 45 f.).

Auch für Non-Profit-Organisationen stellt sich aufgrund der Knappheit von personellen und finanziellen Ressourcen die Frage, welche Investitionen in Weiterbildung unternommen und finanziert werden sollen. Gleichzeitig muss aber auch der Fachkräftemangel beachtet werden, wenn es um die Frage der Finanzierung von betrieblicher Weiterbildung geht. Insofern wird wie bereits oben beschrieben, der Aspekt der Bindung von Mitarbeitern in Vordergrund stehen. Auch für die Arbeit von freiwillig Engagierten bedarf es häufig Qualifizierungsmaßnahmen (Abschn. 9.7). Da die freiwillig Engagierten jedoch keine Vergütung (sondern höchstens eine Aufwandsentschädigung) erhalten, stellt sich hier eine andere Frage von Kosten und Nutzen. Die Bereitschaft von Non-Profit-Organisationen in Weiterbildung zu investieren, kann einen Anreiz für die Aufnahme einer freiwilligen Tätigkeit darstellen.

Die Humankapitaltheorie wird auch genutzt, um zu erklären, warum sich (Aus-) Bildung finanziell lohnt. Auf diese Ausbildungsrenditen wurde in Abschn. 8.1.2 bereits hingewiesen.

9.2.2 Ressourcenorientierte Ansätze des strategischen Managements

Wie bereits in Abschn. 3.4 dargestellt, nimmt der ressourcenorientierte Ansatz eine Gegenposition zur marktorientierten Sichtweise des Managements dar. Wettbewerbsvorteile entstehen durch eine entsprechende interne Ressourcenausstattung. Personal kann im Sinne des ressourcenorientierten Ansatzes solch eine Ressource darstellen. Die Kriterien, welche dabei an (Human-)Ressourcen gestellt werden – wertvoll, selten, nicht imitierbar und nicht substituierbar – können durch eine entsprechende Personalentwicklung erfüllt werden. Je mehr unternehmensspezifisches Wissen und Erfahrung die Mitarbeiter haben, desto mehr erfüllen sie die Kriterien des ressourcenorientierten Ansatzes. Der Resource Based View (grundlegend dazu: Penrose, 1959; Wernerfelt, 1984; Barney, 1991), wurde von weiteren Wissenschaftlern aufgegriffen und weiterentwickelt.

Der Knowledge Based View und der Ansatz der Dynamic Capabilities stellen solche Weiterentwicklungen dar. Der Knowledge Based View sieht Wissen als zentrale Quelle von Wettbewerbsvorteilen an (Grant, 1996). Der Ansatz der Dynamic Capabilities betont die Fähigkeit der kontinuierlichen Weiterentwicklung und Veränderung von Wissen und Fähigkeiten (Teece et al., 1997). Noch stärker als beim Resource Based View kann Personalentwicklung hier einen Beitrag leisten. In Non-Profit-Organisationen stellen Mitarbeiter die zentrale Ressource dar. Insofern ist die Argumentationslinie der ressourcenorientierten Ansätze des strategischen Managements von hoher Relevanz.

9.2.3 Motivationstheoretische Ansätze

In Kap. 6 wurden bereits motivationstheoretische Ansätze dargestellt. Im Folgenden soll nun auf diese theoretischen Ansätze Bezug genommen werden, um relevante Aspekte für die Personalentwicklung darzustellen.

Betrachtet man die Faktoren, welche Motivatoren im Sinne von **Herzbergs Zwei-Faktoren-Theorie** darstellen, dann wird deutlich, dass diese Faktoren – Leistung, Anerkennung, Arbeitsinhalte, Verantwortung, Beförderung und Wachstum – auch im Kontext der Personalentwicklung Bedeutung haben. Personalentwicklung kann im Sinne der Zwei-Faktoren-Theorie zu einer Steigerung der Motivation beitragen. Gerade in Non-Profit-Organisationen, in denen die intrinsische Komponente der Motivation eine große Rolle spielt, kann Personalentwicklung ihren Beitrag zur Mitarbeitermotivation leisten.

Das **Job Characteristic Modell** beschäftigt sich mit der Frage, wie eine Arbeitstätigkeit inhaltlich ausgestaltet sein muss, damit sich positive Effekte beim Mitarbeiter und positive Implikationen für das Arbeitsergebnis einstellen. Insbesondere beim Aspekt der Rückmeldung können Instrumente der Personalentwicklung eingesetzt werden. Konkret geht es hier um die Gestaltung von Feedbacksystemen, Mitarbeitergesprächen und Leistungsbeurteilungssystemen und -prozessen.

Insgesamt betrachtet, verdeutlichen die Ansätze der Mitarbeitermotivation, dass Personalentwicklung nicht nur wichtig ist für die Weiterentwicklung der Wissensbasis und der Fähigkeiten der Mitarbeiter und damit für die Wettbewerbsfähigkeit der Organisation. Sie zeigen vielmehr auch, dass Personalentwicklung sich positiv auf die Motivation der Mitarbeiter und damit auch auf die Bindung der Mitarbeiter an die Non-Profit-Organisation auswirken kann.

9.3 Ermittlung des Personalentwicklungsbedarfs

Der Bedarf an Personalentwicklung kann auf individueller Ebene und auf organisationaler Ebene ermittelt werden. Auf einer individuellen Ebene kann die Leistungsbeurteilung sowie das Entwicklungsgespräch herangezogen werden. Die Mitarbeiterbefragung kann als ein Instrument zur Bestimmung des Organisations- und Personalentwicklungsbedarfs genutzt werden. Im Gegensatz zum individuellen Entwicklungsgespräch und der Leistungsbeurteilung geht es hier um eine Bedarfsbestimmung auf organisationaler Ebene.

9.3.1 Leistungsbeurteilung

Die Leistungsbeurteilung kann als Grundlage für weitere personalwirtschaftliche Entscheidungen dienen; insbesondere können die Ergebnisse im Rahmen der Bedarfsermittlung der Personalentwicklung genutzt werden.

Die Leistungsbeurteilung muss von der Eignungsbeurteilung abgegrenzt werden. Ziel der Leistungsbeurteilung ist eine Verhaltens- oder Leistungssteuerung, im Rahmen der Eignungsbeurteilung geht es um eine Potenzialschätzung. Bei der Leistungsbeurteilung geht es darum, eine vergangene Leistung aus dem Arbeitsalltag zu beurteilen. Die Eignungsbeurteilung versucht in einer Testsituation das Potenzial für die Übernahme zukünftiger Tätigkeiten zu beurteilen. Während die Leistungsbeurteilung durch den Vorgesetzten erfolgt, wird die Eignungsbeurteilung durch Experten durchgeführt (Becker, 2013, S. 584).

Im Rahmen der Leistungsbeurteilung können sowohl das Arbeitsverhalten als auch das Arbeitsergebnis beurteilt werden. Dazu steht eine Reihe von standardisierten Verfahren zur Verfügung; alternativ kann eine Leistungsbeurteilung auch anhand von freien Verfahren durchgeführt werden. Im Rahmen der freien Eindrucksschilderung können Protokollnotizen, Episodenschilderung, Interviews oder Gespräche zum Einsatz kommen. Zu den standardisierten Verfahren zählen Kennzeichnungsverfahren, Rangordnungsverfahren, Einstufungsverfahren und Zielsetzungsverfahren (Becker, 2013, S. 584).

Eine Leistungsbeurteilung kann im Rahmen der Personalentwicklung in einer Non-Profit-Organisation die folgenden Funktionen übernehmen:

- **Feedbackfunktion**: Wertschätzung, Rückmeldung, Leistungsverbesserung
- **Auswahlfunktion**: Auswahl geeigneter Maßnahmen der Personalentwicklung, z. B. Weiterbildung, Supervision
- **Evaluationsfunktion**: Bewertung von durchgeführten Maßnahmen der Personalentwicklung

Im Falle von Non-Profit-Organisationen ergeben sich einige Besonderheiten bei der Anwendung einer Leistungsbeurteilung, die es zu beachten gilt.

Soll eine Verknüpfung von Leistungsbeurteilung und Vergütung erfolgen, so muss dies vor dem Hintergrund der Gefahr eines **Crowding-Out-Effekts** (Abschn. 6.1) sehr kritisch hinterfragt werden.

Zudem stellt sich die Frage, welche **Kriterien bei der Leistungsbeurteilung** angelegt werden können. Bei den meisten Non-Profit-Organisationen geht es um die Erbringung einer Dienstleistung, insofern müssen Aspekte wie Kunden- und Klientenzufriedenheit oder Patientenzufriedenheit bei den Leistungsbeurteilungskriterien mitbedacht werden.

Gleichzeitig liegt im Non-Profit-Bereich des Sozial- und Gesundheitswesen eine starke Reglementierung durch vorab definierte Leistungen vor; hier könnte ein Festhalten an vorgegebenen Zeiten für bestimmte Tätigkeiten eine Ausrichtung an Aspekten wie Kunden- oder Klientenzufriedenheit erschweren.

Zur Evaluation eines Leistungsbeurteilungssystems sind verschiedene Kriterien zu beachten. Im Rahmen der personalwirtschaftlichen Optimierung muss auf eine Abstimmung mit den personalwirtschaftlichen Zielsetzungen und weiteren personalwirtschaftlichen Instrumenten geachtet werden. Zudem muss die Wirtschaftlichkeit des Leistungsbeurteilungssystems überprüft werden. Bei der methodischen Güte des Verfahren sind die drei Kriterien Objektivität, Reliabilität und Validität zu beachten. Im Sinne einer personalwirtschaftlichen Optimierung ist auf eine Formalisierung und Standardisierung zu achten, auf eine Akzeptanz bei Beurteilern und Beurteilten sowie auf eine rechtliche Unbedenklichkeit (Oechsler & Paul, 2019, S. 394).

Auch im Rahmen einer Personalauswahlentscheidung findet eine Beurteilung potenzieller neuer Mitarbeiter statt. Hier geht es um die Beurteilung der Eignung und des Potenzials einer Person für eine Stelle. In Abschn. 5.2 wurde bereits auf Wahrnehmungs- und Beurteilungsfehler bei der Personalauswahl eingegangen. Diese Fehler können auch im Zuge einer Leistungsbeurteilung auftreten.

9.3.2 Mitarbeitergespräch

Ein Mitarbeitergespräch kann sowohl turnusmäßig als auch anlassbezogen stattfinden. Beide Optionen bieten die Möglichkeit, Personalentwicklungsbedarfe aufzudecken und konkrete Maßnahmen abzuleiten. Werden diese Optionen genutzt, dann kann man auch von einem Entwicklungsgespräch sprechen.

Im Rahmen eines Mitarbeitergesprächs geht es häufig um Themen, die nicht im Arbeitsalltag thematisiert werden. Darin begründet sich auch die Notwendigkeit für Mitarbeitergespräche. Ziel eines Mitarbeitergespräches ist es, eine offene Kommunikation zwischen Mitarbeiter und Führungskraft zu erreichen. So können über nicht direkt beobachtbare Aspekte, wie Einstellungen, Bedürfnisse und Ängste, mögliche Ursachen für das Verhalten oder Verhaltensänderungen von Mitarbeitern (z. B. Leistungsminderung, Motivationsverlust) gefunden werden.

Ein Mitarbeitergespräch kann sowohl einen Vergangenheits- als auch einen Zukunftsbezug haben. Der Aufbau eines Mitarbeitergesprächs kann dabei wie folgt aussehen:

1) **Rückblick**: Was waren große Herausforderungen und Aufgaben im letzten Jahr? Wie konnten diese bewältigt werden?
2) **Leistungsbeurteilung**: An dieser Stelle kann eine Verknüpfung mit der Leistungsbeurteilung erfolgen. Das Mitarbeitergespräch kann dazu genutzt werden, um die Ergebnisse der Leistungsbeurteilung zu kommunizieren und zu besprechen.

3) **Entwicklungsziele**: Basierend auf den Herausforderungen des letzten Jahres und möglichen aufgedeckten Entwicklungspotenzialen, kann eine gemeinsame Festlegung von Entwicklungszielen stattfinden.
4) **Personalentwicklungsplanung**: Aufbauend auf den Entwicklungszielen, kann eine konkrete Planung der Personalentwicklung erfolgen. Dies kann durch die Auswahl von Weiterbildungsangeboten oder durch die gemeinsame Festlegung von sonstigen Entwicklungsmaßnahmen erfolgen (z. B. Übernahme von weiteren Aufgaben und Tätigkeiten, Job Enrichment, Job Enlargement).

Fallbeispiel: Leistungsbeurteilung bei der Elder Care gGmbH

Ronja Reisch hat vor einem Jahr ihre Stelle als Personalleiterin der Elder Care gGmbH angetreten. Elder Care ist ein Betreiber von Seniorenwohn- und Pflegeeinrichtungen in Deutschland. Zur Elder Care gGmbH gehören 10 Seniorenwohn- und Pflegeeinrichtungen in Süddeutschland.

Eines der zentralen Ziele der Personalleiterin ist es, die Motivation ihrer Mitarbeiter zu steigern. Deshalb beschließt sie, ein Leistungsbeurteilungssystem einzuführen. Sie möchte auch einen Teil des Gesamtentgelts an die individuelle Leistung der Mitarbeiter koppeln. „Pay for Performance" – Frau Reisch war sich absolut sicher, dass dies die Leistung der Mitarbeiter und damit den Ruf der Einrichtungen steigern wird. Ronja Reisch konnte ihren Vorgesetzten nur bedingt von ihrer Idee überzeugen. Deshalb einigt sie sich mit ihrem Vorgesetzten auf einen Kompromiss. Ronja Reischs Idee wird zunächst nur in einer Einrichtung eingeführt. Sollte sich das Pilotprojekt als Erfolg herausstellen, wird das System flächendeckend in allen Einrichtungen eingeführt werden. Als Einrichtung für das Pilotprojekt wird das Seniorenstift „Sonnenberg" ausgewählt.

Das „Sonnenberg" ist eine Altenhilfeeinrichtung, die verschiedene Dienstleistungen anbietet. Dazu gehören betreutes Wohnen, Tagespflege und vollstationäre Pflege. Im Seniorenstift sind über 100 Mitarbeiter beschäftigt (60 Vollzeitstellen). Die Mitarbeiter werden nun von ihrem Vorgesetzten bewertet. Diese Bewertung spiegelt sich auch im Entgelt der Mitarbeiter wieder. Den Mitarbeitern werden verschiedene Ziele vorgegeben, die im nächsten Jahr dann anhand eines SOLL-/IST-Vergleichs überprüft werden. Dadurch soll die Motivation der Mitarbeiter gesteigert werden. In Abhängigkeit vom Zielerreichungsgrad, wird den Mitarbeitern eine monatliche Leistungszulage zum Gehalt gewährt, welche drei Prozent des Gesamtentgelts ausmacht.

Nach einem Jahr trifft sich Frau Reisch mit dem Leiter des „Sonnenbergs", Herrn Mauser, um den Erfolg des Pilotprojekts zu diskutieren. Insgesamt ist Frau Reisch sehr zufrieden, da die definierten Ziele erreicht wurden und dies sicherlich zur Effizenz der Einrichtung beiträgt. Allerdings berichtet Herr Mauser, dass die Leistungsbeurteilung dazu geführt hat, dass sich der einzelne Mitarbeiter primär auf die eigenen vorgegebenen Ziele konzentriert, um dadurch ein möglichst hohes Entgelt zu erreichen.

Dadurch leidet die Zusammenarbeit zwischen den Kollegen und Ronja Reisch befürchtet, dass damit auch die Dienstleistungsqualität und der Ruf der Einrichtung leiden werden. Deshalb überlegt sich Ronja Reisch momentan, ob den Mitarbeitern nicht zusätzlich zum Grundentgelt einfach eine pauschale „Leistungszulage" von zwei Prozent bezahlt werden soll. So könnten sich die Mitarbeiter wieder verstärkt auf die Ziele der Einrichtung konzentrieren und auch in Bezug auf die Team-und Kooperationsfähigkeit erhofft sich Frau Reisch eine Verbesserung.

Da der Prozess der Leistungsbeurteilung hohe Anforderungen an die Führungskräfte stellt, müssen diese immer wieder geschult werden, was für Frau Reisch einen hohen Aufwand bedeutet. Würde man die Leistungsbeurteilung abschaffen, hätte Frau Reisch wieder mehr Kapazitäten frei und sie könnte sich verstärkt um die Fort-und Weiterbildung der Mitarbeiter kümmern. Damit könnten – so erhofft sie sich zumindest – endlich die Defizite in der Personalentwicklung behoben werden, die sich im Alltag der Einrichtung dadurch immer wieder zeigen, dass Mitarbeiter sich unter- oder überfordert fühlen. Das führt natürlich zu einer hohen Arbeitsunzufriedenheit, die sich in hohen Fehlzeiten und Fluktuation wiederspiegelt. Auch hier könnten durch eine Senkung des Krankenstandes und der Fluktuation erhebliche Kosten eingespart werden. Ronja Reisch beschließt, diesen Vorschlag ihrem Chef zu präsentieren, auch wenn dies eine persönliche Niederlage für sie beinhaltet.

Fragen zum Fallbeispiel:

1. Überzeugen Sie Ronja Reisch davon, dass Leistungsbeurteilung entscheidende Vorteile für das Unternehmen und den Mitarbeiter haben kann!
2. Beurteilen Sie die Gestaltung des Pilotprojektes. Was hätte eventuell besser gemacht werden können?
3. Inwiefern glauben Sie, dass durch eine Abschaffung der Leistungsbeurteilung die Qualität der Personalentwicklung gesteigert werden kann?
4. Zeigen Sie anhand einer Motivationstheorie Ihrer Wahl, welchen Einfluss „Pay for Performance" auf die Motivation der Mitarbeiter haben kann. ◄

9.3.3 Mitarbeiterbefragung

Eine Mitarbeiterbefragung kann, neben anderen Zielsetzungen, auch der Ermittlung von Personalentwicklungsbedarfen auf organisationaler Ebene dienen. In einer Mitarbeiterbefragung können beispielsweise die folgenden Aspekte erfragt werden:

- Wie zufrieden sind die Mitarbeiter mit ihrer Arbeit?
- Wie stark identifizieren sich die Mitarbeiter mit ihrem Arbeitsplatz und der Organisation?

9.3 Ermittlung des Personalentwicklungsbedarfs

- Wie stark fühlen sich die Mitarbeiter an das Unternehmen gebunden? Haben Sie schon einmal mit dem Gedanken gespielt, das Unternehmen zu verlassen?
- Wie bewerten die eigenen Mitarbeiter die Arbeitgeberattraktivität? Würden Sie die Organisation als Arbeitgeber weiterempfehlen?
- Wie nehmen Mitarbeiter das Verhalten der Führungskräfte wahr? Sind die Mitarbeiter zufrieden mit der Mitarbeiterführung in der Organisation?
- Kennen die Mitarbeiter die Werte der Organisation? Identifizieren sie sich mit diesen Werten und werden diese Werte gelebt?
- Was vermissen die Mitarbeiter in der Organisation?

Bei einer Non-Profit-Organisation spielt insbesondere der Aspekt der Werte und der sozialen Mission eine große Rolle. Inwiefern sind die Werte der Organisation oder des Trägers bei den Mitarbeitern bekannt und werden diese tatsächlich auch gelebt? Von besonderer Relevanz ist zudem der Faktor der Mitarbeiterzufriedenheit und -motivation sowie der Mitarbeiterbindung in Zeiten des Fachkräftemangels.

Was die Bindung der Mitarbeiter angeht, kann auch die Wechselbereitschaft der Mitarbeiter erfragt werden. Es kann zum Beispiel die Frage gestellt werden, ob der Mitarbeiter in den letzten sechs Monaten über eine Kündigung nachgedacht hat oder sich sogar extern beworben hat.

Grundsätzlich ist bei einer Mitarbeiterbefragung darauf zu achten, dass sie anonym durchgeführt wird und dass keine Rückschlüsse von den Antworten auf einzelne Mitarbeiter möglich sind. Es geht bei Mitarbeiterbefragungen häufig um sehr sensible Themen, bei denen eine ehrliche Antwort nur dann zu erwarten ist, wenn die Anonymität und der Datenschutz gewährleistet sind und dies auch glaubhaft kommuniziert werden kann.

Eine Mitarbeiterbefragung kann anlassbezogen (z. B. während oder nach Abschluss eines Organisationsentwicklungsprozesses) oder regelmäßig durchgeführt werden. Möglich ist auch eine Kombination beider Optionen, d. h. ein standardisierter Frageteil, der regelmäßig genutzt wird, ergänzt um einen anlassbezogenen Themenblock. Wird die Mitarbeiterbefragung in regelmäßigen Abständen durchgeführt, so kann ein Vergleich der Ergebnisse über mehrere Jahre hinweg stattfinden und es kann auch eine Evaluation von abgeleiteten Maßnahmen erfolgen.

Greift man bei der Durchführung der Befragung auf externe Unterstützung zurück, so ist es häufig möglich, nicht nur einen internen Vergleich über mehrere Jahre hinweg zu erhalten, sondern auch einen Benchmarkvergleich mit anderen Organisationen innerhalb derselben Branche oder branchenübergreifend zu erhalten.

Um die Nachhaltigkeit einer Mitarbeiterbefragung zu sichern, sollten die Ergebnisse der Befragung besprochen werden. Dies kann beispielsweise im Rahmen von Workshops erfolgen, die auf Abteilungs- oder Teamebene durchgeführt werden. Hier können die Ergebnisse durch die Führungskräfte vorgestellt, gemeinsam im Team besprochen und im Workshop konkreter Handlungsbedarf erarbeitet werden.

9.4 Ausbildung

Der Berufsausbildungssektor umfasst in Deutschland die vollqualifizierenden Berufsausbildungen. Dazu zählen (Bundesministerium für Bildung und Forschung, 2020, S. 8):

- Die duale Ausbildung nach Berufsbildungsgesetz (BBiG) und Handwerksordnung (HwO)
- Schulische Berufsausbildungen
- Die Beamtenausbildung für den mittleren Dienst

Für den Non-Profit-Bereich ist insbesondere der Bereich der schulischen Berufsausbildungen von Bedeutung, welche die schulischen Berufsausbildungen im Gesundheits-, Erziehungs- und Sozialwesen (GES-Berufe) umfassen (Bundesministerium für Bildung und Forschung, 2020, S. 8). Schülerinnen und Schüler in den Ausbildungen für GES-Berufe bilden die größte Gruppe im Bereich der schulischen Berufsausbildungen (Bundesministerium für Bildung und Forschung, 2020, S. 11 f.).

Die GES-Berufe stellen Ausbildungsgänge außerhalb von BBiG und HwO dar; sie richten sich nach landes- oder bundesrechtlichen Bestimmungen und werden an Berufsfachschulen, Schulen des Gesundheitswesens und Fachschulen durchgeführt (Bundesministerium für Bildung und Forschung, 2020, S. 11).

Im Gegensatz zu anderen schulischen Ausbildungsberufen ist der Bereich der GES-Berufe in den letzten Jahren deutlich gewachsen. Zwischen 2005 und 2018 stieg die Zahl der Anfängerinnen und Anfänger in den GES-Berufen um mehr als 30 Prozent. Begründet werden kann dies durch gesellschaftliche Entwicklungen und der damit verbundenen gestiegenen Nachfrage nach Fachkräften in den GES-Berufen (Bundesministerium für Bildung und Forschung, 2020, S. 12). Insgesamt zeichnet sich der Ausbildungsbereich der GES-Berufe durch einen hohen Frauenanteil aus (Bundesinstitut für Berufsbildung, 2021, S. 180).

Abb. 9.3 gibt einen Überblick über mögliche Ausbildungsberufe in Berufen des Gesundheitswesens und in sozialen Berufen.

Bei den Gesundheitsfachberufen werden neben der schulischen Ausbildung auch Modellstudiengänge angeboten. Dies gilt zum Beispiel für die Berufe des Physiotherapeuten und des Ergotherapeuten. Für die Pflege gibt es seit dem Inkrafttreten des Pflegeberufegesetzes im Jahr 2020 reguläre Studiengänge an Hochschulen. In den Beruf der Hebamme führt zukünftig ein duales Studium (Bundesministerium für Bildung und Forschung, 2020, S. 50).

Bei den sozialen Berufen wird bei den Ausbildungsgängen am häufigsten der Beruf der Erzieherin gewählt (Bundesinstitut für Berufsbildung, 2021, S. 179 f.). Die Ausbildung zum Erzieher wird von den einzelnen Bundesländern geregelt (Bundesministerium für Bildung und Forschung, 2020, S. 55).

9.4 Ausbildung

Ausbildungsberufe in Berufen des Gesundheitswesens und in sozialen Berufen	
Ausbildungsberufe in Berufen des Gesundheitswesens	**Ausbildungsberufe in sozialen Berufen**
• Altenpfleger/-in • Berufe in der Pflegeassistenz • Diätassistent/-in • Ergotherapeut/-in • Gesundheits- und Krankenpfleger/-in • Logopäde/Logopädin • Masseur und medizinischer Bademeister/ Masseurin und medizinische Bademeisterin • Medizinisch-technischer Assistent für Funktionsdiagnostik/Medizinisch-technische Assistentin für Funktionsdiagnostik • Medizinisch-technischer Laboratoriumsassistent/Medizinisch-technische Laboratoriumsassistentin • Medizinisch-technischer Radiologieassistent//Medizinisch-technische Radiologieassistentin • Notfallsanitäter/-in • Orthoptist/-in • Pharmazeutisch-technischer Assistent/ Pharmazeutisch-technische Assistentin • Physiotherapeut/-in • Podologe/Podologin	• Erzieherin/Erzieher • Sozialpädagogische Assistentin/ Sozialpädagogischer Assistent • Kinderpflegerin/Kinderpfleger • Heilerziehungspflegehelferin/ Heilerziehungspflegehelfer • Heilerziehungspflegerin/Heilerziehungspfleger • Heilerziehungspflegerin/Heilerziehungspfleger – Rehabilitation • Heilpädagogin/Heilpädagoge

Abb. 9.3 Ausbildungsberufe in Berufen des Gesundheitswesens und in sozialen Berufen. (Quelle: Eigene Darstellung in Anlehnung an Bundesministerium für Bildung und Forschung, 2020, S. 51 ff.)

Pflegeberufegesetz vom 17. Juli 2017
Das Gesetz zur Reform der Pflegeberufe wurde 2018 verabschiedet und trat Anfang 2020 in Kraft. Ziel des Gesetzes ist es, Pflegeberufe attraktiver zu machen und eine zukunftsfähige und qualitativ hochwertige Ausbildung anzubieten. Erfasst werden die Ausbildungsberufe in der Kranken-, Kinderkranken- und Altenpflege.

Das Gesetz regelt insbesondere die folgenden Aspekte:

- **Zusammenführung der gesetzlichen Regelungen**: Bisher waren die Pflegeausbildungen im Altenpflegesetz und im Krankenpflegegesetz getrennt geregelt. Nun werden die Regelungen im neuen Pflegeberufegesetz zusammengeführt.
- **Generalistische Ausbildung für alle Auszubildenden**: Am Anfang der Ausbildungen steht für alle Auszubildenden eine zwei Jahre dauernde generalistische Ausbildung, erst im Anschluss

kann eine Vertiefung gewählt werden. Es besteht aber auch die Möglichkeit, die generalistische Ausbildung weiterzuverfolgen und damit den Abschluss Pflegefachfrau bzw. Plegefachmann zu erlangen.
- **Vorbehaltene berufliche Tätigkeiten**: Es werden für den Pflegebereich zum ersten Mal bestimmte berufliche Tätigkeiten definiert, die dem Pflegeberuf nach diesem Gesetz vorbehalten sind (§ 4 PflBG).
- **Akademisierung der Pflege**: Es wird zusätzlich zur beruflichen Pflegeausbildung ein Pflegestudium eingeführt.
- **Die finanzielle Lage der Auszubildenden wird verbessert**: Die Auszubildenden erhalten eine Ausbildungsvergütung und müssen kein Schulgeld mehr bezahlen.
- **Neuregelung der Finanzierung der Pflegeausbildung**: Einheitliche Finanzierung über Landesfonds, die bundesweit eine qualitativ hochwertige und wohnortnahe Ausbildung ermöglichen soll.
- **Anerkennung der generalistischen Pflegeausbildung in anderen EU-Mitgliedstaaten**: Dies erfolgt automatisch über die EU-Richtlinie über die Anerkennung von Berufsqualifikationen in anderen EU-Mitgliedstaaten.

Quelle: Bundesgesundheitsministerium, 2021.

9.5 Weiterbildung

Nach § 1 des Berufsbildungsgesetztes soll die berufliche Fortbildung es ermöglichen, die berufliche Handlungsfähigkeit zu erhalten und anzupassen (Anpassungsfortbildung) oder die berufliche Handlungsfähigkeit zu erweitern und beruflich aufzusteigen (Aufstiegsqualifizierung).

Anpassungsfortbildung
Wird beispielsweise in einer Pflegeeinrichtung eine neue Abrechnungssoftware eingeführt, so müssen die Mitarbeiter entsprechend geschult werden, um die Software anwenden zu können. Gleiches gilt auch für die Einführung einer digitalen Patientenakte. Auch hier müssen die Mitarbeiter eine entsprechende Weiterbildung erhalten, um ihre Fähigkeiten an die neue Aufgabenstellung anpassen zu können.

Eine Anpassungsfortbildung kann auch dann notwendig sein, wenn sich rechtliche Rahmenbedingungen verändern. Ein Beispiel hierfür stellt das Gesetz zur Stärkung der Teilhabe und Selbstbestimmung von Menschen mit Behinderungen („Bundesteilhabegesetz") dar. Durch dieses Gesetz wurden die Beschäftigten in der Behindertenhilfe vor veränderte Aufgaben und neue Herausforderungen gestellt.

Aufstiegsqualifizierung
Hier geht es um den Erwerb von Kenntnissen und Fähigkeiten, die notwendig sind, um eine höherwertige Aufgabe zu übernehmen. Häufig erfolgt mit der Übernahme einer hö-

9.5 Weiterbildung

herwertigen Tätigkeit auch die Bezahlung eines höheren Entgelts. Beispiele für Aufstiegsqualifizierungen sind eine Weiterbildung zur Einrichtungsleitung oder ein berufsbegleitendes Studium.

▶ Tipp Bei der **Entwicklung eines Weiterbildungsprogrammes** für eine Organisation gilt es vorab folgende Fragen aus Organisationssicht zu klären:

Welche Inhalte und Themen sollen angeboten werden?

Hier stellt sich die Frage an die Organisation, mit welchen Herausforderungen die Organisation in Zukunft konfrontiert sein wird. Oder gab es in der Vergangenheit Herausforderungen, die aufgrund mangelnder Kompetenzen und Fähigkeiten nicht bewältigt werden konnten? Hier können sowohl die Erkenntnisse aus den Mitarbeitergesprächen und den Leistungsbeurteilungen genutzt werden als auch die Ergebnisse von Mitarbeiterbefragungen.

Soll die Weiterbildung intern oder extern durchgeführt werden?

Es besteht die Möglichkeit, eine Weiterbildung innerhalb einer Organisation durchzuführen. Hier kann sowohl auf eigene Referenten als auch auf externe Referenten zurückgegriffen werden. Zudem besteht die Möglichkeit, eine externe Fortbildung zu besuchen, die von einem externen Anbieter angeboten wird. Dabei kann ein Angebot speziell für eine Organisation erfolgen oder Teilnehmer unterschiedlicher Organisationen besuchen ein externes Seminar. Der Vorteil eines externen Seminars mit Teilnehmern aus unterschiedlichen Organisationen besteht in einem Erfahrungsaustausch und der Möglichkeit, Themen abseits des Kollegen- und Mitarbeiterkreises geschützt zu diskutieren. Gerade im Bereich der Entwicklung von Führungskräften kann dies sehr hilfreich sein.

Welche Zielgruppen sollen mit welchen Angeboten angesprochen werden?

Weiterbildungsangebote können für unterschiedliche Zielgruppen gemacht werden. Differenziert werden kann beispielsweise nach Erfahrungslevel oder nach Führungsverantwortung. Zudem stellt sich die Frage, ob auch freiwillig Engagierte damit angesprochen werden sollen und ihnen die Teilnahme ermöglicht werden soll.

Soll die Möglichkeit angeboten werden, ein Zertifikat zu erwerben?

Teilnehmer von Weiterbildungen sind sehr interessiert an dokumentierten Teilnahmen oder allgemein bekannten Zertifikaten. Diese können dann auch genutzt werden, um sich intern oder extern weiterzuentwickeln. Aus Organisationssicht können solche Weiterbildungen genutzt werden, um die interne Arbeitgeberattraktivität zu steigern. Gleichzeitig sollte auch beachtet werden, dass dadurch auch der Wert des Mitarbeiters auf dem externen Arbeitsmarkt steigt (Abschn. 9.2.1).

Welcher Kostenrahmen steht zur Verfügung?

Bei den Kosten sind sowohl die direkten Kosten der Weiterbildung (Teilnahmegebühr, Reisekosten) zu beachten, als auch die indirekten Kosten (Wegfall der Arbeitsleistung).

Chang et al. (2015, S. 26) identifizieren in der Forschung drei Trends hinsichtlich des Themas Weiterbildung in Non-Profit-Organisationen. Erstens findet das Thema Qualifizierung von freiwillig Engagierten zunehmend Beachtung. Zweitens werden Ansätze aus dem privatwirtschaftlichen Bereich gerne als Hauptbezugspunkt für die Gestaltung von Weiterbildungsaktivitäten im Non-Profit-Bereich genutzt. Drittens werden die Ansätze aus dem Non-Profit-Sektor als nicht systematisch bis hin zu eher sporadisch beschrieben.

Im Allgemeinen ist die Weiterbildung durch Entwicklungsperspektiven gekennzeichnet, die auch den Non-Profit-Sektor prägen:

- Unternehmen verzeichnen eine **steigende Weiterbildungsbeteiligung**. So haben sich im Jahr 2019 87,9 Prozent der deutschen Unternehmen an betrieblicher Weiterbildung beteiligt; für 2010 lag dieser Wert bei 83,2 Prozent. Für den Bereich der gesellschaftsnahen Dienstleister lag dieser Wert im Jahr 2019 bei 89,1 Prozent und im Jahr 2010 bei 84,2 Prozent (Seyda & Placke, 2020, S. 108). Auch die investierte Zeit in Weiterbildung pro Mitarbeiter sowie die Investitionen in Weiterbildung seitens der Unternehmen sind angestiegen (Seyda & Placke, 2020, S. 109).
- Zudem findet zunehmend **erfahrungsbasiertes Lernen** Anwendung. In Seminaren werden nicht nur allgemeine Inhalte vermittelt, sondern Teilnehmer werden dazu angeregt, eigene Erfahrungen und Themen in den Seminaren mit einzubringen. Es werden eigene Projekte und Herausforderungen im Rahmen von Seminaren aufgegriffen und bearbeitet.
- Weiterhin gewinnt der Aspekt des **lebenslangen Lernens** an Bedeutung. Organisationen und Mitarbeiter stehen aufgrund einer sich schnell wandelnden Arbeitswelt vor der Herausforderung, ihre Kompetenzen und Fähigkeiten kontinuierlich an veränderte Bedarfe anzupassen.
- **Virtuelle Lehrformate** gewinnen zunehmend an Relevanz. Dies gilt sowohl für den Bereich des E-Learnings als auch für Blended Learning Angebote.

▶ **Unterscheidung E-Learning und Blended Learning** E-Learning beschreibt den Ansatz des eigenständigen Lernens durch vollständig virtuelle Inhalte. Diese virtuellen Inhalte können zum Beispiel als Videos oder Dokumente zur Verfügung gestellt werden. Meist besteht auch die Möglichkeit einer freien Zeitwahl für die Durchführung des E-Learnings.

Blended Learning beschreibt die Kombination aus einer Präsenzveranstaltung und E-Learning. So kann beispielsweise Wissen durch E-Learning vermittelt werden, die Anwendung, Diskussion und Vertiefung dieses Wissens erfolgt dann im Rahmen einer Präsenzveranstaltung.

9.6 Beteiligungsrechte des Betriebsrates und der Mitarbeitervertretungen

Bei der Gestaltung und Durchführung der Personalentwicklung ist der arbeitsrechtliche Regelungsrahmen zu beachten (Kap. 2). Im Folgenden soll auf die Besonderheiten bei Non-Profit-Organisationen eingegangen werden.

Beteiligungsrechte des Betriebsrates nach dem BetrVG
Der Betriebsrat hat im Rahmen der Personalentwicklung eine Reihe von Mitbestimmungsrechten. Tab. 9.1 gibt einen Überblick.

An dieser Stelle sei nochmals auf die Besonderheiten im Falle des Tendenzbetriebes hingewiesen (vgl. Abschn. 2.3.1). Der Betriebsrat muss bei einem Tendenzträger nicht zustimmen bei der Aufstellung von Beurteilungsgrundsätzen (§ 94 Abs. 2 BetrVG) und bei der Durchführung betrieblicher Bildungsmaßnahmen für Tendenzträger (§ 98 BetrVG).

Auch die Mitarbeitervertretungsordnung der katholischen Kirche sowie das Mitarbeitervertretungsgesetz der evangelischen Kirche enthält Regelungen zur Beteiligung der Mitarbeitervertretung hinsichtlich der Personalentwicklung (Tab. 9.2).

Tab. 9.1 Beteiligungsrechte des Betriebsrates im Rahmen der Personalentwicklung. (Quelle: Eigene Darstellung)

Betriebsverfassungsgesetz	Sachverhalt
§ 94 (2)	Mitbestimmungsrecht bei der Aufstellung allgemeiner Beurteilungsgrundsätze. Dieses Recht greift auch, wenn in einem Mitarbeitergespräch Beurteilungskriterien zugrunde gelegt werden.
§ 96 (1)	Initiativrecht bei der Ermittlung des Berufsbildungsbedarfs Beratungs- und Vorschlagsrecht bei Fragen der Berufsbildung
§ 96 (2)	Berücksichtigung der Interessen von Älteren, Teilzeitbeschäftigten und Mitarbeitern mit familiären Verpflichtungen
§ 97	Beratungs- und Mitbestimmungsrecht bei der Errichtung und Ausstattung von Maßnahmen der Berufsbildung
§ 98 (1)	Mitbestimmungsrecht bei der Durchführung betrieblicher Bildungsmaßnahmen
§ 98 (2)	Widerspruchsrecht bei der Bestellung einer Person, die zur Durchführung einer Maßnahme der Berufsbildung vom Arbeitgeber beauftragt wird.
§ 98 (3)	Vorschlagsrecht für die Teilnahme von Arbeitnehmern oder Gruppen von Arbeitnehmern an Maßnahmen der Berufsbildung

Tab. 9.2 Beteiligungsrechte der Mitarbeitervertretungen nach MAVO und MVG-EKD

MAVO (Katholische Kirche)	
§ 29 (1)	Anhörung und Mitberatung bei der Verpflichtung zur Teilnahme oder Auswahl der Teilnehmerinnen und Teilnehmer an beruflichen Fort- und Weiterbildungsmaßnahmen Anhörung und Mitberatung bei der Durchführung beruflicher Fort- und Weiterbildungsmaßnahmen, die die Einrichtung für ihre Mitarbeiterinnen und Mitarbeiter anbietet.
§ 32 (1)	Vorschlagsrecht bei der Durchführung beruflicher Fort- und Weiterbildungsmaßnahmen, die die Einrichtung für ihre Mitarbeiterinnen und Mitarbeiter anbietet.
§ 36 (1)	Mitbestimmung bei Beurteilungsrichtlinien
§ 36 (1)	Mitbestimmung bei der Durchführung der Ausbildung, soweit nicht durch Rechtsnormen oder durch Ausbildungsvertrag geregelt
§ 37 (1)	Antragsrecht bei Beurteilungsrichtlinien
§ 37 (1)	Antragsrecht bei der Durchführung der Ausbildung
MVG-EKD (Evangelische Kirche)	
§ 39	Mitbestimmungsrecht bei der Aufstellung von Beurteilungsgrundsätzen
§ 39	Mitbestimmungsrecht bei der Aufstellung von Grundsätzen für die Aus-, Fort- und Weiterbildung und die Teilnehmerauswahl
§ 39	Mitbestimmungsrecht bei der Auswahl der Teilnehmerinnen und Teilnehmer an Fort- und Weiterbildungsveranstaltungen
§ 39	Mitbestimmungsrecht bei Mitarbeiter-Jahresgesprächen
§ 47	Initiativrecht für § 39

9.7 Personalentwicklung im freiwilligen Engagement

Zu Beginn dieses Kapitels wurde bereits die Notwendigkeit und Bedeutung der Personalentwicklung für den Erfolg von Non-Profit-Organisationen beschrieben. Diese Argumentation kann auch auf die freiwillig Engagierten einer Non-Profit-Organisation übertragen werden. Auch freiwillig Engagierte müssen mit den entsprechenden Kenntnissen und Fähigkeiten ausgestattet sein, die notwendig sind, um die Zielsetzung, die soziale Mission, einer Non-Profit-Organisation zu erreichen. Neben dem erfolgreichen Einsatz von freiwillig Engagierten ist die Qualifizierung auch für die Sicherheit der freiwillig Engagierten von Bedeutung (Huang et al., 2014, S. 1096).

Dieser Zusammenhang wird bei einer Betrachtung der Tätigkeiten, die im Rahmen von freiwilligem Engagement ausgeübt werden, noch deutlicher. Viele dieser Aufgaben können nicht ohne eine entsprechende Qualifizierung erfolgen. Wer beispielsweise freiwillig im Bereich der Telefonseelsorge, der Krisenintervention oder der Freiwilligen Feuerwehr tätig ist, kann dies nicht ohne eine vorherige Qualifizierung bewältigen (Simonson & Gordo, 2017). Der Deutsche Freiwilligensurvey zeigt, dass fast ein Viertel der in Deutschland freiwillig Engagierten eine Tätigkeit ausübt, die eine spezifische Qualifikation erfordert. Das entspricht über sieben Millionen Menschen in Deutschland.

9.7 Personalentwicklung im freiwilligen Engagement

Abb. 9.4 zeigt Anteile der Engagierten, für deren freiwillige Tätigkeit eine spezifische Aus- oder Weiterbildung erforderlich ist, nach gesellschaftlichen Bereichen.

Die Ergebnisse des Freiwilligensurveys zeigen, dass Männer häufiger im Rahmen des freiwilligen Engagements an einer Weiterbildung teilnehmen. Dies könnte daran liegen, dass Männer häufiger in Bereichen ihr freiwilliges Engagement ausüben, in denen eine spezifische Qualifikation erforderlich ist. Dazu gehören die Bereiche des Unfall- oder Rettungsdienstes oder der Freiwilligen Feuerwehr. Ein Erwerb von Fähigkeiten findet nicht nur durch die Teilnahme an Weiterbildung im Rahmen des freiwilligen Engagements statt. Vielmehr dient auch das freiwillige Engagement selbst dem Erwerb von Fähigkeiten und Kompetenzen. Es werden sowohl Fachkenntnisse als auch soziale und persönliche Fähig-

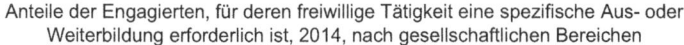

Abb. 9.4 Anteile der Engagierten, für deren freiwillige Tätigkeit eine spezifische Aus- oder Weiterbildung erforderlich ist, 2014, nach gesellschaftlichen Bereichen. (Quelle: Simonson & Gordo, 2017, S. 361 (FWS 2014, gewichtet, Berechnungen DZA. Basis: Alle Engagierten (n = 12.315)))

keiten erworben. Die Befragten im Rahmen des Freiwilligensurveys gaben auch an, dass sie ihre erworbenen Fähigkeiten und Kenntnisse auch in anderen Lebensbereichen außerhalb des freiwilligen Engagements einsetzen können (Simonson & Gordo, 2017).

Die Qualifizierung von Freiwilligen kann auch vor dem Hintergrund des Voluntary Functions Inventory (Abschn. 5.4) betrachtet werden. Insbesondere die Karrierefunktion kann hier angeführt werden. Freiwilliges Engagement wird demnach aus der Motivation heraus ausgeübt, neue Fähigkeiten und Kenntnisse zu erwerben, welche für die eigene Karriere relevant sind.

9.8 Organisationsentwicklung und Change Management

Organisationsentwicklung und Change Management lassen sich nicht eindeutig voneinander abgrenzen. Nach Becker kann Organisationsentwicklung verstanden werden als „dauerhafter, managementgeleiteter zielbezogener Prozess der Veränderung von Strukturen, Prozessen, Personen und Beziehungen, die eine Organisation systematisch plant, realisiert und evaluiert." Organisationsentwicklung ist damit ein „Konzept des übergreifenden, ganzheitlichen und gezielten Wandels." (Becker, 2013, S. 722). Vahs (2012, S. 302) beschreibt Change Management als „[...] die zielgerichtete Analyse, Planung, Realisierung, Evaluierung und laufende Weiterentwicklung von ganzheitlichen Veränderungsmaßnahmen in Unternehmen."

Eine Abgrenzung von Change Management und Organisationsentwicklung kann nach Becker (2013, S. 789) anhand der folgenden Aspekte erfolgen:

- Change Management legt einen starken Fokus auf fundamentale Veränderung anstelle von kontinuierlicher Entwicklung.
- Es geht bei Change Management um ein aktives Vorantreiben der Veränderung.
- Change Management beschreibt einen managementgeleiteten Ansatz, der Top-down vorangetrieben wird.

Personalentwicklung und Organisationsentwicklung können nicht getrennt voneinander betrachtet werden. Verändern sich Organisationen, verändern sich auch die Anforderungen an die Mitarbeiter. Gleichzeitig führt auch die Veränderung von Werten und Einstellungen seitens der Mitarbeiter zu einer Entwicklung der Organisation.

Auslöser für eine Veränderung und einen daraus resultierenden Veränderungsprozess können sowohl intern als auch extern zu finden sein, wie Abb. 9.5 zeigt.

Es wird geschätzt, dass in der Praxis nur etwa 30 Prozent der Change Management Projekte erfolgreich sind (Aiken & Keller, 2009). Eine häufige Ursache für das Scheitern von Veränderungsprojekten stellt der Widerstand von Mitarbeitern und Führungskräften dar.

Aus Sicht der Mitarbeiter sind hier die folgenden möglichen Ursachen anzuführen:

9.8 Organisationsentwicklung und Change Management

Auslöser für Veränderungen in einer Organisation	
Externer Anstoß	**Interner Anstoß**
• Veränderung der rechtlichen Rahmenbedingungen • Sozialer, gesellschaftlicher und kultureller Wandel • Globalisierung • Megatrends	• Reorganisation • Umstrukturierung • Krise • Führungswechsel • Finanzielle Schwierigkeiten

Abb. 9.5 Auslöser für Veränderungen. (Quelle: Eigene Darstellung)

- Angst aufgrund mangelnder Fähigkeit, nicht mit den Veränderungen umgehen zu können.
- Scheuen des Aufwands, den eine Veränderung zunächst mit sich bringt.
- Skepsis aufgrund bereits vorangegangener, gescheiterter Veränderungsprojekte

Diese Ursachen können auch bei den Führungskräften einen möglichen Widerstand begründen. Als weitere Punkte können hier noch genannt werden:

- Festhalten am Status Quo als Rechtfertigung des bisherigen Verhaltens
- Angst vor Status- und Machtverlust

Zur erfolgreichen Gestaltung und Umsetzung eines Veränderungsprojektes ist es deshalb wichtig, sich mit diesen Widerständen auseinanderzusetzen. Hier kann Personalentwicklung eine wichtige Rolle einnehmen. Qualifizierungs- und Unterstützungsangebote können Mitarbeitern die notwendigen Fähigkeiten vermitteln, um mit den Veränderungen umgehen zu können.

Eines der zentralen Modelle zum Ablauf von Wandel und Veränderungen geht auf Lewin (1963) zurück. In seinem Modell überträgt Lewin die aus der Physik bekannte Feldtheorie auf organisatorische Veränderungsprozesse. In Anlehnung an die Physik stehen sich in seinem Modell beschleunigende und bremsende Kräfte gegenüber. Die beschleunigenden Kräfte gewinnen im Laufe des Wandels die Oberhand und der Wandel und die damit verbundene Veränderung können sich so durchsetzen. Insgesamt betrachtet, sollten sich in einer Organisation die beiden Kräfte ausgleichen. Ist dies nicht der Fall, so kommt es entweder zum Stillstand (wenn die bremsenden Kräfte stärker sind als die beschleunigenden) oder es kommt zu ständigen Veränderungen in der Organisation (wenn die beschleunigenden Kräfte größer sind als die bremsenden Kräfte), welche auf Dauer nicht von der Organisation bewältigt werden können (Vahs, 2012, S. 388).

Kotters 8-Phasen-Modell der Veränderung ist eine Weiterentwicklung des Lewin-Modells. Zur erfolgreichen Gestaltung eines Wandelprozesses, müssen von einer Organisation alle 8 Phasen durchlaufen werden (Kotter, 1995). Diese Phasen sind (Kotter, 1995, S. 61):

1. **Ein Gefühl der Dringlichkeit schaffen**: Die Notwendigkeit für den Wandel verdeutlichen; Aufzeigen von potenziellen Chancen und Risiken.
2. **Aufbau eines starken Führungsteams**: Sicherstellen, dass Meinungsmacher den Wandel unterstützen.
3. **Entwicklung einer Vision**: Formulierung einer Vision und Entwicklung einer Strategie, um diese Vision zu erreichen.
4. **Kommunikation der Vision**: Kontinuierliche Kommunikation und Nutzung von verschiedenen Kommunikationskanälen.
5. **Befähigung zum Wandel**: Schaffung der Voraussetzungen bei Mitarbeitern und Führungskräften.
6. **Kurzfristige Erfolge planen und sichtbar machen**: Planen und Zeigen von Quick Wins.
7. **Veränderung weiter vorantreiben**: Kurzfristige Erfolge nutzen, um weitere und größere Veränderungsschritte zu erreichen.
8. **Verankerung des Wandels in Unternehmenskultur**: Abbildung der Veränderung in den Prozessen und Strukturen.

Insbesondere bei der 5. Stufe wird der Zusammenhang zur Personalentwicklung deutlich. Ohne die Schaffung der notwendigen Voraussetzungen bei Mitarbeitern und Führungskräften kann der Veränderungsprozess nicht erfolgreich gestaltet und vorangetrieben werden.

Eine weitere zentrale Rolle in Veränderungsprojekten kommt der Kommunikation zu. Dabei muss die Kommunikation zielgruppenspezifisch gestaltet sein. Der Gestaltung eines Kommunikationskonzeptes sollte deshalb eine Stakeholder Analyse vorausgehen. Darauf aufbauend kann dann eine zielgruppenspezifische Kommunikation erfolgen.

Stakeholder Analyse
Im Rahmen einer Stakeholder Analyse werden die relevanten Interessensgruppen identifiziert. Deshalb geht man in einem ersten Schritt der Frage nach, wer ein Interesse an dem Veränderungsvorhaben hat. Dabei können in einem Brainstorming zunächst alle möglichen Personen, die von dem Veränderungsvorhaben betroffen sind oder ein Interesse an diesem Vorhaben haben, aufgelistet werden. In einem zweiten Schritt wird dann versucht, Gruppen von Stakeholdern (Cluster) zu bilden.

In einem dritten Schritt wird dann eine systematische Übersicht der relevanten Stakeholder erstellt. Dies kann zum Beispiel nach dem Schema erfolgen, welches in Tab. 9.3 dargestellt ist.

Auch Non-Profit-Organisationen müssen sich mit internen und externen Veränderungen auseinandersetzen (Ridder & Baluch, 2019, S. 98).

Walk und Schinnenburg (2007, S. 171) bezeichnen beispielsweise die Einführung von Inklusion in Kindertagesstätten als „radikalen von außen initiierten Wandel". Anhand die-

Tab. 9.3 Beispiel Template Stakeholder Analyse

Stakeholder (-gruppe)	Welcher Einfluss kann ausgeübt werden?	Welche Einstellung besteht ggü. dem Veränderungsvorhaben?	Welche Nachteile werden befürchtet?	Welche Vorteile werden erwartet?	Was ist das zentrale Anliegen?

ses Beispiels kann nochmals verdeutlicht werden, dass Organisationsentwicklung und Personalentwicklung nicht getrennt voneinander betrachtet werden können. Die Einführung von Inklusion verändert nicht nur die Organisation an sich, sondern bringt auch neue Aufgaben und neue Anforderungen an das Personal einer Kindertagesstätte mit sich.

Für Non-Profit-Organisationen spielen vor allem treibende Faktoren aus dem externen Umfeld eine Rolle bei der Auslösung von Veränderungsprozessen (Akingbola et al., 2019, S. 88). Hier geht es um Veränderungen in der Gesellschaft und um politische Entscheidungen, insbesondere für kleinere Organisationen (Walk & Schinnenburg, 2007, S. 169).

Die Ergebnisse von Walk und Schinnenburg (2007), welche die Einführung von Inklusion als Change Prozess betrachten, verweisen auf die Bedeutung der Kommunikation im Team für die Arbeitszufriedenheit und legen die Bedeutung einer professionellen Führung in Change Prozessen in Non-Profit-Organisationen nahe. Die beiden Autorinnen betonen aber auch, dass eine Professionalisierung der Personalfunktion, in dem von ihnen betrachteten Veränderungsprozess, nicht einfach gleichzusetzen ist mit der Übernahme von Change Management Konzepten aus der privatwirtschaftlichen Forschung (Walk & Schinnenburg, 2007, S. 178).

Auch Akingbola et al. (2019, S. 88) betont, dass Change Management Ansätze des Profit-Sektors nicht einfach auf den Non-Profit-Sektor übertragen werden können.

Akingbola et al. (2019) entwickeln ein Modell, welches den Prozess abbildet, den eine Non-Profit-Organisation durchlaufen kann, um ein Veränderungsvorhaben umzusetzen. Das vorgeschlagene Modell beinhaltet 7 Schritte und beachtet die Besonderheiten von Non-Profit-Organisationen (Akingbola et al., 2019, S. 88 ff.):

1. **Bestätigung der Notwendigkeit eines Wandels:** Hier geht es um die Frage, ob die Veränderungen im gesellschaftlichen oder politischen Umfeld tatsächlich eine Chance oder ein Risiko für die Non-Profit-Organisation darstellen und damit einen Wandel unumgänglich machen.
2. **Einbeziehen der wichtigsten Stakeholder:** Zu den wichtigsten Stakeholdern einer Non-Profit-Organisation gehören Mitarbeiter mit Kunden- und Klientenkontakt (Frontline Employees), Freiwillige und Leitungsorgane (Board Members). Es geht an dieser

Stelle darum, die relevanten Stakeholder nach ihrer Meinung für die Notwendigkeit einer Veränderung zu befragen.

3. **Entwicklung und Kommunikation einer Change Vision:** Die Change Vision muss klarmachen, wohin die Reise für die Non-Profit-Organisation geht. Es muss daraus auch klar werden, welche Vorteile eine Veränderung für die Non-Profit-Organisation mit sich bringen kann. Die Change Vision soll zur Unterstützung des Wandels durch Mitarbeiter und Freiwillige führen.
4. **Beteiligung aller Stakeholder:** In diesem Schritt sollen die Stakeholder beteiligt werden, um die Veränderung weiter voranzutreiben.
5. **Verbreitung und Vorantreiben des Wandels:** Dazu gehört zum einen das Vorantreiben eines genauen Zeitplans mit klar gesetzten Zielen. Zum anderen müssen unterschiedliche Kommunikationskanäle genutzt werden, um den Wandel in die Organisation zu tragen.
6. **Beurteilung des Wandels und Feiern von Erfolgen:** Die Beurteilung des Fortschritts kann anhand von Meilensteinen erfolgen. Wichtig sind ein kontinuierliches Überprüfen des Fortschritts und ein kontinuierliches Feedback.
7. **Verstärkung des Wandels:** Aufgrund ihrer Werteorientierung und ihrer häufig sehr starken Organisationskultur, kann es bei Non-Profit-Organisationen Zeit in Anspruch nehmen, bis ein Wandel in der Organisationskultur verankert ist.

Insgesamt betont das Modell die Bedeutung der Kommunikation und die Relevanz einer Beteiligung der unterschiedlichen Stakeholdergruppen. Es macht auch die Bedeutung von Führung in Change Prozessen in einer Non-Profit-Organisation deutlich (Akingbola et al., 2019, S. 93).

9.9 Erfolgskontrolle der Personalentwicklung

Der Erfolg der Personalentwicklung kann durch die „Veränderung von Wissen, Können und Verhalten derjenigen, die als Adressaten Personalentwicklung wahrgenommen haben […]" gemessen werden (Becker, 2013, S. 836).

Der Erfolg von Personalentwicklung besteht aus zwei Dimensionen, auf welche im Folgenden eingegangen werden soll.

Die erste Dimension betrifft den inhaltlichen Aspekt. Hier geht es um die Frage, inwieweit Wissen und Fähigkeiten tatsächlich vermittelt werden konnten und inwiefern sich dies positiv auf den Erfolg der Organisation auswirkt. Dies kann zum Beispiel anhand des Modells nach Kirkpatrick und Kirkpatrick (2006) gemessen werden. Das Modell stellt einen möglichen, weit verbreiteten Ansatz der Erfolgskontrolle im Bereich der Personalentwicklung, im speziellen von Weiterbildungsmaßnahmen dar.

Eine zweite Dimension betrifft den Erfolg hinsichtlich der Motivation, der Arbeitszufriedenheit und der Bindung von Mitarbeitern. Aktivitäten der Personalentwicklung können zur Motivation und Arbeitszufriedenheit der Mitarbeiter beitragen und damit auch

9.9 Erfolgskontrolle der Personalentwicklung

deren Bindung an das Unternehmen erhöhen. Hier können beispielweise Kennzahlen herangezogen werden, z. B. Fluktuationszahlen oder Absentismuszahlen. Veränderungen in diesen Kennzahlen könnten dann mit bestimmten Aktivitäten des Personalmanagements begründet werden. Auf diesen Aspekt und mögliche Herausforderungen beim Einsatz von Kennzahlen zur Erfolgsbestimmung von Maßnahmen des Personalmanagements wird in Kap. 10 eingegangen.

Im Folgenden soll nun das Modell nach Kirkpatrick und Kirkpatrick vorgestellt werden. Das Modell umfasst vier Ebenen (Kirkpatrick & Kirkpatrick, 2006). Diese vier Ebenen werden im Folgenden benannt und kurz beschrieben sowie abschließend in Tab. 9.4 zusammengefasst.

In der **ersten Stufe** der Evaluation (*Reaction*) geht es um die Zufriedenheit der Teilnehmer und deren gezeigte Reaktion auf eine Maßnahme. Kirkpatrick und Kirkpatrick (2006, S. 21) beschreiben diese Ebene auch als Messung der Kundenzufriedenheit. Klassischerweise findet hier am Ende einer Veranstaltung eine Abfrage der Zufriedenheit der Teilnehmer statt. Diese Stufe alleine ist nur sehr bedingt aussagekräftig, da hier sehr häufig auch externe Einflussfaktoren eine Rolle spielen können. Findet ein Seminar zum Beispiel in einem gut gelegenen Seminarhotel statt, so kann dies die Zufriedenheit der Teilnehmer mit diesem Seminar enorm erhöhen, dies muss aber nicht heißen, dass sich auch ein Lernerfolg der Teilnehmer einstellt. Die Ergebnisse dieser Stufe werden auch von Seminaranbietern gerne genutzt, um Seminare bei weiteren Kunden zu platzieren. Bei aller Kritik an der alleinigen Aussagekraft dieser Stufe ist eine positive Evaluation auf der ersten Stufe häufig notwendig, um eine positive Evaluation auf den nächsten Stufen zu erreichen (Kirkpatrick & Kirkpatrick, 2006, S. 27).

Die **zweite Stufe** der Evaluation (*Learning*) befasst sich mit der Frage des Lernerfolgs der Mitarbeiter. Hier soll erfasst werden, inwiefern sich Wissen, Fähigkeiten oder Einstellungen der Mitarbeiter durch eine bestimmte Maßnahme verändert haben (Kirkpatrick &

Tab. 9.4 4 Stufen der Evaluation nach Kirkpatrick. (Quelle: Eigene Darstellung nach Kirkpatrick & Kirkpatrick, 2006)

Stufe 1: *Reaction*	Wie zufrieden sind die Mitarbeiter mit der Personalentwicklungsmaßnahme? Welche Reaktionen zeigen sich bei den Teilnehmern? Beispiel: Erfassung durch Evaluation oder Feedback am Ende eines Seminars
Stufe 2: *Learning*	Welchen Lernerfolg haben die Mitarbeiter erzielt? Welche Veränderungen haben sich bei Wissen und Fähigkeiten ergeben? Inwiefern hat sich die Einstellung der Mitarbeiter verändert? Beispiel: Durchführen einer Lernerfolgskontrolle
Stufe 3: *Behaviour*	Inwiefern führt die Personalentwicklungsmaßnahme zu einer Verhaltensänderung am Arbeitsplatz? Beispiel: Abfrage, welche Methoden die Teilnehmer am Arbeitsplatz nach sechs Monaten anwenden
Stufe 4: *Results*	Welche finalen Ergebnisse zeigen sich aufgrund der Teilnahme an einer Weiterbildung? Beispiel: Einsatz von Kennzahlen (Qualität, Kosten, Zeit)

Kirkpatrick, 2006, S. 22). Umgesetzt werden kann dies durch das Einführen einer Lernerfolgskontrolle am Ende einer Veranstaltung (Kirkpatrick & Kirkpatrick, 2006, S. 43).

Die ersten beiden Stufen nach Kirkpatrick sind abseits des Arbeitsplatzes zu betrachten. Erst in der **dritten Stufe** (*Behaviour*) geht es um eine Erfolgsmessung am Arbeitsplatz. Gemessen werden soll hier die Verhaltensänderung am Arbeitsplatz (Kirkpatrick & Kirkpatrick, 2006, S. 22). Möglich ist diese Messung beispielsweise durch eine Abfrage bei den Teilnehmern, welche Methoden eines Seminars am Arbeitsplatz tatsächlich Anwendung finden.

Die **vierte Stufe** versucht die konkreten Ergebnisse (*Results*) einer Maßnahme für die Arbeitstätigkeit zu erfassen. Hier kommen Kennzahlen zum Einsatz, die eine Veränderung in Bezug auf Qualität, Kosten oder Zeit messen (Kirkpatrick & Kirkpatrick, 2006, S. 25).

> **Wiederholungs- und Anwendungsfragen Kap. 9**
>
> 1. Sie stehen als Führungskraft vor der Frage, ob Sie einem Mitarbeiter einen Sprachkurs in Englisch genehmigen. Wie würden Sie diese Frage vor dem Hintergrund der Humankapitaltheorie beantworten? Inwiefern wird die Antwort in der Praxis eventuell davon abweichen?
> 2. Eine Mitarbeiterin bittet Sie, an einer Schulung für eine spezielle Abrechnungssoftware teilnehmen zu dürfen. Wie würden Sie als Führungskraft reagieren und wie würden Sie diese Frage vor dem Hintergrund der Humankapitaltheorie beantworten?
> 3. Auszubildende übernehmen in manchen Betrieben bereits Tätigkeiten, die denen eines normalen Mitarbeiters sehr ähnlich sind. Wie kann dennoch ihre geringere Vergütung gerechtfertigt werden?
> 4. In manchen Unternehmen müssen bei kostspieligen Weiterbildungen (berufsbegleitendes Studium, spezielle Zusatzausbildung o. ä.) sogenannte Rückzahlungsklauseln unterschrieben werden. Wie lassen sich diese vor dem Hintergrund der Humankapitaltheorie erklären?
> 5. Wie lässt sich der Erfolg von Personalentwicklung messen? Wo sehen Sie Herausforderungen bei der Erfolgsmessung?

Literatur

Aiken, C., & Keller, S. (2009). The irrational side of change management. *McKinsey Quarterly*.

Akingbola, K., Rogers, S. E., & Baluch, A. (2019). *Change management in nonprofit organizations, theory and practice*. Palgrave Macmillan.

Barney, J. B. (1991). Firm resources and sustained competitive advantage. *Journal of Management, 17*(1), 99–120. https://doi.org/10.1177/2F014920639101700108

Becker, G. S. (1962). Investment in human capital: A theoretical analysis. *Journal of Political Economy, 70*(5), 9–49.

Literatur

Becker, M. (2013). *Personalentwicklung. Bildung, Förderung und Organisationsentwicklung in Theorie und Praxis* (6. Aufl.). Schäffer-Pöschel.

Bundesagentur für Arbeit. (2021). *Förderung von Weiterbildung.* https://www.arbeitsagentur.de/karriere-und-weiterbildung/foerderung-berufliche-weiterbildung. Zugegriffen am 24.11.2021.

Bundesgesundheitsministerium. (2021). *Pflegeberufegesetz.* https://www.bundesgesundheitsministerium.de/pflegeberufegesetz.html. Zugegriffen am 21.09.2021.

Bundesinstitut für Berufsbildung. (2021). *Datenreport zum Berufsbildungsbericht 2021. Informationen und Analysen zur Entwicklung der beruflichen Bildung.* https://www.bibb.de/dokumente/pdf/bibb-datenreport-2021.pdf. Zugegriffen am 22.11.2021.

Bundesministerium für Bildung und Forschung. (2020). *Berufsbildungsbericht 2020.* https://www.bmbf.de/SharedDocs/Publikationen/de/bmbf/3/31609_Berufsbildungsbericht_2020.pdf;jsessionid=5E0A6E297027E39CD5EA131EF0B0EC32.live382?__blob=publicationFile&v=3. Zugegriffen am 22.11.2021.

Chang, W.-W., Huang, A.-M., & Kuo, Y.-C. (2015). Design of employee training in Taiwanese nonprofits. *Nonprofit and Voluntary Sector Quarterly, 44(1)9*, 25–46.

Egan, T. (2017). Training and development in nonprofit organizations. In J. K. A. Word & J. E. Sowa (Hrsg.), *The nonprofit human resource management handbook. From theory to practice* (S. 223–249). Routledge.

Grant, R. (1996). Toward a knowledge-based theory of the firm. *Strategic Management Journal, 17*(S2), 109–122.

Huang, Y., Strawdermann, L., Babski-Reeves, K., Ahmed, S., & Salehi, A. (2014). Training effectiveness and trainee performance in a voluntary training program: Are trainees really motivated? *Nonprofit and Voluntary Sector Quarterly, 43*(6), 1095–1110.

Kirkpatrick, D. L., & Kirkpatrick, J. D. (2006). *Evaluating training programs: The four levels.* Berrett-Koehler Publishers.

Kotter, J. P. (1995). Leading change: Why transformation efforts fail. *Harvard Business Review*, 59–67.

Lewin, K. (1963). *Feldtheorie in den Sozialwissenschaften.* Hans Huber.

Oechsler, W. A., & Paul, C. (2019). *Personal und Arbeit. Einführung in das Personalmanagement* (11. Aufl.). De Gruyter Oldenbourg.

Penrose, E. T. (1959). *The theory of the growth of the firm.* Wiley.

Ridder, H.-G., & Baluch, A. M. (2019). Human Resource Management in NPOs. Innovation und Voraussetzung für Innovationsfähigkeit. In B. Becher & I. Hastedt (Hrsg.), *Innovative Unternehmen der Sozial- und Gesundheitswirtschaft, Sozialwirtschaft innovativ* (S. 97–115). https://doi.org/10.1007/978-3-658-19504-5_4.

Seyda, S., & Placke, B. (2020). IW-Weiterbildungserhebung 2020: Weiterbildung auf Wachstumskurs. *Vierteljahresschrift zur empirischen Wirtschaftsforschung, 47*(4), 105–123.

Seyda, S., Wallossek, L., & Zibrowius, M. (2018). *Keine Ausbildung – keine Weiterbildung? Einflussfaktoren auf die Weiterbildungsbeteiligung von An- und Ungelernten.* IW-Analysen, No. 122.

Simonson, J., & Gordo, L. R. (2017). Qualifizierung im freiwilligen Engagement. In J. Simonson, C. Vogel & C. Tesch-Römer (Hrsg.), *Der Deutsche Freiwilligensurvey 2014* (S. 355–376). Springer VS.

Süß, S. (2004). Weitere 10 Jahre später: Verhaltenswissenschaften und Ökonomik. Eine Chance für die Personalwirtschaftslehre. *Zeitschrift für Personalforschung, 18*(2), 222–242.

Teece, D. J., Pisana, G., & Shuen, A. (1997). Dynamic capabilities and strategic management. *Strategic Management Journal, 18*(7), 509–533.

Vahs, D. (2012). *Organisation* (8. Aufl.). Schäffer-Poeschel.

Walk, M., & Schinnenburg, H. (2007). Change Management in Non-Profit-Organisationen: Das Beispiel von Kindertageseinrichtungen auf dem Weg zur Inklusion. *Die Unternehmung, 71*, 165–182.

Wernerfelt, B. (1984). A resource-based view of the firm. *Strategic Management Journal, 5*(2), 171–180.

Personalkostenrechnung und Personalcontrolling

10

> **Zusammenfassung**
>
> In Kapitel 10 werden die Grundzüge der Personalkostenrechnung und des Personalcontrollings dargestellt. Es wird die Notwendigkeit des Personalcontrollings für Non-Profit-Organisationen verdeutlicht und der Einsatz von Kennzahlen im Rahmen des Personalcontrollings wird diskutiert. Abschließend werden Ansatzpunkte der Personalkostenflexibilisierung vorgestellt.

10.1 Personalkostenrechnung und Personalcontrolling

Die hohe Personalkostenintensität einer Non-Profit-Organisation macht eine genauere Betrachtung der Personalkosten unumgänglich. Unter Personalkosten können dabei „[…] alle Kosten, die für die Bereitstellung und den Einsatz der menschlichen Arbeitskraft im Unternehmen anfallen" verstanden werden (Scholz, 2014, S. 799).

Die Personalkostenrechnung hat die Aufgabe, die Personalkosten in allen Bereichen einer Organisation für Planungs-, Steuerungs- und Kontrollzwecke zu erfassen. Weiterhin verfolgt die Personalkostenrechnung das Ziel, den Erfolg der Personalarbeit zu errechnen und darzustellen. Damit bildet die Personalkostenrechnung als Informationsinstrument eine Grundlage des Personalcontrollings (Küpper et al., 2013, S. 611).

Personalkosten umfassen mehr als die Summe der einzelnen Löhne und Gehälter. Personalkosten lassen sich unterteilen in Personalkosten im engeren und im weiteren Sinne (Wickel-Kirsch et al., 2008, S. 165; Mag, 1998). Abb. 10.1 stellt diese Unterscheidung dar.

Man könnte zunächst einen Widerspruch erwarten, zwischen dem stark betriebswirtschaftlich und profitorientierten Begriff des Controllings und dem nicht am Gewinn ausgerichteten Non-Profit-Sektor. Die Ziele von Controlling und die Ziele der Gemeinwohlorientierung stehen jedoch in keinem Widerspruch zueinander – ganz im Gegenteil.

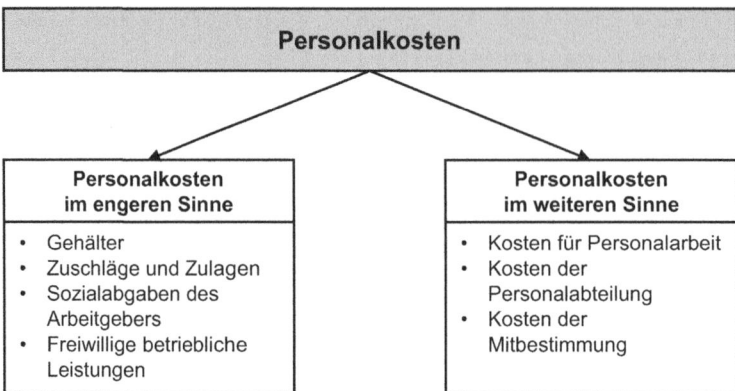

Abb. 10.1 Personalkosten

Zwar findet in einer Non-Profit-Organisation keine Gewinnausschüttung an die Eigentümer statt, aber die erzielten Gewinne können als Mittel zur Erhaltung und Verbesserung der Qualität der Dienstleistung eingesetzt werden. Im Non-Profit-Sektor herrschen besondere Wettbewerbsverhältnisse, so dass geringe bis keine Einflussmöglichkeiten bei der Preissetzung möglich sind. Es herrscht eine starke gesetzliche Reglementierung der Preissetzung in vielen Non-Profit-Organisationen. Betrachtet man beispielweise den Sektor der sozialen Dienstleistungen, so sind hier die Preise häufig vorgegeben, z. B. durch die Pflegeversicherung (König et al., 2012, S. 126 f.). Dies wurde bereits in Abschn. 8.2 anhand des sozialrechtlichen Dreiecks dargestellt.

Aufgrund dessen besteht ein extremer Kostendruck. In Kombination mit der hohen Personalintensität von Non-Profit-Organisationen entsteht eine sehr große Notwendigkeit der Kontrolle von Kosten, insbesondere von Personalkosten, im Non-Profit-Sektor. Zudem besteht auch die Notwendigkeit, die Personalarbeit selbst auf ihre Erfolgswirkung hin zu überprüfen.

Die zentralen Funktionen des Personalcontrollings stellen die Informations- und Steuerungsfunktion dar (Oechsler & Paul, 2019, S. 581).

Bei der Informationsfunktion geht es um die Sammlung und Bereitstellung von Informationen und Daten. Diese können dann dazu genutzt werden, um die relevanten Stakeholder einer Organisation zu informieren und ihnen die Möglichkeit zu geben, eine begründete Entscheidung zu treffen. Dabei sollen sowohl die Entscheider im als auch außerhalb des Personalbereichs informiert werden.

Bei der Steuerungsfunktion geht es um die Überprüfung der getroffenen Entscheidungen und die Beurteilung der Wirksamkeit von Maßnahmen des Personalmanagements.

10.2 Einsatz von Kennzahlen im Rahmen des Personalcontrollings

Kennzahlen stellen eines der zentralen Instrumente des Personalcontrollings dar. Darunter „[…] werden Zahlen verstanden, die quantitativ messbare Sachverhalte in aussagekräftiger, komprimierter Form wiedergeben." (Wöhe et al., 2020, S. 201). Kennzahlen wird eine Informationsfunktion und eine Steuerungsfunktion zugeschrieben. Im Rahmen der Informationsfunktion werden die bereitgestellten Zahlen dazu genutzt, um Entscheidungen zu fundieren. Bei der Steuerungsfunktion können die Kennzahlen zur Motivation, Leistungskontrolle und Koordination eingesetzt werden (Wöhe et al., 2020, S. 202).

Kennzahlen lassen sich unterteilen in Einzelkennzahlen (Grundzahlen und Verhältniszahlen) und in Kennzahlensysteme (Wöhe & Döring, 2010, S. 208).

Zu den **Grundzahlen** gehören Einzelzahlen, Summen, Differenzen und Mittelwerte. Die isolierte Betrachtung von Einzelzahlen ist oft nur wenig aussagekräftig; sie erhalten ihre Bedeutung beispielsweise durch einen Vergleich oder einen Soll-Ist-Vergleich (Wöhe & Döring, 2010, S. 208). So ist die Anzahl erhaltener Initiativbewerbungen während eines Jahres wenig hilfreich für die Einschätzung der eigenen Arbeitgeberattraktivität. Aussagekräftiger ist der Vergleich zu den Zahlen des Vorjahres oder der Vorjahre.

Bei **Verhältniszahlen** werden Sachverhalte in Beziehung zueinander betrachtet. Zwischen den beiden Zahlen besteht ein inhaltlicher Zusammenhang. Zu den Verhältniszahlen gehören Gliederungszahlen (Anteil einer Menge an der Gesamtmenge), Beziehungszahlen (Verhältnis von zwei Größen) und Messzahlen/Indexzahlen (eine Zählergröße wird zu einer Basisgröße ins Verhältnis gesetzt).

Tab. 10.1 stellt Beispiele für Kennzahlen dar, die im Rahmen von Personalcontrolling in Non-Profit-Organisationen zum Einsatz kommen können.

Im Rahmen der Steuerungsfunktion können diese Kennzahlen genutzt werden, um einzelne Maßnahmen des Personalmanagements auf ihren Erfolg hin zu überprüfen (Leistungskontrolle). Hier ist jedoch Vorsicht geboten, da auch andere Einflüsse abseits der Personalmanagementmaßnahme einen Einfluss auf die Kennzahl bzw. deren Entwicklung haben können (Frage der Kausalität).

Wird beispielsweise ein betriebliches Gesundheitsmanagement eingeführt, so erfolgt dies auch mit dem Ziel der Senkung von Fehltagen. Kommt es nun nach der Einführung eines betrieblichen Gesundheitsmanagements tatsächlich zu sinkenden krankheitsbedingten Fehlzeiten, so muss dies nicht unbedingt eine kausale Folge der Implementierung eines betrieblichen Gesundheitsmanagements im Unternehmen sein. Es könnten auch saisonale Effekte, eine gestiegene Arbeitszufriedenheit oder eine geringere personelle Auslastung verbunden mit einem geringeren Stresslevel der Mitarbeiter zugrunde liegen.

Tab. 10.1 Kennzahlen des Personalcontrollings in einer Non-Profit-Organisation

Art der Kennzahl	Beispiel
Grundzahl	Anzahl fest angestellter Mitarbeiter
	Anzahl freiwillig Engagierter
	Stundenanzahl von freiwillig geleisteter Arbeit
	Anzahl erhaltener Bewerbungen
	Durchschnittliche Anzahl der Fehltage im Jahr
	Durchschnittliche Bearbeitungsdauer einer Bewerbung
	Durchschnittliche Organisationszugehörigkeit
	Durchschnittliches Alter der Beschäftigten
Verhältniszahl: Gliederungskennzahl	Anteil der Personalkosten an den Gesamtkosten
	Anteil der Mitarbeiteranzahl einer Abteilung an der Gesamtzahl der Mitarbeiter in der Organisation
Verhältniszahl: Beziehungszahl	Fluktuationsquote: (Anzahl ausgeschiedener Mitarbeiter/ durchschnittliche Mitarbeiteranzahl) *100 %
	Personelle Auslastung: (Ist-Auslastung/Mögliche Auslastung) * 100 %
	Krankenstand: (Anzahl krankheitsbedingter Ausfalltage/ Jahresarbeitstage) * 100 %
	Basisrate: Anteil geeigneter Bewerber in einer Bewerberstichprobe
	Selektionsrate: Anzahl der Stellen/Verhältnis Bewerberanzahl
Verhältniszahl: Indexzahl	Index Arbeitszufriedenheit
	Index Krankenstand

10.3 Flexibilisierung von Personalkosten

Non-Profit-Organisationen stehen vor der Herausforderung, ihre Personalkosten an sich verändernde Bedarfe und personelle Auslastungen anzupassen. Es geht um eine Flexibilisierung der Personalkosten. Fallen personelle Bedarfe aufgrund einer geringeren Auslastung nicht an, dann sollte sich dies – im Optimalfall – auch in den Personalkosten niederschlagen.

Besteht bei einer Kindertagesstätte in einer Planungsperiode eine geringere Nachfrage nach Betreuungsplätzen oder -umfängen, dann erhält die Kindertagesstätte infolgedessen auch geringere Zahlungen seitens der Nachfrager. Aus einer reinen Kostenperspektive wäre es sinnvoll, wenn sich hier die Personalkosten in gleichem Maße senken ließen wie die Zahlungen infolge der geringeren Nachfrage gesunken sind.

Gleiches gilt auch für schwankende Auslastungen in anderen Non-Profit-Organisationen. Aus einer betriebswirtschaftlichen Perspektive sollte sich dies auch in den anfallenden Kosten niederschlagen. Da die Personalkosten den größten Kostenblock bilden, stellt sich die Frage nach Möglichkeiten der Flexibilisierung von Personalkosten.

Es bieten sich Ansatzpunkte einer Personalkostenflexibilisierung über die Möglichkeit des Outsourcings von Dienstleistungen sowie des Aufbaus einer Randbelegschaft.

Die Möglichkeit des **Outsourcings von Dienstleistungen** kann anhand des oben bereits beschriebenen Beispiels der Kindertagesstätte aufgegriffen werden. Besteht in einer

10.3 Flexibilisierung von Personalkosten

Planungsperiode eine geringere Nachfrage nach Betreuungsplätzen oder nach einem geringeren Betreuungszeitraum, dann kann zwar nicht der Bestand an Erzieherinnen kurzfristig angepasst werden. Aber die Kindertagesstätte kann einen externen Dienstleister mit der Lieferung des Mittagessens beauftragen. Werden geringere Betreuungsumfänge gebucht, dann kann der Lieferumfang des Mittagessens und damit die Kosten angepasst werden. Würde die Kindertagesstätte über eigenes Küchenpersonal verfügen, dann könnten die Personalkosten nicht ohne Weiteres angepasst werden.

Der **Aufbau einer Randbelegschaft** bzw. die **Kombination von Stamm- und Randbelegschaft** (Abb. 10.2) bietet eine weitere Möglichkeit der Personalkostenflexibilisierung. Die Abgrenzung dieser beiden Belegschaftsarten kann anhand des Kriteriums der Beschäftigungsstabilität bzw. Beschäftigungssicherheit erfolgen. Der **Stammbelegschaft** einer Organisation können angestellte Mitarbeiter zugerechnet werden, die über einen unbefristeten Arbeitsvertrag verfügen. Der Personalbestand dieser Mitarbeiter kann nicht flexibel angepasst werden, da diese durch ihren unbefristeten Arbeitsvertrag geschützt sind. Eine schnelle und flexible Anpassung an sich verändernde Personalbedarfe kann durch den Einsatz von flexiblen und kurzfristigen Beschäftigungsverhältnissen erreicht werden. Diese Art der Beschäftigungsverhältnisse findet sich in der sogenannten **Randbelegschaft** einer Organisation wieder. Zur Randbelegschaft werden Beschäftigungsverhältnisse gezählt, die aus Organisationssicht eine hohe Flexibilität mit sich bringen, für die Beschäftigten aber mit einer geringen Beschäftigungsstabilität verbunden sind. Konkret werden insbesondere befristet Beschäftigte (inkl. Praktikanten) und Leiharbeitnehmer

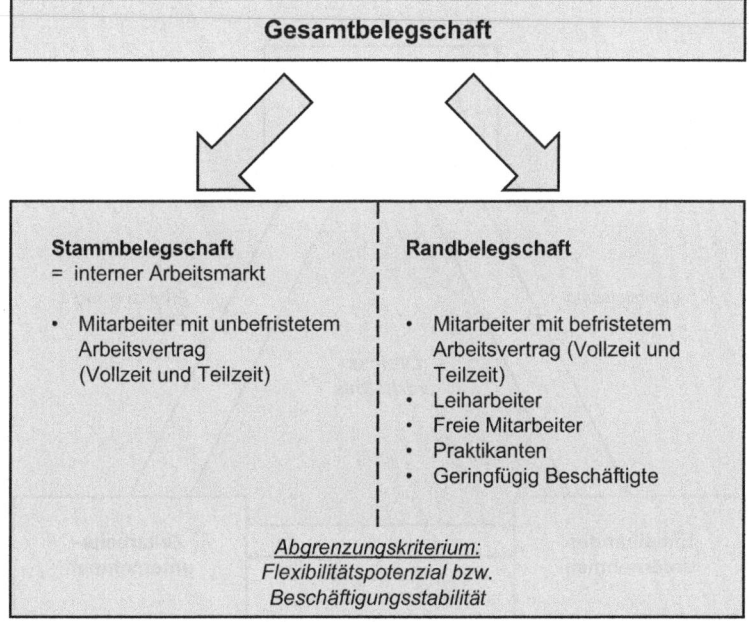

Abb. 10.2 Unterscheidung von Rand- und Stammbelegschaft (Quelle: Jensen, 2019, S. 65)

(Arbeitnehmerüberlassung) zu dieser Randbelegschaft gerechnet aber auch freie Mitarbeiter und Mitarbeiter, die über einen Werkvertrag in der Organisation tätig sind, gehören zur Randbelegschaft eines Unternehmens (Alda & Bellmann, 2003). Die Randbelegschaft kann kurzfristig an sich veränderte Personalbedarfe angepasst werden.

Bei der **Arbeitnehmerüberlassung** ist der Arbeitnehmer bei einem Zeitarbeitsunternehmen angestellt. Der Arbeitnehmer erhält sein Entgelt von dem Zeitarbeitsunternehmen. Seine Arbeitsleistung erbringt der Arbeitnehmer in dem entleihenden Unternehmen, die dortigen Führungskräfte haben ein Weisungsrecht gegenüber dem Leiharbeitnehmer. Das entleihende Unternehmen bezahlt dem Zeitarbeitsunternehmen eine Gebühr für die Überlassung des Arbeitnehmers. Rechtliche Regelungen zur Zeitarbeit, insbesondere auch zur Dauer und zum Equal Pay Grundsatz, finden sich im Arbeitnehmerüberlassungsgesetz (AÜG). Das Dreiecksverhältnis, welches im Rahmen der Arbeitnehmerüberlassung besteht, ist in Abb. 10.3 dargestellt.

Die Arbeitnehmerüberlassung ist aus Organisationssicht mit Vor- und Nachteilen verbunden (Abb. 10.4).

Im Gegensatz zur Arbeitnehmerüberlassung ist ein Mitarbeiter, der über einen **Werkvertrag** in einem Unternehmen eingesetzt ist, nicht in das betriebliche und organisatorische Leistungsgefüge eingegliedert. Der Werkvertrags-Mitarbeiter ist disziplinarisch nicht weisungsgebunden gegenüber den Führungskräften des Unternehmens, in welchem die Leistung erbracht wird. Zudem wird im Rahmen eines Werkvertrages die zu erbringende Leistung klar abgegrenzt. Es findet ein Outsourcing einer bestimmten Leistung statt. Ein Beispiel hierfür wäre die Nutzung eines Catering Services für eine Kindertagesstätte an-

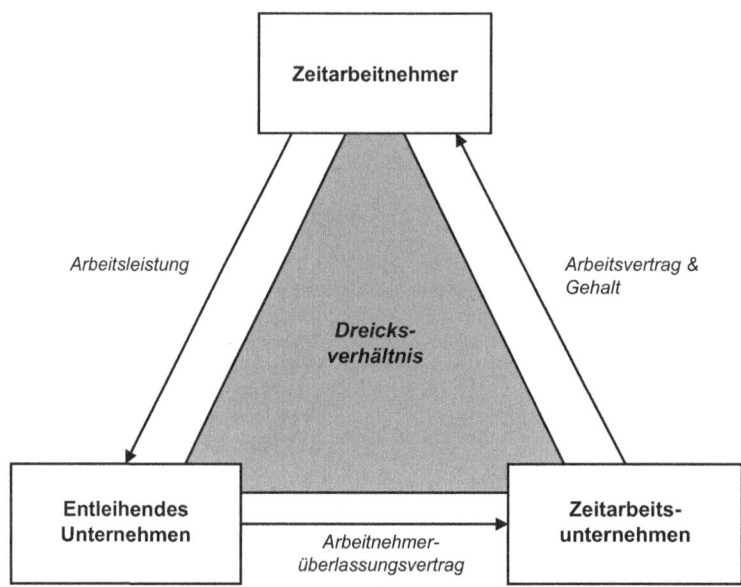

Abb. 10.3 Dreiecksverhältnis der Arbeitnehmerüberlassung

10.3 Flexibilisierung von Personalkosten

Kritische Betrachtung der Arbeitnehmerüberlassung	
Chancen	*Risiken*
• Unterstützung bei der Besetzung von vakanten Stellen • Kurzfristige Kompensation von fehlzeitbedingten Personalengpässen und damit Entlastung des bestehenden Personals • Übernahme des Personalauswahlprozesses oder des Vorauswahlprozesses • Keine arbeitsvertragliche Bindung zwischen Leiharbeitnehmer und entleihendem Unternehmen und dadurch Erhöhung der personellen Flexibilität und damit der Personalkostenflexibilität	• Entstehung einer Zwei-Klassen-Gesellschaft in der Organisation • Verlust von Wissen und Erfahrung, wenn Leiharbeitsverhältnis beendet wird • Mangelnde spezifische Kenntnisse der Leiharbeitnehmer • Evtl. keine klare Abgrenzung zum Werksvertrag und dadurch rechtliches Risiko für die Organisation

Abb. 10.4 Kritische Betrachtung der Arbeitnehmerüberlassung. (Quelle: Eigene Darstellung)

stelle der Festanstellung eines Kochs und weiteren Küchenpersonals. Sollte die Nachfrage nach Mittagessen bei den Kindern bzw. Eltern sinken, dann kann die Abnahmemenge beim Cateringunternehmen reduziert werden anstelle einer Arbeitszeitreduktion des angestellten Personals.

In der Praxis ist die Abgrenzung zwischen Arbeitnehmerüberlassung und Werkvertrag nicht immer eindeutig.

Im Rahmen von **freier Mitarbeit** erbringt eine Person auf Rechnung eine klar definierte Leistung für die Organisation. Es besteht keine arbeitsvertragliche Bindung zwischen dem freien Mitarbeiter und der Organisation. Dies erleichtert eine Reduktion der personellen Kapazität.

Im Zuge des Fachkräftemangels spielt aber neben der personellen Flexibilität unumstritten auch die Mitarbeiterbindung eine bedeutende Rolle. Es geht um den Erhalt und die Sicherung der wertvollsten Ressource der Organisation: der Mitarbeiter. Mitarbeiter, die für die Organisation sehr wertvoll und nur sehr schwer zu ersetzen sind, sollten sich in der sogenannten Stammbelegschaft einer Organisation wiederfinden.

Die Nutzung von flexiblen Beschäftigungsverhältnissen ist auch aus Sicht der Dienstleistungsqualität als kritisch zu sehen. Ein großer Teil der Non-Profit-Organisationen erbringt Dienstleistungen im Sozial- und Gesundheitswesen (vgl. Kap. 1). Es geht um das Erbringen von Dienstleistungen in Bereichen, in denen der Aufbau von persönlichen Beziehungen zum Kunden (Klienten, Patienten) und zwischen den Mitarbeitern eine zentrale

Rolle für die Qualität der Dienstleistung und damit für den Organisationserfolg spielt. Vor diesem Hintergrund ist der Einsatz von Mitarbeitern mit einem befristeten Arbeitsvertrag oder der Einsatz von Leiharbeitnehmern durchaus als sehr kritisch anzusehen.

Der Einsatz von Zeitarbeitskräften kann aber nicht nur aus Flexibilisierungsgründen erfolgen. Zeitarbeitskräfte können auch dann zum Einsatz kommen, wenn vakante Stellen nicht besetzt werden können. Dann kann versucht werden, über entsprechende Agenturen Zeitarbeitspersonal zu finden. So zeigt das Deutsche Krankenhausbarometer 2019, dass in der Pflege jedes zweite Krankenhaus Zeitarbeitskräfte auf den Allgemeinstationen einsetzt. Auch im Bereich der Intensivpflege setzt knapp die Hälfte der Krankenhäuser (welche über eine Intensivstation verfügen) Zeitarbeitskräfte ein. Sowohl im Bereich des Pflegedienstes auf Allgemeinstationen als auch im Bereich des Pflegedienstes auf Intensivstationen ist hier eine Zunahme seit 2015 zu verzeichnen (Blum et al., 2019, S. 37).

Wiederholungs- und Anwendungsfragen Kap. 10

1. Besteht zwischen Controlling und Gemeinnützigkeit ein Widerspruch? Nehmen Sie Stellung.
2. Welche besondere Relevanz besteht für eine Erfolgskontrolle des Personalmanagements in Non-Profit-Organisationen?
3. Geben Sie Beispiele für Kennzahlen, anhand derer sich der Erfolg von Personalmanagement messen lässt. Welche Probleme sind mit dem Einsatz von Kennzahlen hier verbunden?
4. Erläutern Sie Ansatzpunkte der Personalkostenflexibilisierung und damit verbundene Probleme in Non-Profit-Organisationen.

Literatur

Alda, H., & Bellmann, L. (2003). Betriebsinterne Arbeitsmärkte: Ein Auslaufmodell angesichts vielfältiger, flexibler und nicht-standardisierter Erwerbsformen? In H. Klein-Schneider (Hrsg.), *Interner Arbeitsmarkt – Beschäftigung und Personalentwicklung in Unternehmen und Verwaltung* (S. 87–95). Bund.

Blum, K., Löffert, S., Offermanns, M., & Steffen, P. (2019). *Deutsches Krankenhausbarometer 2019.* https://www.dki.de/sites/default/files/2019-12/2019_Bericht%20KH%20Barometer_final.pdf. Zugegriffen am 22.11.2021.

Jensen, C. (2019). Der Einfluss der industriellen Beziehungen auf interne Arbeitsmärkte. Eine empirische Studie zum systematischen Beschäftigungsmanagement. Springer Gabler

König, M., Clausen, H., & Schank, C. (2012). Controlling in der Sozialwirtschaft – ein Vergleich zum Controlling in gewerblichen Unternehmen. *Zeitschrift für Controlling und Management, 56*, 126–132.

Küpper, H.-U., Friedl, G., Hofmann, C., & Pedell, B. (2013). *Controlling. Konzeption, Aufgabe, Instrumente* (6. Aufl.). Schäffer-Poeschel.

Mag, W. (1998). *Einführung in die betriebliche Personalplanung* (2. Aufl.). München.

Oechsler, W. A., & Paul, C. (2019). *Personal und Arbeit. Einführung in das Personalmanagement* (11. Aufl.). de Gruyter.

Scholz, C. (2014). *Personalmanagement. Informationsorientierte und verhaltenstheoretische Grundlagen* (6. Aufl.). Vahlen.

Wickel-Kirsch, S., Janusch, M., & Knorr, E. (2008). *Personalwirtschaft. Grundlagen der Personalarbeit in Unternehmne.* Gabler.

Wöhe, G., & Döring, U. (2010). *Einführung in die Allgemeine Betriebswirtschaftslehre* (24. Aufl.). Vahlen.

Wöhe, G., Döring, U., & Brösel, G. (2020). *Einführung in die Allgemeine Betriebswirtschaftslehre* (27. Aufl.). Vahlen.

The manufacturer's authorised representative in the EU is Springer Nature Customer Service Centre GmbH, Europaplatz 3, 69115 Heidelberg, Germany. If you have any concerns regarding our products, please contact ProductSafety@springernature.com

Printed and bound by CPI Group (UK) Ltd, Croydon, CR0 4YY

23/03/2026

02076747-0015